Bärbel

Landolf Scherzer • Hans-Dieter Schütt

Weltraum der Provinzen

aufbau

LANDOLF SCHERZER

IM GESPRÄCH MIT HANS-DIETER SCHÜTT

WELTRAUM DER PROVINZEN

EIN REPORTERLEBEN

aufbau

Mit 21 Abbildungen

MIX
Papier aus verantwortungsvollen Quellen
FSC www.fsc.org
FSC® C083411

ISBN 978-3-351-03853-3

Aufbau ist eine Marke der Aufbau Verlag GmbH & Co. KG

1. Auflage 2021

Einbandgestaltung zero-media.net, München
Satz und Reproduktion LVD GmbH, Berlin
Druck und Binden CPI books GmbH, Leck, Germany
Printed in Germany

www.aufbau-verlag.de

INHALT

ANHANG

Ich habe mich schon oft gefragt,
was die Menschen eigentlich meinen,
wenn sie von Erlebnis reden.

Max Frisch

Wir haben eine Geschichte von Völkern.
Die der Leute ist noch immer nicht geschrieben.

Hans Magnus Enzensberger

Unsere Hoffnung ist das Wirkliche.

Volker Braun

HANS-DIETER SCHÜTT

DAS NAHE FERN, DIE FERNE NAH

Wir dampfen nach Hause. In der Nordsee fängt Odysseus auf dem Peildeck einen kleinen, entkräfteten Vogel. Ein Spatz? Ein Fink? Ein kleiner Eichelhäher? Wir füttern ihn mit Brot, Erdnüssen und Haferflocken. Im Sund, fast wieder auf Tuchfühlung mit dem Land, will ihn Odysseus wieder fliegen lassen … Auf der Backbordseite liegt Schweden. Auf der Steuerbordseite Dänemark, Helsingør, wo Hamlet lebte. »Sonst kann man die grünen Dächer erkennen«, sagt Odysseus. Ich würde sie gern sehen. Heimkehrend habe ich Fernweh. Im Trawlbrückenraum holt Odysseus den Spatz-Fink-Eichelhäher aus der Kiste, aufgeregt flattert der Vogel hin und her, stößt gegen die Scheiben. Wahrscheinlich hat Odysseus schon miterlebt, wie sich eingesperrte Vögel an den vermeintlichen Fenstern zur Freiheit totstießen, er steckt ihn vorsorglich noch einmal in den löchrigen Pappkarton. Dann gehen wir hinaus in die Kälte und lassen den Vogel fliegen. Schauen ihm lange schweigend hinterher. Ob er auf Schloss Helsingør Rast macht? In den Nebel hinein sage ich: »Wir können zwar neugierig sein auf die Welt, aber wer kann sie schon sehen?«

Landolf Scherzer, aus »Fänger & Gefangene«, 1983

Dietzhausen ist Bedarfshalt. Das Dorf, das zu Suhl gehört, liegt auf der regionalen Zugstrecke zwischen Erfurt und Meiningen. Ich bediene rechtzeitig den – wie es in der Lautsprecheransage heißt – »Haltewunschtaster«. Nicht alltäglich, dass man eine Maschinerie stoppen darf, obwohl man der Einzige ist, der aussteigen möchte.

Am Rande von Dietzhausen steht Landolf Scherzers Schreibhaus, umgrünt: Wald und nochmals Wald. Hecken und Gestrüpp. Beete und Holzlager. Ein Strauchbogen bildet die Eingangspforte. Trittst du unter der Wölbung hindurch, leuchten Lämpchen. Mit solcher Signalgebung beginnen verwunschene Anwesen; so blinkt spielerischer Geist. An einem kleinen Baum hängen Eier, in Silberpapier eingewickelt. Der Rest vom Osterschmuck? Ja. Jede handbemalte Eihülle, die es schafft, übers Jahr standhaft Wind und Wetter zu trotzen, also nicht herunterzufallen, und somit das nächste Osterfest zu »erleben«, erhält ein silbernes Mäntelchen. Eier, die es gar ein weiteres Jahr durchhalten, werden golden umhüllt. Ein Schicksalsspiel.

Rundum ist Mittelgebirge, aber gedacht werden darf hier ans Meer. Freilich nicht ans gesetzte Segel. Nicht an den Wind, der hineinfährt. Nicht ans hinausdrängende Herz, nicht an Nietzsches »Auf die Schiffe, ihr Philosophen!«. Nein, hier schrieb der Reporter Landolf Scherzer, lange Zeit nach Nietzsche, einen eher niederdrückenden Satz: Die Schiffe im Rostocker Hafen seien zwar größer, aber eben auch »rostiger und verbeulter«, als er dachte. Rost und Beulen: heruntergebrochene Romantik; enttäuschte Erwartung; ein gar schäbiger Beginn für Abenteuer.

Mit dem zitierten Satz beginnt »Fänger & Gefangene. 2386 Stunden vor Labrador und anderswo«. Die Reportage erschien 1983 im Greifenverlag zu Rudolstadt. Für mich Scherzers bestes, sein rauestes und existenziell härtestes Buch. Und jenseits der beschriebenen Tristesse an den Kais dann doch: eine atemberaubende Ausfahrt.

Der Satz mit Rost und Beulen porträtierte die DDR, aber zugleich war damit jenes irdische Grundgesetz benannt, das sehr oft hinter sozialen, ideologischen Wunschbildern obwaltet: Da wird etwas möglichst prachtvoll ersehnt – am Ende jedoch ist alles weit ramponierter, als es das freudig erregte Bewusstsein sich zuvor ausmalte.

Das Buch »Fänger & Gefangene« – der Autor als Arbeiter auf einer schwimmenden Fischfabrik – erfasste den Staat außerhalb seiner Hoheitsgewässer und also jenseits der geläufigen publizistischen Beschönigungswellen, die das Land fortwährend durcheilten. Der Reporter ist weit draußen. Und bleibt doch drinnen. Das Schiff, auf dem er sich befindet, beherbergt nicht nur Menschen, es transportiert ein gesellschaftliches Verhältnis; konserviert werden nicht bloß Fische, sondern auch eine Struktur: in der Nussschale die zerbeulte sozialistische Welt, wie sie sich quält und müht. Ein Anklang von B. Traven gespenstert durch jene raue Tonlage, die Scherzer anschlägt. Achtzig Männer und zwei Frauen, eisige Kälte und täglich zweimal sechs Stunden Schicht. Die Existenzhärte der Ausnahmesituation als Blick in eine Alltäglichkeit, die Ozean und Festland erhellend verbindet: nirgends sicherer Boden, es schwankt das Sein, es schlingert das Bewusstsein.

Im »neuen deutschland« schrieb Essayist Gunnar Decker: »Allein den eingemauerten Staat mit dem grenzenlosen Ozean in Verbindung zu bringen ist bei aller Nüchternheit des Geschilderten eine Anmutung. Deren surreale Tiefenströmungen, wie bei Joseph Conrad, einen schwer zu beschreibenden Rausch erzeugen. Ein schwimmendes DDR-Kombinat, in der Welt ausgesetzt, das ist wie ein LPG-Bauer als Cowboy im Wilden Westen. Was passiert da? Der realsozialistische Bauer wird kein Cowboy, und der Wilde Westen bleibt der Wilde Westen, aber etwas ist danach doch anders, wenn so fremde Welten aufeinanderstoßen. Was genau es ist, das zu benennen, braucht es die Präzisionsinstrumente eines Landolf Scherzer. Aufschreiben, was ist. Diese Erzählhaltung verbindet Scherzer mit Truman Capote, mit dem ihn sonst wohl eher wenig eint.«

Wenn ich gute Reportagen aus unwirtlichen Gegenden lese, also aus ausbruchtrotzigen Seelensteinbrüchen, und dann aufschaue und mich umschaue in der Realität, so sehe ich rundum keine Abenteuer mehr und keine Abenteurer, sondern Menschen im erschütternden Gleichmaß ihres Lebens. Ich gehöre zu ihnen. Einen wie Scherzer sehe ich mit Notizbuch und Ausdauer loslaufen ins Unwegsame und Unbekannte – und weiß mich selber doch unter den vielen anderen, die nicht weggehen. Die sich nur festgezurrt erleben. Das macht uns nervös, arbeitsam, rücksichtslos und traurig. Als habe man einen Körper, aber kein Organ fürs Leben. Man lebt zwar, aber man kann es nicht wirklich.

Ein Romancier erfindet Leben. Der Reporter findet es. Warum interessiert uns gefundenes Leben? Weil wir selber suchen – und zwar erfolglos? Man kann nicht im Leben und gleichzeitig darüber stehen. Du siehst ihn nicht, jenen Fluss der Geschichte, der dich umherwirbelt – aber dieses Dilemma vermittelt uns jeder gute Reporter als kitzelnde Erfahrung. Seume, Bechstein, Dumas, Reed, Kisch, Troller, Fučík, Granin, Hemingway, Chatwin, Kapuściński, Nooteboom, Gauß, Stasiuk, Koeppen, Kaufmann, Büscher, Villain.

Auch Scherzer.

Abenteuer? Heutzutage? Wie nehmen wir Welt denn noch wahr? Per Flugzeug überqueren wir eilig und teilnahmslos Kriegsfelder, Katastrophengebiete, Hungersavannen. Der fliegende Passagier weit droben sorgt sich höchstens ums Serviceniveau und bangt um den Anschlussflug. Die Verzwergung der Reise zum Transport – sie hat sämtliche Ufer und Fernen einander nähergebracht. Wozu überhaupt noch hinaus? Und wenn, dann nur im industrialisierten Ansturm: Für den Weg zum Mount Everest gibt es inzwischen Wartelisten. Auf Wegen zum Gipfel Stauzonen, als seien die Berge eine vertikale Autobahn. Immer mehr Menschen verfallen der Besessenheit, Abenteuer sei als Sonntagstourismus nachahmbar. Aber wer eine Grenze überschreitet und nicht erschauert, hat keine Grenze überschritten.

Der Reporter will die Herrschaft über die Horizonte. So viel Eitelkeit muss sein. Jede Reportage gemahnt: Immer nur in eigenen Wänden zu bleiben – das wäre Villa Verfolgungswahn … Nach der Lektüre weißt du etwas mehr von der Wohltat, in Abständen dahin zu fahren, wo man nicht hingehört. Also: Ganz ohne Entfernung geht Dasein nicht.

Am schönsten ist wohl: fort zu sein, ohne reisen zu müssen. Man nennt das: lesen. Scherzer etwa – es reizt, seine Bücher zu lesen. Wegen seiner Art, zu reisen. Wegen seiner besonderen spröden, schmuckfreien Art, zu schreiben. Wegen der Art, wie Leben und Schreiben einander zusprechen. Das kommt bei ihm ohne Prunk daher. Ohne jeden Stildrang, so scheint es.

Das Reden über das Ungewohnte, das Gespräch mit Unbekannten, und sei es in unmittelbarer Nachbarschaft – auch für diesen Autor ist es vorrangig ein Versuch, mit sich selber zu sprechen. Obwohl seine Texte dieses Selbstgespräch partout nicht eingestehen. Aber jeder Mensch schreibt, weil er ein Problem mit sich hat. Erst mit sich und dann erst mit der Welt. Ja, diese Reihenfolge!, auch wenn Schriftsteller oft das Gegenteil behaupten. Ehrliches Schreiben ist Selbsthilfe. Ist Hoffnung, es fände sich im Austausch eine offene Stelle, an der die Welt lächelt und sagt: Nichts wird besser, aber du bist nicht allein.

Landolf Scherzer wurde Wahlthüringer. Thüringen ist kaum eine Gegend der Elementarkräfte. Kein erloschener Vulkan, kein hoher Gipfel. Ein Landstrich ohne dämonische Spannung. Hier weiß jeder zu erzählen von den Schönheiten des Gemäßigtseins.

Ein störrischer Querfeldeinläufer ist Scherzer, er besteht auf einer Unmittelbarkeit der Wahrnehmungen, die sich schnurrender Moderne verweigert. Zwischen Thüringen und Thessaloniki, Petersburg und Peking, Maputo und Máriagyűd, Samarkand und Suhl, Kaluga und Kamyschin, Banat und Bad Salzungen. Reportagen aus Tschernobyl und Temeswar. Er wanderte am ehemaligen deutschen Todesstreifen entlang, porträtierte Menschen auf beiden Seiten der einstigen Grenze. Das Reisen betreibt er nicht, um sich zu zerstreuen, sondern um sich zu verlieren. In anderen Existenzen, anderen Fragen, anderen Anschauungen. Sich reicher wähnen durch aufkommende Unsicherheit im Urteil, worüber auch immer.

Scherzer, 1941 in Dresden geboren. Es ist das Jahr, in dem auch Faye Dunaway und Senta Berger, Jutta Hoffmann und Bruno Ganz, Joan Baez und Bob Dylan und Regine Hildebrandt geboren werden, Neil Diamond und Plácido Domingo. Rapid Wien ist im »heimgekehrten« Österreich deutscher Fußballmeister, Joe Louis Boxweltmeister. In der Damenmode sind weite Röcke, Fledermausärmel, Raffungen und kleine Dekolletés beliebt. Die Herrenoberbekleidungsindustrie ist mit der Produktion von Uniformen ausgelastet. Ingenieur Konrad Zuse entwickelt den elektrischen Rechner »Zuse Z3«. Die Nazis besetzen Jugoslawien, Kreta, Griechenland, führen Krieg in Nordafrika, greifen die Sowjetunion an. Die Briten versenken das Schlachtschiff »Bismarck«. In Pearl Harbour beginnt der Krieg zwischen den USA und Japan. In Deutschland wird der Befehl zur »Endlösung der Judenfrage« erteilt. In deutschen Kinos laufen die Filme »... reitet für Deutschland« mit Willy Birgel, »Ohm Krüger« mit Emil Jannings, »Quax, der Bruchpilot« mit Heinz Rühmann. Die beliebtesten Schlager des Jahres: »Lili Marleen«, »Sing, Nachtigall, sing«, »So schön wie heut, so müsst' es bleiben«. Beginn der Kinderlandverschickung.

In Leipzig studiert Scherzer ab 1961 Journalistik – bis zur Exmatrikulation vier Jahre später. In seiner Diplomarbeit hatte er unliebsame Gedanken zur geltenden Medienpolitik geäußert. Es war 1965, die SED hatte mit dem 11. Plenum des ZK der SED, breschnewbeflissen, ihre soeben erst gelockerten ideologischen Fesseln wieder enger gezogen. Für Scherzer bedeutete das: Strafversetzung – zur SED-Tageszeitung »Freies Wort« in Suhl. Praxis als Strafe? Thüringen als Testgelände für Freiräume.

»Südthüringer Panorama. Merk-Würdiges zwischen Rennsteig und Rhön« hieß sein erstes Buch, es folgten »Spreewaldfahrten«. Bald erweiterte sich der Radius der Beobachtung: »Nahaufnahmen. Aus Sibirien und dem sowjetischen Orient«. Dafür gab es eine Parteistrafe in der Suhler Redaktion: Scherzer hatte im Vorabdruck im »Freien Wort« beim Schildern der sowjetischen Realität das freie Wort zu wörtlich genommen. Bis 1975 blieb er Tageszeitungsjournalist, seitdem lebt er als freier Autor. Er ist halb freiwillig, halb gedrängt in ein Abseits getreten. Befreit von Karrierezwängen. Entschlossen, den Opportunismus zu begrenzen, dem jeder ausgesetzt war, der sich in der DDR ins Medienwesen begab.

Vor dem Ausstieg freilich: Einsatz und Enthusiasmus. Ein Blick in die damaligen Wochenendbeilagen des »Freien Wortes«, die den Namen »Neues Leben« trugen: Scherzer ist leicht erkennbar als das, was man heute »Edelfeder« nennt. Die Texte groß aufgemacht, ihm gehören die Aufschlagseiten, das Layout prunkt. Die Themen: der Alltag als Exotik. Und als Einsatzgebiet für Ehrlichkeit. Ein Bericht über den »Meiler im Langenbachtal«. Klare Luft dort? »›Wenn der Meiler brennt‹, berichtet einer der Anwohner, ›mache ich meine Fenster lieber zu.‹ Romantik der Natur? Des Meilerwärters Schwiegervater, der vor zwanzig Jahren hierherkam und seinerzeit die Meiler übernahm, starb an einem Lungentumor.«

Bemerkenswerter Satz eines 28-Jährigen: »Der Mensch muss sich vor allem gegen jenen Tod wehren, der ihm von anderen Menschen auf den Buckel gesetzt wurde.« (»Sülzfelder Turmuhrgeschichten«) In einem der Texte ist der Reporter Blutspender. Der Lohn: ein Spenderfrühstück in der nahe gelegenen Gaststätte. »Vor mir auf dem Tisch steht ein Teller mit Leber und Räucheraal. Ich dachte: Das darf doch nicht wahr sein!« Doch: Bürger, spende Blut, »und die DDR ist plötzlich ein Füllhorn!«. Erstaunlich, die Offenheit.

Weniger erstaunlich der Ton der zeitungsbedingten Pflichtteile. Etwa das Porträt eines Lehrers in Suhl: »Wie aus einem Steinbrucharbeiter ein Oberstudienrat wurde«. Der Mann ist Genosse, er gibt zu Protokoll: »Es ist sehr wichtig, dass jeder Pädagoge bei uns einen festen Klassenstandpunkt hat, denn nur dann können wir alle Schüler zu bewussten Staatsbürgern erziehen.« Pathos, inzwischen auch dem Autor peinlich. Aber: im »Don Carlos« schreibt Schiller: »Sagen Sie ihm, dass er für die Träume seiner Jugend soll Achtung tragen, wenn er Mann sein wird.«

Ja, rechtzeitig hat sich der Reporter in die Büsche geschlagen. Ins lebensfrische Gelände neben der genormten Spur. In die belebte Gegend abseits vom Beton der Vorgaben. Wer sich in Büsche schlägt, flieht nicht nur, er wagt sich auch dorthin, wo es sticht und kratzt. In den Büschen ist das Verbergen immer auch ein Sammeln, ein geschütztes Anspannen der Sprungmuskeln.

Auf einem Kolloquium zur literarischen Publizistik, im September 1986 in Halle, notiert der Reporter in sein Tagebuch: »Leben setzt sich aus kleinen Steinen zusammen, die kleinen

Steine – ich bin ständig auf der Suche nach ihnen – können dennoch schwer wie Felsblöcke sein … Jede Information, die in die Welt eintritt, neigt zur Selbstverzerrung. Jede zweite Information, die in die Welt eintritt, ist veraltet oder tritt in Widerspruch zur vergangenen. Jeder dritte Information, die in die Welt eintritt, ist eine falsche … Was furchtbar ist: diese Ikonenmalerei bei Beschreibungen von Großbetrieben, dieser Jubiläumsvirus beim Blick auf Städte, Betriebe und sonst was, diese Reiseskizzen, die nur noch ›aus dem Fenster‹ gemacht werden …«

Sein Hauptwerk: eine Art politische Thüringen-Tetralogie. Vier Bücher einer ungeschminkten Umschau. Ende der achtziger Jahre porträtiert Scherzer einen 1. Kreissekretär der SED in Südthüringen: Hans-Dieter Fritschler – »Der Erste«. Nach 1990 dann: »Der Zweite« – so heißt das Buch, in dem er jenen CDU-Landrat Stefan Baldus bei der Arbeit beobachtet, der in Bad Salzungen die Nachfolge von Fritschler angetreten hatte. Scherzer begleitet den ehemaligen Bundeswehroffizier im November 1992, es ist eine skeptische Annäherung. Das Buch offenbart den Gleichlauf der Mechanismen, mit denen der Mensch des umgewälzten Ostens und der weggewälzten Strukturen versucht, sinnvoll zu leben oder wenigstens gut zu leben oder wenigstens zu leben oder wenigstens zu überleben. »… der Kulturhausleiter, der nun einen Erotikshop betreibt; der Stasi-Major, der Versicherungen verkauft; der SED-Bürgermeister, der nun ein Asylantenheim leitet; der Arbeiter ohne Arbeit und der Sachbearbeiter, der die Leute aus dem Westen als ›vollgefressene Kuckucksvögel‹ bezeichnet«, wie Scherzer in einer Reportage schreibt.

Es folgte das Buch »Der Letzte«. Dies klang wie Abgesang und stimmte in gewisser Weise. Zwar bezog sich der Titel diesmal auf Scherzer selbst (er ließ sich als letzter Journalist für die Thüringer Landtagswahl 1999 akkreditieren), aber was er monatelang an Beobachtungen des parlamentarischen Ablaufs notierte, offenbarte am praktischen Beispiel durchaus ein Ende – jenes Mythos nämlich, die repräsentative westliche Demokratie sei der gesicherte Garant einer (selbst)kritischen, aufgeklärten Selbstfindung der Gesellschaft. Eine Idee, ein großer Text – viele Jahre bevor Roger Willemsen 2013 ein Jahr lang die Plenarsitzungen des Bundestags für sein Buch »Das Hohe Haus« verfolgte. Zwölf

Monate Protokoll einer Empfindung, wie sie auch bei Scherzer spürbar geworden war: die Einsamkeit dessen, der gleichsam einer Reptilisierung des parlamentarischen Gebarens ausgesetzt ist. So zahlreiche Schutzpanzer, so große Zuschnappgier, so häufige Krokodilstränen, so elende Echsengeduld beim Desinteresse, so variantenreiche Lauerstellungen im trüben Wasser der Selbstgewissheit und Fraktionskumpaneien.

Schließlich erschien »Der Rote« – Beobachtungen an der Seite des ersten linken Ministerpräsidenten in Thüringen, Bodo Ramelow. Ein Buch über wohltuende, unideologische Wege linker Politik – hin zur praktizierenden Mitte. Mitte, wo ist das? Wo jenseits einer weltbildfesten Oppositionsbeharrung natürlicher Abrieb stattfindet und Wahrheitenaustausch.

Anfang 1988 hatte sich Scherzer Schreibblöcke im DIN-A4-Format gekauft, unliniert, jeder Block eine Woche; er schreibt zwei Jahre lang Tagebuch, klebt DDR-Zeitungsausschnitte hinein, kommentiert sie, ein privat bleibender Kummerkasten, ein Spiegel der ablaufenden Tage, aber was da abläuft, er ahnt es, sind mehr als Tage, hier läuft auch eine apathische Zeit ab.

»25. Januar 1988: Ich lese in der Zeitung, was im moçambiquanischen Dorf Monhica geschah: elf Menschen von Banditen ermordet, 28 Menschen schwer verletzt, die Apotheke des Krankenhauses zerstört ... In diesem Krankenhaus wurde ich 1982 nach einem Autounfall verarztet. Vielleicht lebt, wer mir damals geholfen hat, nicht mehr. Ein kleines Hospital in einem schattigen Park. Eine lange Wartebank vor dem Behandlungsraum. Vielleicht zwanzig Menschen saßen, etwa vierzig standen. Ich erinnere mich an die Höflichkeit, die mir peinlich war. Eine Frau, deren Kleinkind von Eiter verklebte Augen hatte, bot mir ihren Platz an, auch ein Mann, dessen Arme verbrannt waren. Die Freundlichkeit anzunehmen war mir so unangenehm, wie sie abzulehnen. Ich setzte mich und kam lange vor denen dran, die schon lange ausharrten. Wieder dieses beklemmende Gefühl. Ich saß im Behandlungszimmer auf einem zerschlissenen Ledersofa. Ein Glasschrank fast ohne Instrumente, ein Arzneischränkchen fast ohne Medizin. Über einem gusseisernen Küchenabflussbecken wuschen mir zwei Frauen das Blut von Kopf und Arm. Zusammen mit dem Gesundheitshelfer versuchten sie, meinen Kopf zu scheren. Ich müsse entschuldigen, sagte der Helfer, solche dünnen weichen Haare hätten sie noch nie geschnitten, ihre afrikanischen seien härter. Die Glassplitter zog er mit einer großen Zahnarztzange heraus, eine der Schwestern hielt meinen Kopf, aber so leicht, dass es wirklich nur psychologische Bedeutung hatte. Das Desinfektionsmittel brannte, Binden gab es nicht. Verbunden wurde ich mit Watte und viel Pflaster als Befestigung. Mir schien, meine Helfer schämten sich ein wenig für das Primitive der Ausrüstungen, aber ich spürte auch den Stolz, ausgebildet worden zu sein, uns also überhaupt helfen zu können … Und jetzt diese Nachricht des Überfalls. Wie ein tiefer Sturz, ein Ideensturz: Ein paar Banditen genügen, um in mir die Frage wühlen zu lassen, ob das Gute wirklich siegreich ist.

26. Januar 1988: Ich sollte bei den ›Tagen der Landjugend‹ in Frauenwald lesen. Ich kam mir dort vor wie ein Kellner, der um Trinkgeld bittet. Man schickte und schubste mich rum, bis mir ein FDJ-Funktionär sagte, leider seien keine Leute für die Lesung organisiert worden. Ich stehe rum. Eine Stunde Fahrt durch den Nebel zurück. Die Arroganz und Unkultur der FDJ-Vertreter ist System: Wer am Hebel sitzt, tut allmächtig und erlaubt sich jede Willkür. Der Mensch im Mittelpunkt? Der Funktionär! Walter Werner war in Österreich, hat einen Text darüber geschrieben und versucht, ihn im ›Freien Wort‹ unterzubringen. Vergeblich. Man bringt einen bekannten Dichter, einen Meister, in die Situation, sich wie ein Lehrling kleinzumachen und zu bitten, zu bitten, zu bitten.

Große Meldung in der Zeitung: ›Erich Honecker übermittelt brüderliche Grüße zum 70. Geburtstag an Nicolae Ceauşescu.‹ Wann werden wir erfahren, was dieser Mann seinem Volk angetan hat? Mit Hunger, Stromsperren, fehlender Heizung. Ein Stalin Rumäniens?

Natürlich berichten wir in unseren Medien ausführlich und aufmunternd über kritische Geister und wie sie sich um einen reformierten Sozialismus bemühen und für Offenheit streiten. Wir formulieren das nur etwas anders: ›Das gegen den Sänger Stephan Krawczyk wegen krimineller Handlungen laufende Ermittlungsverfahren wurde inzwischen nach Feststellung von Verbindungen zu geheimdienstlich gesteuerten Kreisen in Westberlin wegen landesverräterischer Beziehungen erweitert.‹ Wir sind ein Land des einseitigsten Sports der Welt geworden: Man kann nur immer den Kopf schütteln …

27. Januar 1988: Große Runde gedreht: mein Manuskript ›Der Erste‹ in Betrieben abgesprochen. Alle Parteisekretäre waren einverstanden. Gut sei, dass Probleme offen benannt würden. Das würden sie jeden Tag auch versuchen, soweit möglich. Die Basis der Partei drängt auf ehrliche Atmosphäre – man will nicht mehr länger von oben agitiert werden, nötig ist, ›die da oben‹ aufzuklären über die Lage. Der Parteiapparat läuft auf quietschenden Hochtouren für den fortwährenden Stillstand. Im Glaswerk Immelborn muss der Parteisekretär über einen Arbeiter berichten, der zu Besuch in die BRD will. Einstellung zur Arbeit, zum Kollektiv – die Stasi will das wissen. Der Parteisekretär wehklagt: ›Eine Zwickmühle!‹ Denn: Befürwortet er die Reise und der Mann bleibt drüben, wird er durch die Mangel gedreht. Lehnt er ab, und der Arbeiter stellt vor Zorn einen Ausreiseantrag, droht die Mangel auch. Wir sind Inquisiteure unser selbst. Wie wäre es einfach mal mit Vertrauen!

29. Januar 1988: Bezirkstagung unseres Schriftstellerverbandes. Walter Werner fehlt. Er sei, so heißt es, überlastet. In Wirklichkeit will er nicht (mehr) im Präsidium sitzen. Er kann Nähe zu bestimmten Leuten nicht mehr verkraften. Ein Sekretär von der Bezirksleitung sehr schwach in der Diskussion. Schwitzend und hochrot im Gesicht pochte er darauf, die DDR habe keinerlei Nachholbedarf in Sachen Demokratie. Gegrummel. Nach der Sitzung eine halbe Stunde Diskussion mit ihm auf dem Flur über mein Manuskript ›Der Erste‹. Ihm fehle im Buch der große Atem. Ich sagte, wo soll der herkommen, wir hecheln. Er schöpfe keine Kraft aus dem Geschriebenen. Klartext: Er braucht das Doping der Selbsttäuschung. Das Rezept wahrscheinlich: sein ND-Abonnement. Während unseres Streits stehen Leute um uns herum. Einer sagt, na ja, immerhin auch ein Zeichen für Öffentlichkeit, wenn nicht mehr nur hinter Türen, sondern schon auf Fluren gestritten wird. Mangel macht bescheiden im moralischen Anspruch.

30. Januar 1988: Die Skinhead-Gruppe von Bad Salzungen ist

verhaftet worden. Es hätte genaue Pläne gegeben, welche ›FDJler, Polen und andere Kommunistenschweine‹ zusammengeschlagen werden sollten …

15. März 1988: Schneerekorde für März in Thüringen! Im Ort wird kaum geräumt, weil die zwei aus dem Dorf, die einen Traktor besitzen, angeblich die Schneeketten verlegt haben. In Wirklichkeit sind sie der Meinung, zu wenig Geld für die Räumhilfe zu bekommen.

10. April 1988: Gastspiel des Coburger Theaters in Meiningen. Die Techniker empfangen ihre Kollegen mit einer Bratwurstfete. Coburg spielt den ›Marat‹ von Weiss. Erst gemäßigter Applaus, dann die große deutsch-deutsche Verbrüderung. Fünfzehn Minuten gemeinsamer Beifall, auf der Bühne, im Saal. Beim anschließenden Bankett geht es weiter mit der Herzlichkeit. Der anwesende Chef des Bayerischen Landtages und der Oberbürgermeister von Coburg dürfen laut Anweisung der Bezirksleitung nicht offiziell begrüßt werden. So heißt es beim Empfang nur: ›Verehrte Kollegen …‹ Ist ja eigentlich noch schlimmer! Mir untersagt man, den Coburger Intendanten anzusprechen (wegen eines Anlaufpunktes für eine Reportage über bayerische Grenzorte). Der Abend zeigt: Die Barrieren zwischen Künstlern der DDR und der BRD sind nicht so hoch wie die zwischen DDR-Künstlern und ›ihren‹ politischen Funktionären.

27. April 1988: Große Runde im Greifenverlag zum ›Ersten‹. Eine scharfmacherische Lederjacken-ZK-Mitarbeiterin (›Ich weiß, wovon ich rede, ich habe selber in einer Kreisleitung gearbeitet‹) und eine Beckmesserin aus dem Höpcke-Ministerium versuchen, das Manuskript in einer Fünf-Stunden-Diskussion grundsätzlich zu diskreditieren. Leider schweigen die Leute vom Verlag. Ich verteidige mich fast allein.«

Oftmals bleibt er als Autor allein. Kämpft allein. Schreiben auch als ein Abenteuer der Einsamkeit.

Scherzer ist ein Witterungsbegabter für Umbrüche. Nach dem Ende der DDR versucht sich der Reporter – zum Schein – als Treuhand-Nutznießer, bewirbt sich in der Nähe von Gera als Käufer eines ehemaligen Rittergutes, im Wartburgkreis als Käufer eines Schlösschens. Taucht auch an anderen Industrieorten des Ostens ein in die Welt aus kalt regierendem Geld und sozialem Kahlschlag. »Eine Art Wallraff ohne Maske«, schreibt »Der Spiegel«.

Er hat Prostituierte in einem Thüringer Dorf aufgesucht, begab sich im sächsischen Radebeul auf die Spur plötzlich hereinstiebender Immobilienjäger. Er schreibt: »Durch die Marx'sche Lehre bekam ich ein haltbar gestörtes Verhältnis zum Drang nach immer mehr Eigentum. Zu tausend Hektar noch tausend Hektar? Zu einem Dutzend Eigentumshäusern noch ein Dutzend?«

Scherzer nähert sich den Leuten, um in die Wahrheit ihrer Lebens-Läufe zu schauen, in all das Wilde, Wüste, Weiche, Wühlende, Wattige, Wetterfeste ihrer Beweggründe und Abgründe. Vertrauen ist ein Schlüsselwort zur Erklärung dessen, was sich zwischen diesem Reporter und seinen Gesprächspartnern vollzieht.

Was ihm fehlt, ist die Kühle eines distanzierten Aufrechners. So betrat der Autor zum Beispiel manchen Ort der geliebten, dann brüchigen Sowjetunion, wie ein Erwachsener das einstige eigene Kinderzimmer betritt: mit Herzklopfen und der wehmutsvollen Entdeckung, dass in den aufgeräumten Ecken, wenn man genauer hinsieht, doch noch Traumreste liegen.

Das Werk dieses Autors geht in die Tiefe. Nach unten, wo die Träume dunkeln, wo sie es schwer und schwerer haben mit jener unbeschwerten Helle, die oben propagiert wird. Zwischen Suhl-Heinrichs, wo einst Wohnheime der moçambiquanischen Gastarbeiter standen, und Kazims Dönerbude im Erfurter Bahnhof, zwischen russischem Wolgograd und tschechischem Pec bewegt sich Scherzer als Arbeiter gegen den anteilnahmelosen Raum, bewegt sich als Anwalt jener »schlaflosen Welt«, die für Stefan Zweig innerste Heimat des Reisenden zu sein habe. Weil »vom Nahen zum Fernen unsichtbare Fäden der Liebe und Besorgnis schweben«; keiner ist schließlich allein mit sich und seinem Schicksal.

Als der Theatermann Einar Schleef Ende der siebziger Jahre aus der DDR in den Westen ging, konnte er eines nicht verwinden: in Frankfurt (Main) über Obdachlose steigen zu müssen. In seinen Tagebüchern schreibt er: »Ich habe mich nicht daran gewöhnt, und ich werde es nicht tun, und ich hasse die gönnerische Gelehrsamkeit der Intelligenzler hier, die mir helfen wollen, indem sie mir ihren Zynismus als Lernprozess verklickern.« An dieses Empfinden erinnern manche Reportagen Scherzers.

In seinen Reportagen nimmt er sich selber immer wieder auf eine Weise zurück, die staunen darüber macht, welche Spannung Lakonik und Sachlichkeit erzeugen können. Sein Arbeiten hat Straßenstaub und Grassamen an den Schuhen. »Was für ein geschickter Geschichtenerzähler« (Ostthüringer Zeitung). Die Schriftstellerin Ruth Kraft sah »die Normen des üblichen Reportageschreibens« durchbrochen. Schriftsteller Peter Gosse stellt in seiner Laudatio zum Walter-Bauer-Preis fest, dass Scherzer sich in die Welt »zart verbeiße«, seine Kunst sei »Sicht, nicht Ansicht«. Günter Wallraff bescheinigt dem Reporter, er behandele Menschen in seinen Texten »liebevoll, ist oft verwundert, sogar fassungslos, nie hasserfüllt. Selbst die miesesten Gestalten seiner sozialkritischen Erkundungen, politische Schaumschläger und Betrüger, windige Wendegeschäftemacher, mehrfach gewendete Wendehälse, führt er nicht als verabscheuungswürdige Schurken vor, vielmehr in ihrem Spielraum und in ihrer Rolle oft als konsequent handelnde Erfüllungsgehilfen und Handlanger vorgegebener Entscheidungen.«

Im »Freitag« schreibt Regina General: »Scherzer sucht nicht nach Schuldigen, aber erspart niemandem die Verantwortung.« Von »wetterfestem Holz« sei dieser »Graukopf« – Scherzer zeige: »Neureich und Neuarm wohnen dicht beieinander«. Erich Loest in der FAZ. Des Reporters »Leitstern ist Toleranz, aber manche sehen in ihm eher einen Moralisten, der in jedem Staat der Welt anecken würde«, Fazit eines Porträts in der »Neuen Zürcher Zeitung«. Seine Lageberichte aus den Niederungen des politischen Alltags, urteilt der Soziologe Wolfgang Engler in der »Berliner Zeitung«, erinnerten daran, »dass die Befreiung der Politik auch nach dem Ende des Staatssozialismus auf der Tagesordnung steht«. Im »Spiegel« zu lesen: Scherzers Reportagen seien »Geschichtsschreibung von unten«. In der »Thüringischen Landeszeitung« notiert der Jenaer Literaturwissenschaftler Martin Straub: »Geht der Sachse einen Umweg, sagt er, er mache einen Umbogen. Der gebürtige, wenngleich akzentfreie Dresdner Landolf

Scherzer baut auf Umbögen und zufällige Begegnungen – als erzählerisches Lebensprinzip.«

Er weiß, was Zensur heißt – obwohl er in der DDR alles andere als ein Dissident war. In seinem Archiv stapeln sich unveröffentlichte Texte. Vergilbt. Aufgegeben. Vergessen fast. Auch Hörspiele hat er geschrieben. Eines hieß »Kirschblüten«. Ein SED-Kreissekretär beklagt den Tod seiner Mutter. Eine alte Frau aus der Nachbarschaft leistet ihm bei Trauer und Schnaps Gesellschaft. Das Hörspiel wird wegen Stellen wie der folgenden nicht gesendet:

»*Olaf:* Keiner kommt mehr. Dieses Haus ist ein Totenhaus geworden. Es schimmelt schon überall. Aber ich bin doch mal einer von allen gewesen. Hier, meine Hände.

Die alte Gädicke: Trink nicht den Fusel, nimm Saft von der ausgepressten Kalmuswurzel.

Olaf: Kalmus?

Die alte Gädicke: Wächst noch drüben in Schwarzhausen. Hier nicht mehr. Hast ja den Waldsee zuschütten lassen. Der Waldsee … Forellen schwammen drin, und die Kinder stakten mit selbstgebauten Flößen. Die Birken am Ufer zündeten im Herbst einen Feuerrahmen an. Und unter der Böschung Rotkappen, so groß wie Salatköpfe. Ich hör noch deine Stimme von damals …

Olaf (verzerrte Lautsprecherstimme): Liebe Genossen, liebe Einwohner, wir wollen heute über das Problem des Waldsees miteinander beraten und beschließen. Wir müssen den See zuschütten, weil wir einen Parkplatz brauchen. Diesen Parkplatz brauchen wir, weil auf dem Ochsenberg, wo die Kirschplantage steht, zwei große Gästehäuser gebaut werden sollen.

Die alte Gädicke: Nur der Bäckermeister fragte damals noch …

Bäcker (Lautsprecherstimme): Und Kirschen, wo kriegen wir dann frische Kirschen her?

Olaf (Lautprecherstimme): Leute, das ist doch gar kein Problem. Die Personen, die in den Gästehäusern wohnen werden, die haben überallhin Verbindungen. Ein Wink von ihnen genügt, und unser Dorfkonsum bekommt eine Sonderzuteilung aus der Bezirksstadt.

Egon (Lautsprecherstimme): Unsere Kinder können nicht mehr auf Bäume klettern und sich die Bäuche vollschlagen.

Olaf (Lautsprecherstimme): Ist ja auch ungesund, ungewaschenes Obst.

Die alte Gädicke: Du hast gelacht und eine Saalrunde bestellt. Die meisten ließen den Korn stehen.

Olaf: Aber ich habe später gesehen, wie der Wirt die Schnäpse in die Flasche zurückgekippt hat. Doppelter Gewinn.

Die alte Gädicke: Kirschen gab es in den Jahren danach niemals mehr, auch im Konsum nicht. Und den Tumult auf der Versammlung hast du ausgehalten, als wäre das der wahre Mut. Und dann wurde der Parkplatz durchgesetzt. Sozusagen einstimmig, mit einer einzigen Stimme nämlich, der Stimme deiner Partei – die in dem furchtbaren Moment damals du warst. Nur du. Die Macht. Hast du wegen solcher bösen Siege angefangen zu saufen?«

Der »Rheinische Merkur« schrieb zum Buch »Immer geradeaus. Zu Fuß durch Europas Osten«, das 2010 erschien: Scherzer sei »ein wandernder Handke für die Erweiterte Oberschule«. Das ist Anerkennung, versehen freilich mit einem Peitschenschlag Ironie. Auf der einen Seite Lob für eine gespannte Aufmerksamkeit im Unterwegssein – auf der anderen Seite aber der spitze (abfällige?) Verweis auf angebliche Belehrung und Pädagogik.

Mit Handkes Literatur hat Scherzer so gar nichts zu tun. Überhaupt nichts! Besucht man Scherzer aber in seinem Arbeitshäuschen und kennt Fotos von Handkes Haus bei Paris, so stellt sich durchaus – ich behaupte es mit der Lust, etwas zusammenzuzwingen! – das Gemeinsame einer so beeindruckenden Geländenahme her: die besagte Verwunschenheit und das »Balkanische« (ein Handke-Wort) der unaufgeräumten Ecken und vollgestopften Winkel; das mehr und mehr Zuwachsende gegen die Durchblicke in Baum- und Buschwerk, hochschießend und tiefhängend.

Innen und außen – alles in einer Ordnung, die als solche funktionieren, aber gefälligst nicht prahlen möge. Eine solide Bauart in Liaison mit Wellblech und flatternder Plane. Die Gießkannen hängen, als seien sie Leihgaben von einem russischen Gartenzaun. Kein Geschirrspüler im Haus und die Badewanne im Wald. Jede Wand drinnen eine Pinnwand, auf Schiefertäfelchen die Pläne der nächsten Tage: wo zu jäten, was zu reparieren, wie viel zu besorgen sei. Am Hauseingang, hinterm Vorhang, derbes Schuhzeug. Das Provisorische hat hier eine Feste; gewissermaßen hat sich der Bauer mit dem Wanderer eine kleine Bleibe geschaffen. Die der Schriftsteller nutzen darf.

Hier begreifst du: Gras und Blume brauchen keine Dichter. Was für die Reportage strafbar wäre, gereicht dem Gärtner zur Ehre: Beihilfe zur Schönfärberei.

Der notorisch Bewegte: Er liebt es dennoch, wie angewurzelt vorm Haus zu sitzen, ins Ferne zu blicken – und Pläne zu machen. Die meinen das Schreiben und die längst fällige Beetpflege. Oder irgendeine Handwerkerei. Noch mehr aber mag er den Gegenplan, der die immer wieder zu beklagenden Versäumnisse des Planens in neue Konzepte gießt. Am meisten aber mag er die Ofenbank, auf der sich von allen Planspielen wunderbar ausruhen lässt.

Der Blick aus dem Arbeitshäuschen geht hinaus ins Tal. Ein sehr schöner Blick. Drüben der nahe Hang, datschenbestückt. Auf der Wiese weiden zwei schottische Hochlandrinder. An den sehr frühen Morgen, wenn der Schriftsteller ins Dorf geht, die Post zu holen, füttert er die Tiere mit Gemüseresten und Obst. Und immer, sagt Scherzer, rede er mit ihnen. Scherzer spricht, die Tiere schweigen zurück. Jedenfalls sagen wir Fremden dazu: schweigen. Aber was wissen denn wir.

Draußen im Geäst schreien Vögel, wahrscheinlich aus Freude, dass wir sie nicht sehen können. Und keiner der fast schwarzen Bäume, so denke ich plötzlich, möchte in der Stadt leben. Ich möchte wissen, ob man hier die Zeit spürt, so wie man den Sturm spürt und die Hitze und das Wasser. Den frühen klaren Wintermorgen – so es ihn noch als Schneefülle gibt – stelle ich mir vor wie in Versen von Hans-Jürgen Döring, dem Dichter, von Scherzer gemocht und geachtet, er wird im Buch »Der Letzte«, für den Reporter überraschend, in der Politik auftauchen: »Aus dem kleinsten Riss / herausplatzen / ins blutige Licht // Jeder Schritt / neben / der Zeit«.

Das Unkraut. Auch im grünen Reiche Scherzers ist es siegreich. Und obwohl es beim Obst- und Gemüsegärtner um die Zähmung des Widerspenstigen geht, sehe ich just im Unkraut etwas vom Kern jenes Lebens, das dieser Reporter führt. Winzige Wildheit und uralte Kraft. Das Unkraut ist der wahre Botschafter alles Natürlichen. Es ist das Existenz-Gleichnis schlechthin: Niemand verlangt nach ihm – aber es wächst; keiner schenkt ihm zusätzlichen Regen – aber es grünt; wo Erde verwundet wurde – da blüht es zuerst. Wer das Unkraut fürchtet – der fürchtet dessen Fruchtbarkeit.

Scherzer ist Ordnungshüter der Beete und Bäume. Er hegt und pflegt. Kreislauf von Aufblühen und Verwitterung. Der Garten füllt sich durchs Jahr mit einer nutzbringenden Schönheit, an dem Gärtner und gemeine Fliege, Wind und Regen, »die Bienen und von mir aus auch ein mir unbekannter und ferner Gott zugleich gearbeitet haben«. Tag und Nacht, Monate hindurch, ohne Ziel – »wenn nicht eines Tages ich herantrete und die Tomate pflücke«.

Sitzt du draußen am Tisch und schaust, da muss dir selbst der Reporter gestatten, dass du mal kurz Abschied nimmst vom Realen im Sozialen – und die Exerzitien der Anschauung genießt. Poesie des unrasierten Gartens, gesetzt gegen die Durchrationalisierung der Hirne und gegen unser verfluchtes »Gewusstwie und Gewusstwo, unsere Programme, unsere Abkürzungen, unsere Geheimnummern, unsere Zweit- und Zehntwohnungen« (Handke).

Der Reporter ist, zu seinem Glück, mit dem Zwang begabt, die schönen Dinge mit jemandem teilen zu wollen, zu müssen. In seiner unmittelbaren Profession ist dieser Schreibende ein Gefühlsgezügelter, aber er hat seine Frau, Ellen. Sie arbeitet als Projektmanagerin eines literarischen Vereins in Erfurt. Täglich zwischen beiden: Telefonate. Und täglich originell gestaltete und beschriftete Ansichtskarten in die Landeshauptstadt. Er nennt seine Frau »Löwin«, sie malt und zeichnet, das Schreibhäuschen ist auch eine Galerie.

Seinen gesamten Vorlass hat der Schriftsteller dem Staatsarchiv Meiningen übergeben. Dutzende Kartons, die meisten bereits ausgewertet, geordnet. Manuskripte, Reden, Notizen, Artikel,

Fotos. Scherzer begleitet mich in die ehemalige Residenzstadt. Ich lese in den Stapeln, er aber hält es inmitten der »verstaubten Sachen« nicht lange aus.

Als er sieht, wie ich alte Fragebögen für Zeitungen und Bücher durchblättere, winkt er unwirsch ab. »Krimskrams. Mir fehlt die Ironie für solche Spielchen. Ich nehme jede Frage ernst – und wirke rasch bieder. Weg damit! Blätter' weiter!« Nein, ich lese.

»Was macht Sie verlegen?

Wenn ich so unbeherrscht rede, dass eine Frau die Augen senkt.

Was war Ihr aufregendstes Erlebnis?

Habe ich in irgendeinem meiner Bücher aufgeschrieben.

Was machen Sie nur heimlich?

Marzipan essen wie Brot.

Wofür möchten Sie endlich mal genug Zeit haben?

Schuppen aufräumen, Bäume fällen, Holz hacken, Plane fürs Beet imprägnieren.

Welche Person der Zeitgeschichte würden Sie gern mal zum Essen einladen?

Niemanden. Ich lade nur Freunde ein.

Wen oder was würden Sie auf eine einsame Insel mitnehmen?

Den, die oder das, was mich nach einer gewissen Auszeit wieder von der Insel runterbringt.

Ihr wichtigstes Buch?

Das Geheimalbum meiner Feigheiten.

Denken Sie schon an eine Lebensbilanz?

Damit kann ich nicht dienen, ich bin kein Buchhalter.«

Zurück in Dietzhausen. Gespräche und Gastfreundschaft. Sie ist das Resultat einer geradezu unbarmherzigen Röntgenaufnahme des Gastes. Wir reden tagelang, er weiß irgendwann, was ich gern esse, was nicht, Zwiebeln oder nicht, soßendurchweichtes Brot oder nicht, er kriegt – feinfühligst! – heraus, ob du dünnen oder starken Kaffee trinkst, er sieht dir an, ob du den Salat gleich auf den Teller oder in ein Extraschälchen willst … immer möchtest du ihm Küchenarbeit ersparen, aber da hat er schon bei dir zu Hause angerufen und genau recherchiert, wie das mit deinen Frühstücks-, Mittags- und Abendbrotgewohnheiten bestellt ist. Irgendwann kapitulierst du, lässt dich bedienen, dass es kaum aushaltbar ist, sagst ein Dankeschön, für das er dich sofort rüffelt: »Wofür denn?!« Landolf, der Dietzhäuser Russe.

Was er tut, hat oft im wahren Sinn des Wortes Hand und Fuß. Die Finger zum Essen, die Füße zum Gehen. Wenn schon Messer auf dem Tisch, dann Holzgriff und matt geworden der Stahl der Schneidefläche. Als müsse noch das kleinste zivile Werkzeug eine Verwandtschaft von Sichel und Sense aufweisen. Seit seiner Reise nach Afrika vor fast vier Jahrzehnten hat er unterwegs ein Taschenmesser bei sich, aber kein Besteck. »Die Finger waren der erste Löffel des Menschen«, ein Spruch, den er aus Moçambique mitbrachte.

In diesem Haus geht das Rustikale frontal auf deine Sinne zu, der Kerl hat Kraft. Achte bei Umarmungen auf deine Rippen. Andererseits: Er ist kein Mann des Überschaums. Er klagt nicht laut über Schmerz. Er ist der Indianer, den die Kinderspiele übrig ließen. Das Ruppige gut trainiert. Das Offenherzige kühn durchgehalten. Im Gegerbten die Durchlässigkeit bewahrt.

Intensive Begegnungen mit Landolf Scherzer. Ein Reden wie das Unterwegssein: Sprünge, Innehalten, Umweg, erneut Sprünge. Gespräch ist Gewebe, der Riss darin lockender als das Muster. Auch das Zickzack gehört zur Zielgenauigkeit. Bruchstücke und Bögen. Seltsame Veränderung: Der Meister der schriftlichen Selbstzügelung wird im ausführlichen Gespräch, im zyklischen Umkreisen von Erkenntnis und Erfahrung formulierungsoffen, als geschehe Aufenthalt nun außerhalb jenes gewohnten Schutzraumes, dessen Auftrag Abwehr und Vorsicht ist.

Hochkonjunktur unter Reportern hat heutzutage das mediale Doppelspiel von einnehmender Freundlichkeit, die ein Gegenüber öffnen möchte, und jenem öfters anzutreffenden Hinterhaltstrieb, der dieses Gegenüber immer auch ein wenig bloßstellen, ausnehmen möchte. Es wächst allenthalben der journalistische Mut, Menschen aus dem Schutz ihrer eigenen Geschichte zu vertreiben. Das Lädierte des Berufs besteht vielerorts in der Auffassung, dass jeder Tag eine Sensation haben könne und haben müsse. Das schafft in Medien eine Spirale unablässiger Steigerungsformen. Berichterstattern treibt's permanent den Schweiß auf die Stirn: Bin ich dran, bin ich drauf, bin ich topp, bin ich cool? Überall Zerstreuungsfieber, ein Hoch- und Abschießen von Menschen, Meinungen, Mentalitäten. Das war Scherzers Sache nie.

Über den konservativen Reporter zu schreiben, das heißt also: eine Biographie gegen jene Kultur des neuen Jahrtausends zu setzen, die alle Aufmerksamkeit für ein Thema mit dem geschickten Ausnutzen bestimmter Wellen verbindet, um darauf mitzureiten. Scherzer reitet nicht mit. Er sagt von sich: »Ich bin ein Dinosaurier.«

Ich weiß nicht, wo genau Reportage in Literatur übergeht. Ein guter Reporter erzählt jedenfalls eine Geschichte, ohne über sie zu siegen. Eine Geschichte, die in der Zeit lebt – und ihr zugleich ein wenig entkommt. Eine Geschichte, in der Menschen nicht schlechthin dargestellt werden, sondern einem aufgehen. Und dann in einer Erinnerung bleiben, die mit einem selbst zu tun hat.

Wir träumen das Meer und kommen nicht über die nächstbeste Pfütze. Um damit auf »Fänger & Gefangene« zurückzukommen: Leben auf dem Schiff wie in einem Gefängnis, aber im Hochgefühl einer Solidarität, die sich fest (und manchmal unerwartet) hoch aufrichtete. Gegen die Kälte von Natur und Soziallage. Scherzer sah im Hafen trotz der hässlichen, zerbeulten Schiffe doch immer – Heimat. Besser gesagt: das Leben. Die wahrhaftigste Botschaft des Abenteuers, sie zielt gar nicht so sehr auf Kraft, sondern – paradox? – aufs Ereignis der Verwundbarkeit.

Landolf Scherzer: als Wirklichkeitssüchtiger ein Gefangener und doch immer wieder Fänger. Im Netz: Geschichten.

FRANK QUILITZSCH

»JA, ABER ...« – »ABER JA!«

Als wir nach einer halben Stunde aus der Vier-Millionen-Stadt Kiew heraus sind, wird der smoggraue Himmel blau. Die Birken rechts und links neben der Fernverkehrsstraße schmückt junges Grün. Aber auf fast jeder der Weißstämmigen wachsen Misteln. Schmarotzer. Kilometerweit nur Felder und Wiesen. Nach einer Stunde sehen wir die ersten wie von einem bösen Fluch verwunschenen Holzhäuschen in der verstrahlten Gegend von Tschernobyl. Aus den Dächern wächst Baumgesträuch. Vor den glaslosen Fenstern wehen Gardinenfetzen wie Schleier im Wind. Auf der Fernverkehrsstraße warnt ein Schild: »Vorsicht Fußgänger!« Aber kein Autofahrer muss hier noch vorsichtig sein. Hier lebt niemand mehr. Inmitten der Häuschen, deren Farbe abgeplatzt ist, strahlt in ihrer Buntheit lediglich noch die Kirche. Davor steht ein Schild: »Auch Gott hat uns verlassen.«

Landolf Scherzer, aus »Das Sarggeld von Uljanowna«, 2009

1.

Seit Minuten quält sich der Wagen eine Anhöhe hinauf. Die tief stehende Sonne blendet, ich habe Mühe, die Augen offen zu halten. Mein Beifahrer ist still in die Thüringer Landschaft vertieft.

Ich leiere die Scheibe hinunter und lasse mir den Fahrtwind um die Nase wehen. Es hilft nichts, ich muss schon wieder gähnen.

»Mach doch Musik an«, sagt Landolf Scherzer.

Das Radio bietet nur Popschnulzen oder Geschwätz.

»Moment.« Ich lange ins Handschuhfach, wo die CDs liegen, und finde auf Anhieb die richtige.

»You see them in Old Havana«, ertönt Allan Taylors sonorige Stimme, »playing cards, smoking cigares …« Ich spüre, wie mein Nebenmann die Ohren spitzt. Landolf hat den Takt instinktiv aufgenommen, trommelt ihn mit den Fingern auf den Oberschenkeln mit. Dann der Refrain: »Once we were bold compañeros«, raunt der Sänger, »Running guns from the Florida keys. / On the beach from Santiago to Cuba, / We were fighting …«

»… with Fidel and Che«, stimmen wir lauthals ein.

Fidel Castro und Che Guevara, die »bold compañeros« – wie soll man das übersetzen: kühne, mutige, verwegene Kameraden?

Kuba ist schon immer sein Traum gewesen. Ein Ort, an dem das Feuer der Revolution noch glüht? Wo die Helden der Jugend nicht altern und die Hoffnung als Allerletztes stirbt? Als mir Landolf Scherzer bei dieser Autofahrt – vor Jahren – seine Reportageprojekte aufzählte, war auch Kuba dabei.

Dann ging alles ganz schnell. Viel schneller als gedacht.

Scherzer landet in Havanna, und am nächsten Morgen ist Fidel Castro tot.

Meine Ergriffenheit weicht einem Gefühl der Freude: Was für ein Einstieg in die Reportage, denke ich. Der Ankömmling erlebt Kuba im Ausnahmezustand – ein ganzes Volk in Trauer.

Klar, nur wenige Meilen nordwärts, in Florida, USA, wird gejubelt. Dort tanzen die vor dem Regime geflohenen Emigranten. Zwei Welten, wie sie unterschiedlicher nicht sein können.

Fidel Castro hat mit den compañeros den Diktator Batista gestürzt. Er verjagte die US-Invasoren aus der Schweinebucht. Und auch er unterlag den Mühen der Ebene. Kamerad Che stahl sich fort in die bolivianischen Berge.

»Once we were bold compañeros …«

2.

Landolfo, wie ich Freund Scherzer seit seiner Kuba-Reise 2017 nenne, ist in der Welt herumgekommen. Doch er ist kein Weltenbummler, weder will er Rekorde aufstellen noch sich etwas beweisen. Gut, als Willis Traktor vor der Osteuropa-Erkundung ausfiel, ging der Ehrgeiz mit ihm durch, da wollte er es allein und zu Fuß schaffen. Da schloss er sogar mit einem Kellner in Harkány eine Wette ab. Es ging um zehn Flaschen ungarischen Weins, die er am Ende auch gewann.

Aber eigentlich lässt sich Landolfo von seiner Neugier und seinem Gewissen leiten. Um zu ergründen, was die soziale Welt im Innersten zusammenhält. Und wenn er dabei auf Mitstreiter stößt, Gleichgesinnte, Freunde, compañeros eben, ist er glücklich, was man seinen Berichten auch anmerkt.

Zwar spielt ihm der Zufall oft die schönsten Geschichten zu, doch ohne Plan geht er keinen Schritt. Auch die Kuba-Reise folgte einem Plan, den er in seinem Waldhäuschen in Dietzhausen ausgetüftelt hatte …

Erst nach seiner Rückkehr erfuhr ich, dass er als »Briefträger« nach Havanna geflogen war. Einige Wochen vor seinem Abflug hatte er einen Leserbrief für die Lokalzeitung verfasst: »Wen soll ich in Kuba grüßen?« Daraufhin meldeten sich viele und vertrauten dem Reporter Briefe an, die er persönlich überbringen sollte. So knüpft man Kontakte in ein fremdes Land. Die Leute gaben ihm Dinge mit für Freunde und Verwandte: Gitarrensaiten, die auf Kuba Mangelware sind, oder Kabelbinder für die Auspuffe der maroden Limousinen. Einen Scheck über 30000 Euro für die Opfer eines Hurrikans. Rezepte für das einzige vegetarische Restaurant auf der Insel. Die Mitbringsel haben compañero Landolfo die Türen zu den Kubanern geöffnet, vom hohen Beamten im Tourismusministerium bis zum Köhler und Tabakbauern im abgelegenen Dorf.

Und Fidel?

Als Castros Tod im Radio verkündet wurde, habe er, so Landolfo, keine lähmende, sondern eine sehr lebendige Trauer erlebt. Dennoch blieb ein Zwiespalt: War der Staatsmann Fidel Castro noch ehrlich, wenn er mit allen Mitteln die Errungenschaften der Revolution verteidigt hatte? War er gerecht oder schon selbstgerecht? Das habe er die Kubaner gefragt. Einer gab ihm zur Antwort, in Kuba sei niemand verhungert. Ein anderer, mit Fidel habe man die Blockade überlebt. Und einer meinte, Fidel, Che und ihre engsten Mitkämpfer seien sehr jung gewesen, als sie den verhassten Diktator stürzten. Wegen ihrer Jugend verzeihe man ihnen so manchen Fehler.

»Once we were bold compañeros …«

»Warum Kuba jetzt?«

Landolfo zögert einen Moment.

»Vielleicht«, sagt er, »weil ich keine Lust habe, später noch einen Zusammenbruch vor Ort mitzuerleben.«

3.

Einer fehlt. Wir merken es bereits bei der Suche nach der richtigen Kneipe. Keiner will die Führung übernehmen. Mal geht der Literaturmanager Martin S. voran, mal trippelt im langen, feinen Mantel der dichtende Landtagsabgeordnete Hans-Jürgen D. an der Spitze. Der Satiriker Matthias B. schlurft in Turnschuhen hinterher.

»Wohin denn nun?«, nörgelt er. »Bei Wielands ist es zu laut, Sommers haben noch geschlossen, und im Frauentor-Café sind zu viele Touristen. Vielleicht sollten wir uns mal entscheiden.«

»Versuchen wir's bei Eckermann«, schlage ich vor.

Ein Ort, wie geschaffen für unser Unterfangen.

»Tja«, seufzt Martin, als wir im neu eröffneten Eckermann-

Stübchen in der Weimarer Brauhausgasse sitzen, »wenn er jetzt hier wäre, würde er seinen Rucksack öffnen, und Äpfel und Thüringer Wurst kämen auf den Tisch.«

»Und eine Pulle Rhöntropfen machte die Runde«, ergänzt Hans-Jürgen und blickt sich nach dem Kellner um.

Matthias leckt sich die trockenen Lippen.

Ich habe verstanden und ordere fünf eiskalte Wodka.

»Wieso fünf?«, wundert sich Hans-Jürgen.

»Sind wir ein Quintett oder sind wir keins?«, frage ich zurück.

Es ist das erste Mal, dass das gemeinnützig agierende Thüringer Literatur Quintett (TLQ) ohne sein ältestes Gründungsmitglied zusammenkommt. Landolf Scherzer ahnt nichts von unserer Sitzung, ist aber trotzdem dabei. Weil wir anlässlich seines 65. Geburtstags über ihn reden. Ein Gespräch im Hause Eckermann über den abwesenden Herrn Scherzer.

Wir starren auf die sich drehenden Spulen im Diktiergerät.

Womit beginnen?

Der Kellner bringt die frostbeschlagenen Schnapsgläser.

»Landolf«, sage ich, »würde einen russischen Trinkspruch ausbringen.«

»Do swidanija pod stolom«, schnarrt unser Landtagstrinker. Was frei übersetzt »Auf Wiedersehen unterm Tisch« heißt.

So weit ist es noch nicht. Doch der Wodka löst die Zunge.

»Wir wissen doch, was wir an ihm haben«, beginnt Matthias. »Er hat so eine Art, andere Leute, selbst wildfremde, mit ins Gespräch zu ziehen. Und hinterher duzen sich alle.«

»Er besitzt die Gabe, die Leute aufzuschließen und zum Erzählen zu bringen«, bestätigt Martin. Ob die hinterher immer glücklich sind mit dem, was sie gesagt haben, sei eine andere Frage.

Matthias: »Naja, er ist schon ein gewiefter Taktiker.«

Hans-Jürgen: »Und ein mit allen Wassern gewaschener Stratege.«

»Im Unterschied zu seinem Freund Günter Wallraff«, werfe ich ein, »erkundet er mit offenem Visier. Vor Jahren heuerte er als Hochseefischer an.«

Matthias: »Warum hat er sich überhaupt auf Fischfang eingelassen? Weil er, wie er an einer Stelle schreibt, mal rauskommen wollte aus dem engen Land. Weil er ein Mensch mit Fernweh ist.«

Martin: »Er ist ja nicht nur mitgefahren, sondern hat sich auch der Arbeit unterworfen, harter Arbeit.«

Hans-Jürgen: »Über welches Jahr sprechen wir überhaupt?«

Matthias zieht die Paperbackausgabe des Greifenverlags zu Rudolstadt aus der Tasche, zitiert: »Im Januar 1978 werden außer ihm noch zweiundzwanzig neu eingestellte Landratten in einem fünftägigen Schnellkurs seeklar gemacht …«

»Fänger & Gefangene«, stellt sich heraus, war für drei von uns Auslöser der Bekanntschaft mit Landolf Scherzer.

Martin: »Vielleicht sollten wir mal seine Gedichte analysieren.«

Hans-Jürgen: »Welche Gedichte?«

Martin: »Liebesgedichte.«

Hans-Jürgen: »Lass mal hören.«

Matthias: »Hier muss ich aber mal als Zensor einschreiten. Die sind nicht für die Öffentlichkeit!«

Hans-Jürgen: »Weil wir gerade bei Gedichten sind, ich habe ihm eines gewidmet.« Liest laut vor: »Für Landolf: In diesen windigen Zeiten / ausbrechen aus den Grimassen / und der Gymnastik // selber am Tisch sitzen / dieser kleine Schritt / zwischen Herr und Knecht / und doch verwelken / in der Seele deines Gartens / unsere Utopien.«

Alle: »Na sdorowje!«

Martin: »Nehmen wir das Wort ›Utopie‹. Er ist einer, der immer die Hoffnung aufrechterhält, dass es gerechter zugehen kann, der immer auf der Seite der Schwachen und Benachteiligten steht und eine Gesellschaft danach beurteilt, wie sie mit diesen Menschen umgeht. Deren Sorgen und Nöte sind ihm nahe.«

Matthias: »Das ist sein Credo. Aber habt ihr mal darüber nachgedacht, wo seine Schwächen als Reporter liegen? Könnte es sein, dass er verführbar ist?«

»Nicht durch Geld oder Macht«, schränke ich ein, »höchstens durch Liebe und durch seinen Glauben an das Gute im Menschen.«

Martin: »Ich finde es gut, dass er sich solidarisiert. Ich meine, ganz persönlich. Ob beim Hungerstreik mit der Philharmonie in Suhl oder mit den Kalikumpeln in Bischofferode. Kein Reklame-Akt, sondern ehrliches Mitgefühl. Da fährt er auch später noch mal hin und fragt, was aus den Leuten geworden ist.«

Hans-Jürgen: »Und er hält Kontakt zu jungen Menschen, macht mit ihnen Kommunalpolitik, nicht als PDS-Mitglied, wie irrtümlich behauptet wird, sondern mit der Wählerinitiative ›Aktiv für Suhl‹. Das sind vorwiegend Leute zwischen zwanzig und dreißig, die waren noch Kinder, als die Mauer fiel.«

Martin: »Ich habe auch was mitgebracht, die Kopie einer Beschwerde der Leitung der Betriebsparteiorganisation des VEB Kraftwerke Lübbenau-Vetschau über eine Reportage aus dem Band ›Spreewaldfahrten‹ aus dem Jahr 1975.« Er zieht einen Bogen aus seiner Jackentasche, faltet ihn auseinander, glättet ihn und liest: »In keinem Fall trägt die Abhandlung dazu bei, einprägsam auf das Leben der Menschen zu wirken (abgesehen im negativen Sinne), sozialistische Überzeugungen, Lebenseinstellungen und -beziehungen sowie den Sinn für Schönheit und die Ideale der Arbeiterklasse zu formen ... Im Namen unseres Betriebskollektivs fordern wir, dass diejenigen, die für die erste Auflage verantwortlich zeichneten, wegen ihrer politischen Blindheit zur Rechenschaft gezogen werden und eine zweite Auflage verhindert wird.«

Darauf noch fünf doppelte Wodka.

4.

Ich kenne Landolfo viel länger als er mich. Das erste Mal habe ich ihn beim Rudolstädter Kritikerseminar erlebt, wo er aus »Fänger & Gefangene« las.

Er saß vorn, in seinem Strickpullover und mit leicht zerzaustem Haar, und lief noch nicht, wie bei späteren Lesungen, mit dem Buch in der Hand im Raum hin und her. Mit seinem Vortrag fesselte er auch uns Germanistikstudenten, denn da, so spürten wir, schilderte einer ungeschminkt, was Menschen in der DDR redeten und dachten und wie es im Sozialismus wirklich zuging.

Während der Lesung warf er immer wieder Blicke ins Publikum. Das Auffälligste in seinem Gesicht sind für mich nicht die lebhaften, Kontakt suchenden Augen, sondern seine große, vorwärtsdrängende Nase. Mit ihr stößt er in die Wirklichkeit und nimmt Witterung auf. Auch bei Frauen. Ich bin fest davon überzeugt, dass die Nase ein wichtiger Teil seines Antriebs, seines Energiezentrums ist. Man sagt nicht umsonst: Immer der Nase nach …

Nach Jahren treffe ich ihn im Thüringer Schriftstellerverband. Wir hatten beide die Wende verpasst. Ich war, als die Mauer fiel, in China. Er saß im russischen Kamyschin in einer Bauarbeiterbaracke vorm einzigen Fernsehgerät und öffnete eine Flasche Wodka. Mehr aus Verzweiflung als vor Freude. Landolf Scherzer begleitet dann die deutsche Vereinigung kritisch als freier Schriftsteller in Südthüringen. Ich führe als Kulturredakteur der Landeszeitung Interviews mit Zeitgenossen. Als ich erfahre, dass er für den Aufbau-Verlag den neuen Landrat von Bad Salzungen porträtiert, melde ich mich auch bei ihm zum Gespräch an.

Natürlich hatte ich den »Ersten«, sein »Protokoll einer Begegnung« mit dem 1. SED-Kreissekretär, gelesen und war neugierig auf die Fortsetzung. »Der Zweite.« Da begegnen sich zwei unter starkem Vorbehalt. Vorsicht vor dem »roten« Reporter!, wird der Landrat von gewendeten »Blockflöten« gewarnt. Der Neue kommt aus dem Westen und weiß nicht, wie wir hier leben, argwöhnt der Reporter Scherzer. Nach vier Wochen sind sie keine Freunde, doch sie verstehen und respektieren einander.

Landolf Scherzer hat die deutsche Vereinigung über drei Jahrzehnte begleitet. Auf die Erkundung des Thüringer Landtags (»Der Letzte«) ließ er noch das Porträt Bodo Ramelows (»Der Rote«) folgen. Dieses Langzeitprojekt erinnert mich an Winfried Junges grandiose Filmdokumentation »Die Kinder von Golzow«. Nicht nur die Gesellschaft, auch die Interviewpartner verändern sich.

Beim »Zweiten«, im Jahr sechs der deutschen Einheit, stößt der Reporter in ein noch frisches Gespinst aus Anpassung, Verdrängung und Neuorientierung. Wendehälse können sich in der Provinz nicht abducken, schließlich kennt man einander, und manchmal tauchen im Buch dieselben Leute wieder auf, die im »Ersten« ganz anders tönten. Und es ist noch möglich, Anschauungen und Meinungen zu dokumentieren, ohne dass der Widerpart gleich mit dem Anwalt droht.

Apropos Interviewer. Bei jedem neuen Buch suche ich Landolfo in seinem Häuschen über dem Seßlestal auf und stelle ihm Fragen für die Zeitungsleser. Anfangs gibt er sich noch Mühe und antwortet in ganzen Sätzen. Später kommt sofort die Wein- oder Rumflasche auf den Tisch.

Ich schalte das Diktiergerät gar nicht mehr ein, wir diskutieren und streiten über Gott und die Welt. Als ich es einmal doch mitlaufen lasse, wundere ich mich beim Abhören über unsere lallenden Stimmen.

Beim Wiederlesen des Landtagsinterviews stoße ich auf Sätze wie »Ob sie dir gefallen oder nicht, du hast eine gewisse Verantwortung für die Porträtierten. Und du musst auch über dich selbst lachen können.«

Im Wein liegt Wahrheit. Später hocken wir noch am Lagerfeuer, schmettern Arbeiter- und Partisanenlieder, dass es durchs ganze Tal schallt.

Einmal, es war nach seiner Griechenland-Reise, wird mir nach durchzechter Nacht bewusst, dass ich ihn gar nichts gefragt habe. Landolfo erzählte frei von der Leber weg. »Na, du weißt doch jetzt, was ich erlebt habe«, meint er beim Frühstück. »Schreib's einfach auf!«

5.

Wir sitzen in einer winzigen Sauna, in der man schon ob ihrer Enge schwitzt. Sie bietet Platz für zwei. Landolfo sitzt rechts, mit den Füßen auf dem Holzgeländer. Ich stütze mich an der Bretterwand ab, die niedrige Decke presst mir das Kinn auf die Brust. Das Fenster gibt den Blick auf eine Gruppe Fichten frei.

Ich drehe die Sanduhr um.

»Ja, aber …«, sage ich.

»Aber ja«, sagt er. Das ist mehr als nur ein Spiel. In der Wortfolge spiegelt sich unser Verhältnis wieder. Ich bin der Zweifler, er ist der Optimist. Ich komme eher von der Theorie, er ist der Praktiker.

Aber wir ergänzen einander auch gut. Wenn meine Gedanken mal wieder tief im Umweltdesaster oder in der Klimakatastrophe feststecken, zieht er mich am Schlafittchen heraus. Im Gegenzug warne ich ihn vor seiner Gutgläubigkeit.

Es kommt vor, dass wir in der Kneipe oder im Biergarten verbal aneinandergeraten.

»Du siehst schwarz«, sagt er.

»Und du bist blauäugig«, sage ich.

Wir führen unsere Argumente ins Feld, schaukeln uns gegenseitig hoch. An den Nachbartischen verstummen die Gespräche, denn wir werden immer lauter. »Ja, aber …« – »Aber ja!« Manchmal auch umgekehrt. Ehe der Kellner den Versöhnungsschnaps bringt, ist die Welt dreimal untergegangen und wurde doch noch gerettet.

»Noch einen Aufguss?«, fragt Landolfo.

Die Hitze zieht den Nacken hinunter, wir stöhnen behaglich.

»Wie geht es dir?«, frage ich.

»Mir geht es gut. Und dir?«

»Auch gut.«

»Aber … ?«

»Kein Aber«, sage ich, »nicht in der Sauna.« Und füge in Anspielung auf einen seiner Reportagen-Sammelbände hinzu: »Sonst muss man sich den Schweiß hart erarbeiten, hier gibt es ihn umsonst.«

»Du hast die Sauna auch nicht gebaut«, kontert er.

Ich erzähle, dass ich als Kind von der Unsterblichkeit geträumt habe und dass ich es heute schrecklich fände, wenn wir ewig leben müssten.

Landolfo schweigt.

Nach einer Weile greift er erneut zur Kelle. Während sich der Dampf verzieht, seufzt er: »Wenigstens noch eine Weile.«

Wir schauen auf den rinnenden Sand, dann auf die hundertjährigen Fichten.

»Ich möchte nicht in den Himmel«, sage ich.

»Ich auch nicht«, sagt er.

»Da sind sie dann alle«, sage ich.

»Auch die, die wir auf den Tod nicht ausstehen können«, sagt er.

Ich blicke in sein vor Hitze gerötetes, schweißperlendes Gesicht.

»Aber Fidel … ?«

»Aber ja!«

Als der Sand durch ist, stürzen wir hinaus und schütten uns heftig schnaubend kaltes Wasser über den Leib.

Frank Quilitzsch, geboren 1957 in Halle/Saale, ist Journalist und Autor zahlreicher Bücher, unter anderem über Vietnam und China sowie »Dinge, die wir vermissen werden« (drei Bände, auch als Hörbuch mit Iris Berben und Thomas Thieme). Die Gesprächsbücher »Ich Faust: Thomas Thieme« und »Thomas Thieme: Ich Hoeneß Kohl«.

I.

»WER NICHTS VON IRRWEGEN WEISS, ERFÄHRT AUCH NICHTS VON WEGEN«

Fünf nach halb sieben stehe ich auf dem nur spärlich beleuchteten Leninplatz von Bad Salzungen, hinter mir das Appartementhaus, in dem ich ein Zimmer gemietet habe. Es regnet Bindfäden. Fluchend latsche ich durch die Pfützen. Die Leute, denen ich begegne, scheinen das Sauwetter gleichgültiger hinzunehmen. Sie haben den Kopf eingezogen. Sie, die Jahr für Jahr ihren morgendlichen Arbeitsweg gehen müssen, werden nicht über Regen und Dunkelheit fluchen. Für sie ist alltäglich, was für mich außergewöhnlich ist. Selbst wenn ich nun vier Wochen zur Kreisleitung laufe, ich werde nicht so fühlen wie sie. Und auch wenn ich täglich mit dem Ersten zusammen bin, werde ich nicht so empfinden wie er, sondern nur die verkümmerten oder ins Kraut schießenden eigenen Gefühle werden sich in den Vordergrund drängen. Das gilt es zu verhindern, ich will auch nicht die vermeintlichen Gefühle der Menschen beschreiben, denen ich begegne, sondern jene Ereignisse und Tatsachen, die die Gefühle hervorrufen.

Landolf Scherzer, aus »Der Erste«, 1988

Landolf, vier Tote lagen in der Dürre Moçambiques.

Oh, ein harter Beginn für unsere Gespräche. Es war mein schlimmster Tag in Afrika.

In der Provinz Tete.

Tete, sagen die Einheimischen, sei der Vorhof zur Hölle – hier, wo die größten Steinkohlegruben des Landes liegen, kann es bis zu 75 Grad Celsius heiß werden. Als Mitglied einer FDJ-Freundschaftsbrigade arbeitete ich 1980 am Sambesi. Die Toten, die du erwähnst, lagen vor ihrer Hütte in Matundo. Verhungert. Die Mutter und drei Kinder. In einer Ecke der Hütte stand ein Tontopf, voll mit Maiskörnern. Sie hätten für lebensrettende Mahlzeiten gereicht. Nicht zu fassen. Warum waren sie unangetastet geblieben? Es lag eine große Grausamkeit in dieser Szene. Aber müssen wir denn jetzt gleich darüber reden? So aus dem Kalten …

(Pause.)

Gut … Der Schweizer Dichter Robert Walser wurde von Stefan Zweig zu einer Südseereise eingeladen, er lehnte das ab mit der Begründung: »Bäume reisen schließlich auch nicht.«

Ich bin gereist, wieder und wieder, und ich kann zur Begründung ebenfalls Bäume anführen. Die Afrikaner sagen: »Bäume können sich nicht treffen. Aber Menschen.«

Wie beginnt alles?

Beim Schreiben? Ich habe zig Zettel, mit Situationen, Wahrnehmungen, die leg ich auf den Tisch – und puzzle. Warte auf den Wind, der sie besser ordnet als mein Strukturvermögen. *(Lacht.)*

Der Beginn einer Reise, einer Recherche, wie lässt er sich fassen?

Man ist am Anfang unfrei, die erste Zeit ist wie ein Aufwärmtraining. Du fühlst dich vielleicht sogar gehetzt und denkst für Momente: Brich ab, geh nach Hause.

Wird Recherche, die vor der Reise stattfindet, manchmal zur Erlebnisbremse?

Es gibt Situationen, da möchtest du das Erlebnis nicht mit angelesenem Wissen zukippen. Willst die Freiheit der unmittelbaren Erfahrung nicht gefährden. An John Dos Passos habe ich immer bewundert, wie er Blöcke des Faktischen mit der Erlebnisebene verbunden hat. Präzis wie ein Schweißer von Schiffsnähten.

Die Geschichtsebene, die wirtschaftlichen Hintergründe – die schöne schwere Kunst, das alles mit dem unmittelbaren Erlebnis zu verknüpfen …

Ja. Ein Gefüge, das elastisch bleiben muss. Aber Vorbereitung hilft auch, sie gibt mir Sicherheit für das Unwegsame. Um dort dann genauer, wesentlicher zu fragen.

Erst in den späteren Jahren interessierte mich fürs Unterwegssein auch die andere Frage: Was passiert, wenn ich mich nicht vorbereite? Bei den Reportagen über Griechenland, Kuba oder Europas Osten – da wollte ich der Überraschte sein, der Ausgesetzte, der Prüfling im unbekannten Raum. Der recherchierend seine Unsicherheit offenlegt, wohin das alles führen könnte. Und der den Leser bei der Erkundung mitnimmt. Wenn möglich auf Spannungsbögen. Fährten legen, Pfade wieder verlassen, unerwartet zurückkehren. Lichtungen plötzlich dort, wo vorhin noch vieles undurchsichtig schien.

In einer Preisrede hast du ein afrikanisches Sprichwort zitiert: »Man kann nicht in ein fremdes Dorf gehen und den Einheimischen sofort ihre eigene Geschichte erzählen.«

Ja. Nähere dich fremdem Leben nie wie einer, der schon alles weiß.

Für dein Buch »Der Grenz-Gänger« von 2005 hast du »Ein sehr kurzes Vorwort« verfasst. Als wolltest du sagen: Alles Wesentliche ist rasch gesagt. Und das Wesentliche hat regelmäßig und gesetzmäßig mit Scheitern zu tun – mit einem Scheitern schon, bevor alles beginnt. Dies Vorwort lautet: »Sorgfältig versuche ich, einen Zwirnsfaden deckungsgleich auf die verschlungene thüringisch-bayerische und thüringisch-hessische Grenzlinie einer Landkarte Maßstab 1:150 000 zu legen. Knote den Faden am Ende bei etwa zwei Metern. Messe ihn mit einem Zollstock und errechne, dass die ehemalige Staatsgrenze West, die ich in Südthüringen etappenweise ablaufen will, genau vierhundertachtzehn Kilometer lang ist. Wiederhole die Rechnung. Beginne noch einmal bei Gräfenthal im Südosten und ende bei Vacha im Südwesten der DDR. Mache einen neuen Knoten. Messe. Dreihundertachtundneunzig Kilometer. Ich fluche. Lege die Kurven, Kehren und Winkel der Grenze noch sorgfältiger aus. Knote. Messe. Rechne. Vierhundertzweiunddreißig Kilometer. Als auch beim vierten Versuch ein neuer Wert herauskommt, knülle ich das Papier mit dem Ergebnis zusammen. Schneide den Faden am hintersten Knoten ab und hänge ihn an einen Nagel neben meinem Schreibtisch.« – Landolf, ist das ein Kurzporträt der Vergeblichkeit?

Nein! Aber: Du machst einen Plan. Du trittst mit klarem Kalkül ans Reißbrett. Du willst dich sicher machen. Du fühlst dich sicher. Du legst dir die Welt, die du betreten willst, sehr akkurat zurecht. Du baust vor. Du rechnest. Du zirkulierst. Du besitzt Koordinaten, wie der Seefahrer über seine Karten verfügt. Du nordest. Du teilst die Realität in Planquadrate ein. Du legst Etappen fest. Aber, aber, aber: Ganz schnell verlierst du den Faden, den du spinnst. Auch wer nur mit Kompass unterwegs ist, kann die Orientierung verlieren. Wer nichts von Irrwegen weiß, erfährt auch nichts von Wegen.

Du sagst, der Reporter sei ein Jäger.

Ja, er ist der Jäger, der andere trifft. Aber um der Lebendigkeit willen.

Hast du deinen Beruf auch mal gehasst?

Noch nie habe ich irgendeinen meiner Wege mit einer Traumreise verwechselt. Die Schnauze voll hatte ich schon, ja, aber gehasst habe ich meinen Beruf nie. Nein, nie.

Die Schnauze voll – wann?

Als ich auf dem Fangschiff, auf dem ich arbeitete, dicke Hände hatte, infiziert von den Stacheln des Rotbarschs, und ich mich trotzdem zur Arbeit schleppte, denn auch der Arzt konnte mir nicht helfen. Wann noch? Wenn Leute mit mir redeten und erzählten und erzählten, und ich durfte aufschreiben, was sie gesagt hatten, vielleicht ermunterten sie mich geradezu, aber später lasen sie es schwarz auf weiß – und schreckten vor den eigenen Worten zurück. Behaupteten, dies oder jenes nie gesagt zu haben. Da ist dann meine Gemütsverfassung: Schnauze voll.

Gibt es Hemmungen?

Unterwegs? Scheu, auf Menschen zuzugehen, habe ich nicht. Ich quatsche die Leute an, das ist mein Naturell. Wortlosigkeit zwischen Menschen mag ich nicht als Reporter. Vorm Professor habe ich keine Hemmung, und gegenüber dem Arbeiter bin ich nicht arrogant. Nur vor Ärzten und Theaterleuten befällt mich ein Stocken. *(Lacht.)* Wovor ich mich jedes Mal fürchte: wenn ich nachrecherchieren, nachfragen muss. Wenn ich beim Schreiben einer Reportage Zusatzinformationen benötige, dann kostet mich jeder Anruf, jedes nochmalige Türklopfen Überwindung. Ich komme mir vor wie ein Zeitdieb. Sehr unangenehm.

Bitteres soziales Elend zu sehen und im Angesicht dessen Fragen zu stellen, das fordert doch auch Überwindung.

Es gibt Momente, da fällt es dir schwer, einem Gesprächspartner ins Gesicht zu schauen. Aber fragen kann ich doch nur, wenn ich in Augen blicke. Ich bewege mich in Nähe und Abstand gleichermaßen. Als Reporter habe ich das Privileg, trotz allem draußen zu bleiben. In Umständen agiere ich, die nicht meine sind. Schamgrenze? Auf jeden Fall. Und nach wie vor, wenn es um mich selber geht.

Du musst beim Fragen auch dich öffnen.

Abstand ist nötig, um Fragen zu stellen, aber Antworten bekommst du nur, wenn Nähe entsteht – beides stimmt. Wer was von dir weiß, erzählt auch was von sich selbst. Reportagereisen sind auch Eitelkeit, Diplomatie, Taktik.

Schauspiel.
Ohne Schau.

Du möchtest bei der Arbeit derjenige sein und bleiben, der du bist.
Klar, aber als Reporter werde ich auch zum Rollenspieler. Man ist ständig anders. Nie bin ich einer, der eine Situation beherrscht. Die dringt in mich ein, sie legt mir Fesseln an oder umgarnt mich.

Du bist in Welten unterwegs, die von anderen verwaltet werden.
Ich bin auf Zutrauen aus und muss einen Preis dafür zahlen: Ich kann mich nicht immer benehmen, wie ich will. Ich darf nicht überaktiv sein, das könnte Begegnung verhindern. Zur speziellen Aktivität des Reporters gehört, dass ich auch mal sage: He, Scherzer, lass es geschehen! Man muss bei aller Zielstrebigkeit auch freischwebend aufmerksam sein. Aber bitte nicht in Anzug und mit Schlips. Ich besitze keinen. Doch, einen. Den hat mir der westdeutsche Arbeiterschriftsteller Max von der Grün geschenkt. Für eine Festveranstaltung zu DDR-Zeiten, die dann ausfiel. Ein einziges Mal hatte ich tatsächlich einen Schlips um: als ich den Heinrich-Heine-Preis bekam. Ansonsten: Ich hielte es nicht lange aus, eine Annäherung an Menschen ohne Rucksack und die etwas derberen Schuhe.

Wie ist es bei dir mit Heimweh?
Unterwegs bin ich der letzte Stromer. Wenn ich an meine Osteuropa-Tour »Immer geradeaus« denke: Du bist ein Ungewaschener, der um Nachtquartier bittet und dessen Zustand sich zusehends verschlechtert. *(Lacht.)* Da ist Heimweh ein Durchgangsstadium, das du nicht vermeiden kannst.

Hast du auf deinen Wegen Angst?
Höchstens davor, dass ich niemanden treffe, mit dem ich reden kann.

Wie groß ist dein Misstrauen gegenüber Fremden? So allein, ohne Schutz?

In Srpska Crnja, bei meiner Wanderung durch Europas Osten, schlief ich bei einer Familie von Zigeunern – ja, guck nicht so politisch korrekt! *(Lacht.)* Sie selbst bezeichneten sich stolz als cigányok oder ciganini, nicht als Sinti und Roma. Nachts lag ich mit der Großmutter in einem Zimmer, Hose und Hemd behielt ich an, um Geld und Pass am Mann zu haben. Einen Arm hatte ich sicherheitshalber im Träger der Kraxe. Es beruhigte mich und war mir zugleich unangenehm. Am nächsten Morgen habe ich mich wirklich über mein Misstrauen geschämt.

Unzählige Fliegen kreisten nachts, das dicke Federbett trieb den Schweiß. Als ich mich morgens nackt mit einem Wasserschlauch abspritzte, fluchte Hausherr Milan: Aufhören! Das sei unmoralisch. Die Nachbarn! Er erzählte mir, vor Jahren Asylbewerber in Halberstadt gewesen zu sein, er musste in einer alten Sowjetkaserne wohnen. »Ich, ein freier Zigeuner, in einer Kaserne? Ich bin dort wieder abgehauen.« Er brachte mich zur Straße, vorbei an einer neu gebauten »Hühnerfabrik«. Die Tiere, sagte er, hätten ein komfortableres Haus als er, »aber sie sind hinter diesen dicken Mauern gefangen, und ich bin frei«.

Jede Neugier streift unweigerlich den Voyeurismus.

Schon als Kind war ich neugierig auf das, was ich nicht kannte, was sich mir entzog, was der Wirklichkeit ein Geheimnis gab, das ich gern gelüftet gesehen hätte. Je mehr man selber erfahren hat, desto größer wird ja die Neugier auf das, was in den Überlieferungen, Welterklärungen fehlt. Die ursprüngliche Neugier kommt nicht aus dem Misstrauen, es werde einem etwas verschwiegen. Die ursprüngliche Neugier ist pur, sie braucht keinen Anlass.

Und später?

Die Neugier späterer Jahre kommt mehr und mehr auch aus dem Zweifel an Weltbildern, die gerade den Markt füllen. Fortwährend stoßen wir gegen zu vieles, das gelten soll. Es gibt zwei Arten von Neugier: Neues kennenlernen oder in Bekanntes tiefer einsteigen zu wollen. Früher wäre ich kaum neugierig gewesen auf die Kunst des Tischlers, einen Stuhl mit den Händen zu bauen. Jetzt spüre ich, dass da etwas verlorengeht im Merkbuch des Wissens, der Erfahrung, des Handwerks, ja der Ästhetik.

Du sprachst vom Voyeurismus. Meine Neugier richtet sich nicht auf die Schlüssellöcher von Schlafzimmern *(lacht)*, also nicht auf Dinge, die man nicht sehen soll, sondern auf Dinge, die – so glaube ich – von anderen übersehen werden. Meine Hoffnung ist der genaue Blick, mein Selbstvertrauen, so weit ich es denn habe, kommt aus einem – hoffentlich vorhandenen – Spürsinn für das verborgen Herumliegende, an dem man schnell, achtlos vorübergeht. Die Details sind es, die eine Geschichte erzählen, und meine Arbeit besteht in der Komposition dieser Details. Und: Ich kommentiere möglichst nicht.

Keine Parteinahme und keine Selbstauslieferung?

Ich bin Beobachter und denke an einen Buchtitel der US-Amerikanerin Edith Anderson: »Der Beobachter sieht nichts«. Ich beobachte, aber ich möchte dabei nicht in ein Gespräch mit mir selber geraten, das mich zum vordergründigen Beurteiler des Beobachteten erhebt. Mein Schreibimpuls ist: Bau etwas aus besagten Details, und lass diese Komposition ihr Werk tun, nämlich: ein Bild entwerfen. Misch dich nicht ein. Bevormunde nicht. Die Auswahl der Details ist beim Schreiben das Entscheidende. Was ich finde und weitergebe, das ist doch schon meine sehr persönliche Bewertung. Jeder sieht ja anders. Das Konkrete erzählt sich gleichsam fort, ich hoffe, es ergibt ein Bild, das im Leser etwas auslöst. Was die Details bedeuten, hängt also vom Leser ab.

Hast du dir manchmal gewünscht, poetischer sein zu können?

Ja.

Leere, manchmal?

Damit habe ich mich noch nie wirklich beschäftigt, vielleicht, weil ich die Leere ein wenig fürchte. Auf Reisen traute ich oftmals der Wahrheit nicht, dass auch das Nicht-Erleben ein Erlebnis sein kann. Wenn ich nur mal so herumlief, keinen traf, kein Ort in der Nähe war, mir nicht mal ein Tier über den Weg rannte, dann war mein Reflex: Durchstreichen, dieses Nicht-Erlebnis – und weiter!

Falsch?

Manchmal ja. Der Dichter Walter Werner – er wohnte nicht weit von hier – sagte mir, ich könne doch auch aus der Stille heraus erzählen. So sagt es, so denkt und fühlt es der Dichter. Ich bin kein Dichter. Für mich war Stille vorrangig ein Verschnaufen. Wo sie etwas charakterisierte, etwa ein menschenleeres Dorf, ging ich auf sie ein, aber war sie gewissermaßen nur sie selbst, dann ging ich durch sie hindurch.

Das erzählt mir ausgerechnet jemand, der im Wald lebt, allein, in der Stille.

Die Abgeschiedenheit ist nicht mein Arbeitsfeld. Außer, wenn ich schreibe. Allerdings muss ich sagen, dass sich mit den Jahren mein Verhältnis zur Stille auch geändert hat. Wir sind eine Gesellschaft der Schwatzhaftigkeit, da bekommt das Schweigen naturgemäß einen höheren Wert.

Kannst du etwas anfangen mit dem Begriff des »rasenden Reporters«?

Der »rasende Reporter« im Sinne einer unentwegten Hatz ist ein Kennzeichen heutiger Medien: Man muss schneller sein als die Konkurrenten. Egon Erwin Kisch, den man als »rasenden Reporter« bezeichnete, hat einen seiner Reportagebände so genannt. Er selber steht aber für das Gegenteil von »Raserei«, und ich sehe die Dinge wie er. Der Beruf besteht aus viel Warten und Umwegen, aus Geduld und zäher langsamer Vorwärtsbewegung. Rasend zu sein, das ist für mich also kein Tempobegriff, es meint höchstens die Leidenschaft, und zwar die Leidenschaft, genau und sorgsam zu sein.

Gut, nun die einfachste Frage: Was tust du als Reporter?

Den Blick halten, diese kurze Zeit, die du am fremden Leben entlanggehst. Ich glaube, der russische Schriftsteller Boris Polewoi hat gesagt: Bist du eine Woche in Sibirien, kannst du einen Roman darüber schreiben; bleibst du einen Monat, eine Erzählung;

und lebst du ein Jahr dort, nur noch ein Gedicht. Also: Je länger man irgendwo bleibt, desto mehr schwindet der Sinn für die Merkwürdigkeiten. He, Scherzer, sag ich mir: nichts auf der Welt ohne Dankbarkeit betrachten. Denn ich selber bin von ganz bitteren Schlägen verschont geblieben. Bis jetzt. Und noch was sag ich mir: Bewahr dir bei allem eine Reserve Zorn!

Dein Gemütszustand?

Jetzt? Lust am Leben. Mit einer Traurigkeit, die wuchs mit den Jahren. Und sie ist größer als der Zorn, von dem ich eben sprach. Zorn ist vor allem eine Äußerungsform jüngerer, kräftiger Jahre. Traurigkeit ist eher ein Altersprodukt. Ich versuche, sie zu unterdrücken, sie ist was fürs einsame Kämmerlein. Aber immerhin ist diese Traurigkeit für mich so groß geworden, dass ich nicht mehr allzu große Lust verspüre, die Tür meines Hauses aufzureißen, um erneut in andere Länder zu ziehen.

Den bedeutenden Venezianer Canaletto aus dem 18. Jahrhundert nennst du einen »Reporter der Malerei«.

Bezaubert bin ich von dessen Besessenheit für das Detail. Auf seinen Bildern, etwa den Panoramen von Dresden, ist nicht nur jede architektonische Einzelheit exakt wiedergegeben, sondern auch das Mädchen mit dem Hund, der Kutscher, der die Peitsche schwingt, oder der Reisende mit seinem Gepäck. Ich will nicht grob werden und despektierlich und also nicht von Wimmelbildern sprechen *(lacht)*, aber an dieser profanen Bezeichnung ist was dran: Die Welt ist ein Suchspiel, na ja, Spiel am wenigsten, aber die Augen können dir schon übergehen. Wie Canaletto malt, müsste man schreiben können. *(Lacht.)* Eine Aussage, die du triffst, verliert rasch an Wirksamkeit, dem Detail aber öffnet sich das Gedächtnis viel lieber und nachhaltiger.

Brecht schrieb: »Das kleine Haus unter Bäumen am See. / Vom Dach steigt Rauch. / Fehlte er / Wie trostlos dann wären / Haus, Bäume und See.« Darf der Reporter den Rauch »malen«, auch wenn er gar nicht aus dem Schornstein steigt?

Wenn niemand in dem Haus wohnt? Nein. Wohnt jemand drin, ja. Denn dann ist der Rauch eine reale Möglichkeit. Ist nachprüfbar. Nur nicht ausgerechnet im heißen Sommer den Schornstein rauchen lassen. Keine solche Lügen im Text! Wichtig ist: Ich möchte den Leuten, die in dem Haus wohnen, nachdem ich das Bild gemalt habe, in die Augen sehen können.

Noch einmal: Was bedeutet dir das Gehen?

Ich bin Mittelstreckenläufer gewesen, kein Typ für die ganz langen Strecken. In Leipzig gehörte ich zur DDR-Meister-Staffel der Hochschulsportgemeinschaften (HSG) über dreimal 1000 Meter, das war eine Sportdisziplin an den Universitäten. Ja, ich gehe viel zu Fuß. Das Gehen ist die Fortbewegung, die mir am ehesten entspricht. Zum Fußweg gehört das Innehalten, die Verzögerung, ich bin kein Kilometerfresser. Und bei aller Vorbereitung ist erst mal weitgehend unbekannt, was sich in dir selber auftun wird, wenn du losgehst.

Von wegen: Scherzer und keine sehr langen Strecken.

Um Saint-Exupéry etwas respektlos zu variieren: Auch mit den Füßen siehst du gut. Also nicht bloß mit dem Herzen.

Der Filmregisseur Werner Herzog stapft und stampft in seinem Buch »Gehen im Eis« zu Fuß durch Herbst und Winter. Er wandert von München nach Paris. Er hat nur einen einzigen Kredit: »Meine Stiefel waren so fest und neu, dass ich Vertrauen in sie hatte.« Im Schneetreiben, das ihn durchnässt, verschärft er nur mehr das Tempo, »so jedenfalls bleibe ich im Dampf«. Schon die zehnte Seite des Buches fasst zusammen: »Und jetzt zittert die Erde. Wenn ich gehe, geht ein Bison. Wenn ich raste, ruht ein Berg.« Ein frierender, aber geradezu wundwacher Mensch in der bevölkerten Leere deutscher Krähwinkel-Orte. Umstellt von Blicken derer, die sich für normal und den Mann für wahnsinnig halten.

Gehen als pure Verwilderung, als Ausbruch aus der sozialen, rationalen Lebensführung. Flucht, Trost, Revolte … Ja … Das Extreme der Erschöpfung, das Besondere der Entbehrungen. Aber ohne jede Sucht, nur irgendwie auffällig zu sein.

Man muss in den Wettern stehen und sich gegen sie krümmen; Qual und Frieren müssen ab und zu schon dabei sein …

He, stopp! Ich hör da gern zu, aber ehrlich gesagt: Totaler Extremismus hat letztlich doch nur sehr wenig mit mir zu tun. Das beginnt schon damit, dass ich Menschen nicht meide, sondern suche. Ich geh nicht weg, ich gehe hin. Nicht in den Himalaja, sondern zu Häusern am Weg. Ich seh die Türen.

Es muss etwas Sinnliches sein: eine Tür zu öffnen, sie geöffnet zu bekommen. Denn überleg mal, was eine offene Tür sinnbildlich so alles erzählt. Da ist der unerwartete oder erwartete Besuch; der auffliegende Verschluss; die gestürmte Klause; die letzte Hürde zur Schatztruhe; das Ende der Zelle, in die kein Licht drang. Das alles ist denkbar bei: Tür.

Aber das gefährliche geflügelte Wort von der Welt, die einer aus den Angeln heben will, es kommt auch von den Türen. Ich klopfe lieber an eine Tür, als sie aus den Angeln zu heben. Meistens überhebt sich der Mensch, wenn er was aus den Angeln heben will.

Es gibt diese Anekdote, erzählt von Hugo von Hofmannsthal, da zeigt ein Erwachsener einem Kind den Himmel und sagt, kein Mensch könne einen Stern berühren. Da bückt sich das Kind und tippt mit dem Zeigefinger auf den Erdboden. Was der Zeigefinger kann, können unsere Füße auch.

Gehen ist Sternberührung, Schritt für Schritt, Schmerzen inklusive. Aber noch mal zu der Anekdote, die du erwähnst: Die Erde ist kein Stern, sondern ein Planet.

Eins zu null für die Recherche! … Manchmal geht man los, wie man in Kämpfe geht?

Ja, der Körper ist es, der kämpfen muss: Du merkst beim Laufen irgendwann jeden Stein.

Aber?

He, Scherzer, egal – geh weiter, immer mit dem Bewusstsein: An der Straße triffst du andere Menschen, und du triffst sie anders als in einer Konferenz oder im Restaurant. Unterwegs ist es interessanter als am Ziel. Wenn du auf Menschen triffst, bist du bei dem, was Leben ist, also immer auch bei dem, was dem Leben fehlt. Denn jedes Leben beherbergt Defizite, nur so können Träume entstehen und Energien.

Gehen ist auch Monotonie.

Ja. Beim Weg durch landwirtschaftlich genutzte Gegenden, etwa in Serbien, sah ich schon von Weitem die Türme der Getreidesilos und Mehlmühlen. Keine Wälder, keine Berge, keine Aussichtspunkte. Kommst du näher, verfluchst du die Industrietürme, sie versperren mit ihrer dicken Hässlichkeit die schönen kleinen Häuser, die alten Kirchen, die Gärten. Und wenn du den Ort verlassen hast und dich in der Hoffnung umdrehst, schon sehr weit gelaufen zu sein, kommt die dicke Hässlichkeit dir frech und feist nach, denn die Türme wollen einfach nicht kleiner werden.

Landolf, ich sehe dich 1988 mir gegenübersitzen, in meinem Zimmer in der Chefredaktion der FDJ-Zeitung »Junge Welt«. Es war ein beglückender früher Nachmittag der Übereinkunft. Du hast zunächst abgekämpft gewirkt.

So? Wahrscheinlich, weil es bis dahin keine guten Erfahrungen mit dem Buchmanuskript gab, das ich mitgebracht hatte.

Du wurdest dann aber sehr aufgeräumt. Denn: Wir verabredeten den Vorabdruck der Reportage über den 1. SED-Kreissekretär von Bad Salzungen, Hans-Dieter Fritschler, »Der Erste«. Damals standen Zeitungen noch in alter Presse-Tradition: Sie veröffentlichten Romane und andere Prosawerke in täglichen Fortsetzungen. Wir sahen uns, glaube ich, ziemlich fest in die Augen. Ein Augen-Blick wie ein Händedruck.

Der Moment eines verlässlichen Vertragsabschlusses. *(Lacht.)*

Ich fand das Buch gut. Aber kurze Zeit später brach ich die getroffene Verabredung aufgrund meiner widerspruchslosen Zustimmung zu einer Hausmitteilung aus dem FDJ-Zentralrat. Der Chef des SED-Jugendverbandes, Eberhard Aurich, schrieb mir: »Danke für die in der JW vorgesehenen Auszüge von Landolf Scherzers Buch. Nach der Beendigung der gesamten Lektüre ist der Eindruck eher noch schlechter. Natürlich ist ›das ehrliche Bemühen‹, einen

1. Kreissekretär der SED zu porträtieren, zu bestätigen, aber letztlich bleibt er in seiner Führungspflicht sehr blass. Abgesehen davon, dass er offensichtlich wirklich nichts zu sagen und zu entscheiden hat, fehlen wesentliche Aspekte im Buch wie etwa ein Plädoyer für sozialistische Preispolitik, ein klares Ja zum Wehrunterricht. Letztlich bleibt alles Klischee, wenig spürbar ist die Dialektik unserer Kämpfe. Das gehört nicht in die Junge Welt! Weitere Vorschläge dieser Art könnten übrigens dazu verleiten, die politische Anleitung der JW-Chefredaktion durch eine administrative zu ersetzen. Wohlgemerkt: Das will niemand. 4. August 1988.«

Du hast mich ein paar Tage später schriftlich gebeten, dir das Manuskript zurückzuschicken.

Wir haben uns danach lange nicht wiedergesehen.

Das Buch erschien! Noch in jenem Jahr 1988. Und wurde dein erster Bestseller.

Gorbatschows Glasnost half. Zumindest jenseits der Zeitungen. Das Manuskript ist letztlich durch alle Instanzen gewunken worden.

Wenigstens hat die »Junge Welt« dein Buch später rezensiert. Der Kritiker Eckhard Ullrich reagierte sogar auf deine Vorbemerkung im Buch, es sei »nur« ein zu lang geratener Zeitungsartikel: »Ich wünschte mir mehr derartige Zeitungsartikel, in der Zeitung natürlich, und notfalls in Fortsetzungen.« Du hattest im Vorwort angemerkt: »Aber weil solche Artikel auch wegen ihrer Länge noch nicht in unseren Zeitungen stehen können, habe ich die Manuskriptseiten zwischen Buchdeckel klemmen lassen.«

Ich habe durch die Blume zu sagen versucht: So was ist in der Presse nicht erlaubt! Wie gesagt: noch nicht. Die Erfahrung mit der »Jungen Welt« gab mir recht.

In diesem Vorwort spekuliere ich auch, dass Fritschler, ich nannte ihn HDF, inzwischen vielleicht schon in eine höhere Funktion versetzt worden sein könnte. Oder dass er einen Fehler gemacht haben und wieder als Holzfäller arbeiten könnte. Die Beförderung so ungut wie die Absetzung? Die Kaderpolitik als glattes Parkett. Aber, so habe ich geschrieben, das würde nichts an der Person des Genossen Hans-Dieter Fritschler ändern. Nichts an seinem Charakter, nichts an meiner Wertschätzung.

Dir fortan fest in die Augen zu blicken wäre mir schwergefallen. Zumal ich den Report noch immer gut fand, und über meine Feigheit dachte ich nicht einschneidend nach. Weil ich auch Eberhard Aurich schätzte. Aber im Kern: Die Absage an deinen Text offenbarte noch einmal den fauligen Kern des täglichen Journalismus. Unsere Arbeit bestand, letzten Endes, in öffentlicher Lüge, die hatte nicht kurze, die hatte lange Beine, denn sie musste der Wirklichkeit andauernd und mit immer größerem Tempo ausweichen, um schließlich diese Wirklichkeit umzustoßen.

Alle Erlebnisse, alle wichtigen Details dieser vier Wochen an der Seite des 1. Kreissekretärs habe ich aufgeschrieben. Ich habe auch festgehalten, weshalb der 1. Sekretär der SED-Bezirksleitung Suhl, Hans Albrecht, die Veröffentlichung am liebsten verhindert hätte. Weil darin nämlich auch seine diktatorischen Anwandlungen zur Sprache kamen. Zum Beispiel wollte er durchsetzen, dass im Kalikumpeldorf Merkers Häuser gebaut werden und nicht in Bad Salzungen, wo sie viel nötiger gewesen wären.

Du mochtest Fritschler?

HDF war einer, mit dem ich gemeinsam in einer WG hätte wohnen können. Glücklicherweise war ich bei ihm auf einen ehrlichen Menschen getroffen. Er glättete sich nicht selber, wenn wir einander begegneten. Er war ein rücksichtsvoller Mensch. Beim gemeinsamen Joggen spürte er, dass ich neben ihm, dann hinter ihm merklich müder wurde. Daraufhin drosselte er sein Tempo und bemerkte entschuldigend, ihm gehe es heute nicht gut. Er wollte mich nicht als den Schwächeren bloßstellen, dem die Puste ausgeht.

Ich habe mit Fritschler keinen Parteisoldaten, sondern einen Parteiarbeiter kennengelernt. Statt strammzustehen und nur bedingungslos die ZK-Kommandos zu befolgen, rackerte er Tag und Nacht gegen das Dogmatische der roten Linien. Als 1. Kreissekretär besorgte er Briketts aus der Lausitz, wenn Brennmaterial im Herbst nicht pünktlich in Bad Salzungen ankam, er kümmerte sich um computergestützte Exportmaschinen für das neue Salzunger Kaltwalzwerk, er beschaffte Schokoladenosterhasen für das Altersheim, er bereitete die Absetzung eines Betriebsparteisekretärs vor, der in seinem pudelwarmen Büro saß und sich einen Dreck um die in der eiskalten Frühstücksbude sitzenden Arbeiter scherte …

Ich bin mit ihm nach Tiefenort gefahren – eine Gemeinde, in der viele Kalikumpel arbeiteten. Dort standen die Frauen seit Jahren in der Nacht um zwei Uhr auf, begannen Wäsche zu waschen und die Kinder zu baden (mitten in der Nacht!). Denn: Nur zu dieser Zeit lief in ihrem Wohngebiet das Trinkwasser. Der lang beantragte Bau einer durchgängigen Leitung wurde in keinem Plan berücksichtigt. Der »Erste« musste es ihnen mitteilen, er konnte nichts machen, ein Kalikumpel stand auf, berichtete geradezu traurig von fünf Tagen Planvorsprung 1986, also zusätzlich hart erarbeiteten acht Millionen Mark, und da sollte es nicht möglich sein, 300 000 Mark für eine Wasserleitung abzuzweigen? Fritschler hat geschluckt.

Vier Wochen im Partei- und Staatsapparat. Welche Hoffnung, welche Enttäuschung?

Ich wusste: Je höher die politische Ebene, desto größer der Einblick in die gesellschaftlichen Strukturen. Das interessierte mich. Die Schlaglöcher der Realität kannte ich, auch das Ruinöse hinter den Fassaden, ebenfalls wusste ich um die fortwährenden Reparaturen am Flickwerk, aber ich wollte solche Informationen, die mich zu Ursachen unserer Probleme führten. Da waren doch nicht mutwillige Zerstörer, Bremser, ja Saboteure am Werk oder gar Idioten in unverantwortlicher Überzahl. Obwohl: die schon auch. Ich hatte die Hoffnung, hauptsächlich läge alles an den Leuten: Die einen haben Charakter, die anderen versagen, und das Pech besteht darin, dass Letztere maßgeblich was zu sagen haben. Alles würde besser werden, wenn bessere Leute an den Hebeln säßen.

Wie lautete der alte Spruch: Kader entscheiden alles!

Von wegen. Plötzlich merkst du: Die Strukturen sind der Knebel. Fritschler sagte: Ich als Schriftsteller könne mir Zweifel leisten, vielleicht würde ich sie sogar brauchen, um überhaupt zu schreiben. Er dagegen dürfe keine Zweifel an Beschlüssen und zentralen Weisungen zulassen. Er müsse sich Einsicht erarbeiten – und umsetzen; der Zweifel galt in der SED als eine der größten politischen Sünden.

Jahre später übrigens – fürs Buch »Der Letzte« – würde mir Thüringens Ministerpräsident Bernhard Vogel von der CDU das mit dem Zweifel bestätigen, als Credo auch für seine eigene Regierungsarbeit.

»Der Letzte« – eine Dokumentar-Erzählung über den Alltag im Thüringer Landtag. So ein Parlament ist – die Welt. Ist also Provinz wie alles und jeder, ist Anpassung, Taktik, Egoismus, Machtnerv, Gleichgültigkeit. Demokratie? Vielleicht wählen wir, im Grunde, nur uns selber und erschrecken dann vor den Spiegelbildern, die uns da regierend entgegentreten.

Wer an der Macht nicht auffällt und sich mit dem Volk auf Gemeinplätzen verabredet, kann immer weiter herrschen. Das ist so ein Grundgesetz. Bernhard Vogel unterhielt sich mit mir in seinem Erfurter Arbeitszimmer bei einer Flasche Assmannshäuser Höllenberg aus dem Rheingau, die er aus dem untersten Fach seines Schreibtisches hervorgeholt hatte; auf diesem Schreibtisch die Münze, die er prägen ließ: die Nachbildung der römischen Säule bei Trier, die seinerzeit Goethe begeisterte, Fotos der Eltern und ein Bild aus der Kindheit, ein blühender Obstbaum.

Vogel – wie angedeutet – erinnerte mich an HDF, als er sagte: »Ein Dichter, der nicht mit Skeptizismus an die Dinge herangeht, ist kein Dichter. Ein Politiker, der nur mit Skeptizismus an die Dinge herangeht, ist kein Politiker.« Es sei widernatürlich, zu meinen, ein Politiker würde gewählt, wenn er sagte: Ich habe das falsch gemacht. Auf meinen Einwand, Glaubwürdigkeit und Eingeständnisse seien doch weit entscheidender, kam die Entgegnung: »Entschuldigung, Sie repräsentieren eine sehr respektable, aber kleine Minderheit.«

Landolf, du hast das Veto des SED-Bezirkschefs gegen dein Buch »Der Erste« angesprochen. Der Verlag hatte das Manuskript doch schon zum Druck abgesegnet.

Aber es war durch die Hauptverwaltung Verlage und Buchhandel im Kulturministerium der SED-Bezirksleitung zugeleitet worden. Und so kam plötzlich Einspruch. Der Kreis-Erste wurde zu seinem Vorgesetzten nach Suhl bestellt, zu diesem unsympathischen, selbstherrlichen ZK-Mitglied Albrecht. Der wies HDF schäumend an, die Zustimmung zu dem Buchmanuskript sofort zu widerrufen und stattdessen zu behaupten, dass er bestimmte Passagen nie gesagt habe, sondern der Autor sie erfand oder verfälschte, um die Arbeit der Partei zu verleumden. Durch eine solche Aussage wäre der Druck des Buches unmöglich geworden. HDF wusste um die Allmacht des Genossen Albrecht und die möglichen Konsequenzen seiner Befehlsverweigerung, beispielsweise: sofortige Versetzung in die Produktion. Was wohl tatsächlich nur die damalige Perestroika-Atmosphäre verhinderte.

Mögliche Folgen, wie du sie im Vorwort angedeutet hattest.

Aber Fritschler widerrief nicht, sondern bestätigte: »Ich habe es gesagt, so und nicht anders!« Für diese Offenheit und Courage gegenüber Albrecht bin ich ihm noch heute dankbar. Der Bezirks-Erste hat dann noch versucht, die Verbreitung des Buches durch Vorzugsverkauf an die NVA wenigstens einzuschränken.

Hast du Albrecht kennengelernt?

Persönlich? Nur bei sogenannten Rotlichtbestrahlungen, die die SED-Bezirksleitung in Abständen den Kulturschaffenden verordnete. Einmal war Herbert Roth dabei, der auch international bekannte Suhler Volksmusikant, von ihm stammt das »Rennsteiglied«. Er berichtete, das Werk in Klingenthal könne zurzeit keine Ziehharmonikas reparieren, er sei aber in Nöten und frage deshalb, ob es nicht eine andere Möglichkeit der Hilfe für die dringend benötigten Instrumente gebe. Der 1. Bezirkssekretär antwortete – mit Erntebilanzen. Fast immer tat er das. Man konnte ihn ganz konkret fragen, was man wollte, egal, zu welchem Thema, er spulte wie ein Roboter, den man mit Phrasen programmiert hatte, landwirtschaftliche Erfolgszahlen ab. Unglaublich. Noch unglaublicher: dass wir alle sitzen blieben.

Es gab vom »Ersten« eine Hörspiel- und eine Bühnenfassung.

Und im März 1989 erhielt ich einen Brief vom DEFA-Studio für Spielfilme Babelsberg, man wolle das Buch verfilmen. Aber natürlich wurde daraus nichts mehr. Zur Zeit der Meininger Theaterpremiere, im Herbst 1989, war ich in der Sowjetunion. Auch in Thüringen traten die Bühnenkünstler aus ihren Rollen und gaben nach jeder Vorstellung politische Erklärungen gegen die SED-Politik ab. So auch nach Aufführungen des »Ersten«. Ich hörte von empörten Stimmen: Wenn der Scherzer hier wäre – er würde entschieden protestieren, dass sein Buch so missbraucht werde.

Zum Schicksal von Büchern gehört das Missverständnis.

Oder das Kuriosum. In Kroatien, auf meiner Wanderung 2010, traf ich zufällig einen Mann und eine Frau, Radwanderer aus den Niederlanden. Eine kurze Begegnung am Straßenrand. Er war Professor für Politikwissenschaft an der Universität Amsterdam und beschäftigte sich mit Osteuropa und der Geschichte der ehemaligen sozialistischen Länder. Wir nannten unsere Namen, er stutzte und fragte, ob ich der Autor des Buches »Der Erste« sei. Eine Frage in der Hitze eines kroatischen Mittags, auf dem Asphalt bei Beli Manastir, der Stadt des weißen Klosters, in der es nichts gibt, auch kein weißes Kloster.

Der Professor entschuldigte sich: Er habe mein Buch, ohne mich um Erlaubnis zu fragen, für seine Studien über den Untergang des Systems verwendet. Ich genehmigte es ihm nachträglich. Wir lachten. Die zwei fuhren weiter. Ich sah ihnen ein wenig euphorisch hinterher. Der Zufall ist manchmal ein aufmunternder Regisseur, mit Seelenbalsam im Gepäck.

Du hast von mehreren Jahren Wartezeit gesprochen, ehe »Der Erste« überhaupt möglich wurde.

Die SED-Bezirksleitung kam immer wieder mal zum Schriftstellerverband: Man wolle uns unterstützen, Initiativen wecken, Wege ebnen, bei Arbeitsproblemen helfen. Die Wünsche, die daraufhin von Autoren geäußert wurden, gingen sehr weit auseinander: Die einen wollten in Betrieben oder Rinderställen recherchieren, andere zog es ins Ausland, wieder andere baten um einen

Telefonanschluss oder um neue Winterreifen für den »Wartburg«.

Ich bat, und das Jahr um Jahr, einen 1. Kreissekretär der Partei bei seiner Arbeit begleiten zu dürfen. Ich bestand derart auf meinem Wunsch, dass dies schon wie Starrsinn wirken musste. Wie eine Manie. Ein Telefon hätte ich schneller bekommen, ich hätte gern eins gehabt. Meine Report-Idee aber brauchte sechs Jahre stures Beharren, ehe endlich das Einverständnis kam, von der Agitationsabteilung des ZK in Berlin. Man sah an diesem zähen, am Ende aber erfolgreichen Vorgang, dass für bestimmte Dinge erst ein gesellschaftliches Klima da sein musste. Alles lief auf Perestroika und Glasnost hin, es lag etwas in der Luft, das plötzlich Möglichkeiten eröffnete. Wunsch und Wirklichkeit bewegten sich aufeinander zu.

Wie gesagt: ein Glück, dass die Wahl auf Hans-Dieter Fritschler fiel. Er weckte keine Aversionen. Das ist ganz wichtig, wenn man auf Funktionäre trifft. Es gab einen Thüringer Kreissekretär, der während einer Feier in einem Dorf besoffen auf den Grill gepisst hatte. Was, wenn ich auf einen Charakter dieser Art getroffen wäre? Dann wäre es naturgemäß ein Buch gegen einen Funktionär geworden und also nie erschienen. Fritschler stand für einen Veränderungswillen, der nicht im Widerspruch sein sollte zur Loyalität. Das haben viele im Lande versucht. Und sich daran aufgerieben. Und es trotzdem weiter versucht.

Ihr kanntet euch nicht?

Ich war ihm nur kurz begegnet, in meiner Zeit als Jugendredakteur, er war zudem Forstarbeiter gewesen – ich wollte mal Förster werden. Eine kleine Gemeinsamkeit: Sehnsucht nach frischer Luft.

Hat er seinen Terminkalender wegen dir geändert?

Nein, und ich durfte überall mit hin. Nur ein einziger Termin war tabu: als er an die Grenze fuhr. Es herrschte in den Begegnungen, die ich hatte, ein natürlicher Ton. Logischerweise gab es einige Leute, die Entlarvung wollten, die darauf spitzten, dass ich als Reporter da und dort den Teppich anheben und aufdecken würde, was druntergekehrt war. Feiglinge also, die selber keinen Mut hatten, offen ihre Meinung zu sagen. Die merkten aber schnell, dass ich anders gestrickt bin.

Mir ging es ja auch nicht ums Abwägen von Sympathie und Antipathie, ich nahm jede erzählte Geschichte ernst, jedes Handlungsmotiv, jedes Argument für Tun oder Lassen, ich wollte das Bild der alltäglichen, widerspruchsvollen Wirklichkeit in der Provinz des »Ersten«. HDF hat das Manuskript übrigens erst gesehen, als es druckfertig vorlag. Und in meinen Stasiakten habe ich seltsamerweise keinen Bericht über diese Recherchewochen in der Kreisleitung gefunden.

Kann man das Buch im Nachhinein als Absage an das System interpretieren?

Für mein Empfinden habe ich Dinge beschrieben, die ich für änderbar hielt. Und ich hielt viele Dinge für änderbar. Heute denke ich: He, Scherzer, du hast dich in deiner Hoffnung mächtig geirrt. Aber ich dachte damals halt nicht an ein paar offenbar unveränderliche Dinge in der Natur des Menschen, und ich dachte auch nicht daran, was uns an weltweiten ökonomischen Verhältnissen so eisern entgegenstand. Ich habe nicht bis ans Ende durchdacht, dass wir den Sozialismus teilweise mit sozialismusfeindlichen Methoden durchzusetzen versuchten.

Vielleicht habe ich mich vor der Konsequenz gefürchtet, es zu durchdenken. Als ich Günter Wallraff nach dem Ende der DDR von meinen illusorischen Erwartungen an Glasnost und Perestroika erzählte, erwiderte er kopfschüttelnd, ich hätte doch bloß all die negativen ökonomischen und politischen DDR-Details, die ich im Buch »Der Erste« beschrieb, zusammenzählen sollen – dann hätte ich endgültig begriffen, wie chancenlos dieses System war. Ich habe noch seine Worte im Ohr: »Aber wahrscheinlich warst du in Mathe schlecht.«

Warst du's?

Ja. Schulisch sowieso, politisch allerdings auch. Entscheidende Grenzen sind von mir nicht angetastet worden. Wir haben sozusagen in unserer eigenen Stube gekehrt und hatten Furcht, die brüchig gewordenen Wände zu berühren. Aber wären die Wände eingestürzt, wäre auch nichts mehr zum Kehren da gewesen.

Die wenigsten – gerade auch unter Schriftstellern – waren konsequent bis zum Schmerz. Sie verließen das Haus, und von ihnen ließ ich mir später gern die Frage gefallen: Scherzer, was hast du selber geleistet?! Von bestimmten westdeutschen Autoren ließ ich mir diese Frage nicht so gern stellen. Wie diese Leute nach der Vereinigung über Christa Wolf oder Stefan Heym herzogen, das war im Übermaß arrogant. Als hätten sie das Rezept in der Tasche gehabt, wie man im Leben Mut und Anpassung dauerhaft und säuberlich trennt.

Jahre nach dem »Ersten« hast du statt eines SED-Parteisekretärs einen CDU-Landrat bei der Arbeit begleitet, im selben Kreis, in Bad Salzungen. Vom »Ersten« zum »Zweiten« – was unterschied deine Gemütslage?

Beim »Ersten« Fritschler war ich jahrelang auf etwas neugierig, auf ein mir unbekanntes Gelände. Beim »Zweiten« Baldus war die Neugierde eine andere, sie hatte weniger Spannung. Denn nach dem Ende der DDR, in den neuen Verhältnissen, habe ich die Wirklichkeit nicht mehr mit einer drängenden inneren Beteiligung beobachtet, sondern eher mit Distanz. Anders gesagt: Ich wusste beim »Zweiten«, ich würde nie wieder in einem Land auf die Weise zu Hause sein, wie ich es zu Zeiten des »Ersten« war.

Das nennt man wohl Desillusionierung.

Bei Fritschler ging es um Entdeckung. Bei Baldus ging es mir eher um Aufdeckung.

Wie ging das Leben des ehemaligen »Ersten« weiter?

Er wohnt mit seiner Frau im 6. Stock eines Plattenbaus in Suhl. Ein Leben mit Windungen. Vom Forstarbeiter (mit Facharbeiterbrief) zum höchsten Parteiarbeiter (mit viel Vertrauen) im Kreis. Nach dem Scheitern seiner – und meiner – Ideale war er zuerst Hilfsarbeiter im Autohaus eines Freundes und danach Mitbegründer und Mitarbeiter der Partei des Demokratischen Sozialismus in Erfurt. Als Mercedes in das Autohaus einstieg, wurde Fritschler in die Chefetage nach Kassel gebeten, er solle doch bitte seine »Kenntnisse des Kreises«

aufschreiben, also zur Förderung des Geschäfts möglichst einflussreiche und finanzkräftige Leute von früher benennen. Er hörte sich das an – und stieg aus. Nie wieder Berichte nach oben, sagte er, so was sei alles an der Grenze zur Denunziation.

Er ging in die Arbeitslosigkeit, war dann wieder in der PDS tätig. Erst als Kraftfahrer, dann beim Reinigungspersonal, dann als Wahlkampfleiter.

Später habe ich ihn regelmäßig in der Klinik besucht, jede Woche mindestens eine Stunde. Denn nach einer Gehirnoperation lag er fast ein halbes Jahr im künstlichen Koma. Ich redete an seinem Bett, las aus dem »Ersten« vor, erzählte irgendetwas. Trotz Bewusstlosigkeit, sagte man mir, nimmt das Gehirn auf. Man muss Vertrauen in die Strömungen haben, die von einer Stimme ausgehen. Später begleitete ich den Ministerpräsidenten Bodo Ramelow für das Buch »Der Rote«, er war oft in Suhl, besuchte zum Beispiel die Flüchtlingsunterkunft der Stadt, sprach zum Politischen Aschermittwoch in einer Halle, die nur wenige Meter entfernt lag vom Plattenbau, in dem der inzwischen genesene Fritschler wohnte. Nie habe ich Ramelow um etwas gebeten, aber in diesem Falle überwand ich mich: Bodo, bitte besuch HDF, den Mann, der in Thüringen für deine Wahl geackert hat und sich als Agitator am PDS-Stand anspucken ließ. Wir gingen hin. HDF saß im Rollstuhl.

Herzlichkeit bei Ingwertee und Leitungswasser.

Einmal sagt der alte Kämpe zu Ramelow, es sei für den Ministerpräsidenten »bestimmt leichter, die DDR einen Unrechtsstaat zu nennen, als den Kommunen Geld zu beschaffen«. Der kritische Geist war wach.

Für ein Foto hast du eine Hand auf die Schulter des »Ersten« gelegt, die andere auf die Schulter des »Roten«.

Ein gutes Gefühl.

Über Perestroika und Glasnost hat Heiner Müller treffend gesagt: Gorbatschows neues Denken habe darin bestanden, endlich auszusprechen, was die Menschen in der DDR seit vierzig Jahren wuss-

ten. Aber es ist schon merkwürdig: Während der Umbrüche des Herbstes 1989 warst du gar nicht in der DDR.

Ich war in der Sowjetunion, ich recherchierte zu den Wirkungen von Glasnost und Perestroika. Bis weit hinten an der Wolga, in Kamyschin. Von der neuen Räterepublik träumte ich. Diese Reformen, so dachte ich, müssten doch endlich bei uns möglich sein! Durch Gorbatschow schienen sie möglich zu werden. Auf diese Sowjetunion war ich nun neugierig, wie ich zuvor einzig auf Afrika neugierig gewesen war. Aber Gorbatschows Weg war wohl schon früh gefährdet.

Es gab mit Perestroika und Glasnost viel konzentrierten guten Willen in der Sowjetunion, aber so eine offene Situation endet oft mit einer privaten Aneignung des Gemeineigentums. Die Erfahrung aus der Geschichte: Wo sich etwas lockert, schlägt der Privatbesitz sofort zu.

Aber nie vorher oder nachher hatten viele Menschen in der DDR eine solche Hoffnung in Politik wie zu Zeiten von Glasnost und Perestroika. Gorbatschow war kein Militär. Besseres kann man von einem Politiker nicht sagen. Seine kurze Ära war eine Anfangs- und zugleich eine Abschiedsgeschichte.

Irgendwann habe ich das auch hinter meiner Gardine daheim begriffen: Gorbatschow als Held des Rückzugs hat dem Ende des 20. Jahrhunderts eine große Würde gegeben, aber er stand wahrscheinlich vor einer unlösbaren Aufgabe. Hofiert werden die Macher, nicht die Verhinderer.

Wenn diese Perestroika hätte durchgehalten werden können – Mann, das wäre ein großartiger Weg in die Emanzipation gewesen. Diese Gorbimanie damals erzählte etwas von dem, was gemeinsames freiwilliges Agieren von Menschen zusammenhält. Etwas Kollektives, etwas Selbstreguliertes, das ohne Befehl funktioniert. Träumerei.

Du bist also bewusst »abgehauen«, im Herbst 1989.

Ich glaubte, der Sozialismus sei zu retten, und mit einer Reportage aus der Sowjetunion, also durch wirkliche Anschauung, meinte ich einen winzigen Beitrag leisten zu können.

Klingt pathetisch.

Inzwischen eher witzig. Aber es war pathetisch, natürlich. Bisher hatte es geheißen: Von der Sowjetunion lernen, heißt siegen lernen! Nun schotteten wir uns ab. Warum? Darauf wollte ich eine Antwort wissen, eine Antwort, die mir diese Abschottung nur als idiotisch, angstbesessen und selbstmörderisch offenbaren konnte.

Warum bist du aber, als Honecker abtrat, nicht schnell zurück in die DDR?

Warum schnell? Ich war noch nicht fertig mit meiner Recherche. Zu meinem Freund Gerd Aderhold, der mich als Dolmetscher begleitete, habe ich gesagt: Wir bleiben jetzt in der Sowjetunion, wir beobachten weiter, wir protokollieren nach Augenschein und per Zeugenbericht! Denn jetzt, da Honecker in Berlin nicht mehr an der Macht ist, sind Erfahrungen aus der Sojus nur umso wichtiger! Ich fühlte mich ein bisschen wie ein Kundschafter an der vordersten Front des Aufatmens. Ich würde Berichte von der Quelle liefern, Ratschläge aus der Zukunft. *(Lacht.)*

Ach, viel Leidenschaft für einen Irrtum: die Reportage nicht mehr als stummer Kassiber, sondern als lauter Verstärker. Ich würde als Reporter melden, wie das Pferdegespann gewissermaßen in ein Flugzeug umgebaut würde. Vielleicht empfand ich erstmalig das, was mir ansonsten stets fremd und suspekt war: Sendungsbewusstsein.

Gerd, ein Gesellschaftwissenschaftler der Akademie in Berlin, hatte in der Sowjetunion studiert und eine Moskauerin geheiratet. Er war mir nachgereist, vor seinem Abflug hatte er mir am Telefon von der Feier zum 40. Jahrestag der DDR berichtet, am 7. Oktober 1989, im Palast der Republik. Er war als Dolmetscher für den hohen Vertreter aus Moçambique dabei, erzählte, wie die Staats- und Parteichefs im stimmungskalten großen Saal saßen. Dann plötzlich der frühe Abgang Gorbatschows an diesem Abend und der ängstliche, stiere Blick von Egon Krenz durch den Gardinenspalt: Unten am Spreeufer versammelte sich Bevölkerung, ein dunkler Schatten aus aufgebrachter Masse.

Ein gespenstisches Bild, während ich Tausende Kilometer weiter weg von gesellschaftlichen Genesungsrezepten per Reportage träumte. Ein doppelter Denk- und Gefühlsfehler, denn es würde mit der DDR so gar nicht hoffnungsvoll weitergehen, und in der Sowjetunion bereitete sich gewissermaßen alles auf mein nächstes Buch vor *(lacht)*, das den ernüchternden Titel »Am Sarg der Sojus« tragen würde. Und einige Leute in der DDR, in denen ich eine Reformkraft für einen wirklichen Sozialismus sah – sie würden mich auf einer Kundgebung in Meiningen, auf der ich ein paar Wochen später sprach, niederbrüllen und auspfeifen. Denn weil ich das Buch »Der Erste« geschrieben hatte, galt ich denen plötzlich als Lobhudler der Partei. Wie hast du vorhin gesagt? Zum Schicksal von Büchern gehört das Missverständnis.

Dein Freund Gerd hatte im Frühsommer 1989 auch am Parteitag der FRELIMO in Moçambique teilgenommen, als Mitglied der SED-Delegation.

Nach seiner Rückkehr waren wir hier in Thüringen zu zweit gewandert, waren von Kaltennordheim auf den Windberg hinaufgestiegen, hatten auf einer Wiese inmitten unzähliger silberner Rhöndisteln gesessen. Gerd erzählte von der Reise, er war einem hohen Funktionär aus Berlin nach Afrika vorausgeflogen, besprach und erprobte mit den Moçambiquanern ein Entwicklungsmodell bäuerlicher und handwerklicher Produktion, er sagte, er habe mit den Menschen »gefeiert und gehungert« – und dann kam die Sondermaschine des Politbüromitglieds mit eigener Ärztin, eigener Krankenschwester, eigenen Köchen, eigenen Dienern.

Ich weiß noch, wie Gerd beim Erzählen eine Distel in der Hand zerdrückte, als sei sie ein Wattebausch, und er sich noch Tage danach die Stacheln mühsam aus der Hand zog. Der hohe Parteitagsgast aus der DDR! Der den Eindruck machte, gar nicht zu wissen, wo er war. Den Reisebericht vom Parteitag für den Apparat daheim hat Gerd geschrieben, aber kritische Dinge, die auf dem Kongress zur Sprache gekommen waren, etwa der Personenkult, wurden vom Politbüromitglied gleich mal gestrichen. Und was die an Proviant für ihre eine Woche Aufenthalt ausgepackt hatten! Französischen Käse, dänische Butter, Mineralwasser aus Österreich, Aal aus Norwegen, Krimsekt.

Im Buch »Auf Hoffnungssuche an der Wolga« – wieder ein Bestseller – hast du dich gefragt: »Warum habe ich nie darüber geschrieben? Wahrscheinlich bin ich feig oder hoffte, dass es nur krankhafte Auswüchse sind, der Körper aber gesund ist. Wahrscheinlich bin ich zu feig, ernsthaft zu recherchieren ... Weshalb habe ich nach Prag und Afghanistan nicht aufgehört, meinen Lebensunterhalt mit Büchern zu verdienen, in denen ich die Idee des Sozialismus verteidigt habe?«

Mit diesen Fragen erlebte ich die Tage unserer Perestroika-Erkundungen in Kamyschin, durchgeschüttelt auch von Gerds Erzählungen, wie im Fieber.

Wo erlebtest du den Mauerfall?

In einer Bauarbeiterunterkunft in Kamyschin. Abends schauten wir »Wremja«, die sowjetischen Nachrichten. Allerdings war der Ton des Fernsehers kaputt, und das Bild lief dauernd von unten nach oben. Es war kein Silberpapier zur Hand, um die Antenne zu umwickeln, so wie wir es früher daheim gemacht hatten, um die Bilder des Westfernsehens scharf zu kriegen. Ich sah, trotz Flimmern, dass Leute mit Sektflaschen auf der Berliner Mauer standen und tanzten. Als ich das sah, hab ich die letzte Flasche Wodka meines Vorrats ausgetrunken. Ich wusste nicht, ob ich mich zur Wahrheit hin oder von der Wahrheit weg trank.

Wo, wie hattest du zuvor von Honeckers Absetzung erfahren?

Bei Bier aus Teegläsern, in Wolgograd. Sascha, der APN-Korrespondent, hatte ganz aufgeregt angerufen. Wir schalteten den altertümlichen Fernseher ein, sahen das grinsende Porträt von Krenz und hörten den Nachsatz: »... einstimmig gewählt«. Ich glaube, ich habe geschwitzt, und der Magen sackte mir weg. Schuld daran hatte nicht das dünne schaumlose Getränk, das sich »Piwo« nannte.

Am 10. Oktober warst du losgefahren. So mir nichts, dir nichts?

Nein. Ich hatte mich an die sowjetische Botschaft Unter den Linden gewandt, ich wolle ein Buch über den neuen politischen Kurs im Lande schreiben, über Offenheit und Umbau. Die Botschaft informierte den DDR-Schriftstellerverband, dort zeigte man sich »erstaunt« und »brüskiert« und »empört«. Auch bei den Moskauer Diplomaten: Kopfschütteln; privat gege gar nichts. Ich müsse eine Organisation oder Institution als Auftraggeber haben. Hin und her, her und hin, am Ende wurde ich, wie es hieß, »Mitglied der offiziellen Kulturdelegation des Bezirkes Suhl«, die zum 40. Jahrestag der DDR in den sowjetischen Partnerbezirk Kaluga eingeladen worden war.

Im Flugzeug las ich die ND-Berichte vom Feiertag in Berlin, Honecker mit Ceauşescu, und am Alexanderplatz die Festnahme der »Rädelsführer« jenes »Mobs«, der die angeblich heiteren Volksfeste störte. Ich steckte die Zeitung in das Netz vom Vordersitz, neben die Kotztüte.

Du fuhrst ins vermeintliche Paradies von Glasnost und Perestroika wohl mit dem gleichen Gefühl wie jene westlichen Intellektuellen, die in den zwanziger, dreißiger Jahren des 20. Jahrhunderts ins vermeintliche sowjetische Paradies der Werktätigen gereist waren.

Ja. Als wir in Kaluga ankamen, spürte ich, wie meine Euphorie das Wahrnehmungsvermögen besetzte. Alles rechnete ich in »blühende Landschaften« hoch. Felder, auf denen das Futter besonders grün und saftig stand, interpretierte ich umgehend als Beispiele, wie private Pächter schon neues Eigentümerbewusstsein entwickelten. Jede Teestube, die bei Einbruch der Dunkelheit noch geöffnet hatte, verwandelte meine Phantasie in ein Unternehmen, das schon nach marktwirtschaftlichen Prinzipien arbeitete.

Wenn du Mitglied der Delegation zum 40. Jahrestag der DDR warst, dann musstest du doch, so vermute ich, auch alles peinigend Offizielle über dich ergehen lassen.

Zur Festveranstaltung in Kaluga sprach unser Delegationsleiter. Eine Zumutung. Er redete gleichförmig, ohne Sinn und ohne Seele. Er leierte seine Stanzen vom stabilen Sozialismus. Ich dachte an die Stunden kurz vor meiner Abfahrt aus Dietzhausen. Da kam plötzlich die Bürgermeisterin angeradelt. Es gebe Order vom Kreisrat, nachts sollten jetzt immer zwei Männer im Dorf Wache laufen, von der Feuerwehr vielleicht, jeder zwei Stunden. Stabiler Sozialismus? Angst.

Nach der Festveranstaltung in Kaluga gab es einen Empfang. Lachs und Kaviar trotz leerer Geschäfte. Und wieder diese DDR-Phrasen! Mir schnürte es den Hals zu. He, Scherzer, nee! Ich entschied, abzufahren. Den sowjetischen Freunden sagte ich, ich würde nicht aus Kaluga abreisen, sondern vor dieser DDR-Delegation fliehen.

Du bist, schon wieder, abgehauen?

Mit dem Vorortzug bin ich, ohne mich offiziell »abzumelden«, am nächsten Morgen bis Moskau zurückgefahren. Versorgt mit dem Schwarzbrot und der klebrigen süßen Limonade mitreisender Russen. Gerd holte mich am Bahnhof ab. Meine eigentliche Reise begann. Wir flogen zuerst in die Heldenstadt Wolgograd, früher Stalingrad. Von dort mit einemTragflächenboot in fünf Stunden die Wolga hinauf. Bis zur Kreisstadt Kamyschin.

Kamyschin. Beschreib es.

Kamyschin heißt »Schilfstadt«. Wir fuhren durch eine gespenstisch dunkle Altstadt ins Hotel; vergeblich suchten wir die Bretter, die von der Straße zum Eingang führen sollten, provisorische Stege inmitten tiefen Schlamms und noch tieferer Pfützen.

Der Schriftsteller Michail Scholochow hat während des Krieges im nicht besetzten Kamyschin gelebt. Boris Polewoi wurde hier geboren. Sein Buch »Der wahre Mensch« entwirft das Porträt eines übermenschlichen mutigen Kämpfers gegen die deutschen Faschisten. Das war ein heldenhaftes Menschenbild, das ich noch als Journalist eine ganze Weile nicht anzutasten wagte. Bei einer meiner früheren SU-Reisen hatte ich zum Beispiel die ersten Komsomolzen getroffen, die beim Bau der Eisenbahntrasse BAM in Sibirien abgehauen waren, weil sie die ungemein harten Arbeitsbedingungen dort nicht aushielten – ich habe sie damals als feige Ausnahmen von einem allgemeingültigen heroischen Bewusstsein betrachtet.

Aber jetzt? Totales Chaos. Der 1. Kreissekretär der Partei von Kamyschin musste sonnabends auf den Fußballplatz, um mit seiner Autorität zu verhindern, dass der Schiedsrichter hemmungslos für die Mannschaft der Gebietshauptstadt pfeift. Dieser Kreissekretär sagte uns über Glasnost: »Fragen sterben nicht, auch wenn man sie verbietet; nur heute, da wir sie stellen dürfen, ist leider alles zu spät.«

Im Traditionszimmer eines Kamyschiner Bau-Trusts hing neben den Fotos der berühmten sowjetischen Generäle des Zweiten Weltkrieges ein großer Ölschinken: Stalin – die Alten des Betriebes hatten sich geweigert, das Bild abzunehmen. He, Scherzer, dachte ich, es ist zwar grau hier, aber alles hat Farbe, das Rot der Fahnen und der goldene Abglanz der Kirchendächer, das mischt sich wunderbar. Ich wollte zwar das Widersprüchliche, aber partout nicht das unaufhaltsam Katastrophale hören und sehen, ich wehrte mich noch immer trotzig wie ein Kind, dem man sein Lieblingsspielzeug wegnehmen will oder dem man kaltherzig erklärt, dass es Schneewittchen und die Goldmarie und das Zauberpferdchen wirklich nur im Märchen gibt.

In der Sowjetunion hatte ich mir in der Vergangenheit stets Kraft und Glauben geholt. Ich war dort jedes Mal auf einer Art Pilgerreise. Ich sah große Fabriken, neue Städte, reiche Kulturpaläste. Und saß mit alten Männern und Frauen abends vor ihren Häusern, bei Brot und Speck und Wodka und russischen Liedern zur Ziehharmonika. Und sang mit. Schön. Aber plötzlich hörst du aus dem Munde eines russischen Freundes, mitten in Perestroika und Glasnost, den unvorstellbaren Satz: »Warum klammert ihr euch in der DDR wie Ertrinkende an uns, an Fremde, an die Sowjetunion? Weshalb macht ihr nicht das Normalste der Welt und holt euch Hoffnung aus der Bundesrepublik, warum verbündet ihr euch nicht mit ihr?«

Und da war diese Frau, die zu uns ins Hotel kam und Stapel von Briefen, Drohungen, Abschriften auspackte und uns mit flackernden Augen, gehetzt und laut, ihre Geschichte entgegenschrie. »Diese Verbrecher, der Berufsschuldirektor, der Melonen und Schweine privat verschoben hat, der Chef der Miliz, der alles deckte, diese elenden Deputierten! Ich habe ans Parteikomitee geschrieben, ging hin, dort saß auch der Kreisstaatsanwalt, er lud mich in sein Büro ein, dort wartete eine Krankenschwester, zwei Männer packten mich und schleppten mich in die Psychiatrie. Zweiundzwanzig Tage Spritzen, aufgrund einer vorherigen Augenoperation wurde ich fast blind. Ich schrie nicht mehr, ich weinte nur noch. Paranoia, bescheinigten die Ärzte. Als ich entlassen wurde, ging ich in Wolgograd zu einer bekannten Medizinerin, lag drei Wochen im Gebietskrankenhaus, es hieß abschließend, ich sei geistig völlig gesund. Daheim erhielt ich einen Anruf, ich bekäme 3000 Rubel, wenn ich meine Anklagen fallenließe, dann noch einmal 5000 Rubel. Meine Briefe verschwanden alle, nichts wurde aufgedeckt. Ich hasse sie alle, der Zar müsste wiederkommen und sie alle verbannen.«

Als wir uns aus Kamyschin verabschiedeten, sagte Michail Haridonow, der 1. Kreissekretär der Partei: »Wir haben euch unsere Arbeit gezeigt, unsere Fehler, unsere Ängste – eben unsere ganze Seele.«

Es war Winteranfang 1989, als wir wieder in der DDR waren. Ich sollte in Meiningen bei der Demonstration der Künstler sprechen, analog zu der Massenkundgebung am 4. November in Berlin. Zwei Tage und zwei Nächte saß ich über einer Rede, wollte über den sowjetischen Umbau sprechen. Aber am Ende erwähnte ich von der Perestroika an der Wolga kein einziges Wort.

Du hattest inzwischen gesehen, wie die Dinge aus dem Ruder liefen?

Dort wie hier. Überhaupt wurde ich als Autor sprachlos. Das dauerte weit über ein Jahr. Erst mein Buch über diese Reise, »Auf Hoffnungssuche …«, hat das Schweigen gebrochen.

So, nun warst du Ende 1989 zurückgekommen: Mauer offen, Honecker abgelöst, die Partei am Abgrund …

Am Flughafen Berlin-Schönefeld kam ich an, fuhr mit dem Zug nach Thüringen zurück, musste in Halle an der Saale umsteigen, und auf dem Bahnhof staunte ich: überfüllte Züge in Richtung Kassel – und gehetzte Menschen. Wie in schlimmsten Notzeiten. Babys wurden durch die Fenster ins Innere der Waggons gereicht. Ein Ehepaar schleppte auf einer Tragbahre des Roten Kreuzes einen alten Mann über den Bahnsteig, allem Anschein nach der Großvater. Vor der Tür des Wagens stellten sie die Trage hochkant und schoben den Alten in den Zug hinein, sorgsam darauf achtend, dass er nicht wieder nach hinten kippte. Ein entsetzliches Bild. Es strahlte Panik aus und zugleich Berechnung. Die gesamte Situation auf dem Bahnsteig war ein einziges Ächzen und Hecheln. An den aufgeregten Bewegungen all der Leute war abzulesen: Hier löste sich etwas auf, hier verschoben sich Lebenszentren, ein allgewaltiger Fluchtgedanke schien die Menschen besetzt zu haben. Eine Art harte Gangart hatte sie ergriffen.

Mir war, als sei ich aus einer Fremde, dem fernen Osten, in eine andere Fremde ganz in der Nähe gereist. Ein Zugschaffner, den ich in meiner Verblüffung ansprach, erklärte mir, Baby oder Großvater brächten jeder Familie drüben zusätzlich hundert D-Mark Begrüßungsgeld. Ich werde das nie vergessen, denn er sagte: Das Geld sei garantiert, wenn Baby oder Großvater »lebendig« im Westen ankämen. Tatsächlich, er sagte: »lebendig«! Es herrschte eine Hysterie, wie man sie nur an Rändern eines Krieges vermutet. Dann und dort, wo alles zum Mangel wird, wo jeder bisherige Halt zerbricht, wo das Notdürftigste ein unerreichbares Luxusgut wird. Der Schaffner sprach von »Extras«, die man sich für die zusätzlichen hundert Westmark kaufen könne, vielleicht französischen Wein oder holländischen Käse. Baby und Großvater für Wein und Käse.

Überfüllte Züge … ich weiß, du hast Angst vor überfüllten Zügen.

Ach, diese Geschichte … Drei Jahre alt war ich, es war Krieg. Meine Mutter wollte meinen Vater besuchen, er lag verwundet in einem süddeutschen Lazarett. In Dresden mussten wir umsteigen. Die ersten Bomben waren auf die Stadt gefallen, ich kam aus meiner heilen Dorfwelt und habe zum ersten Mal Ruinen gesehen, ausgebrannte, eingestürzte Häuser. Verbogene Eisenträger ragten wie Ungeheuer aus dem Boden. Ich schrie. Nur wenige Züge fuhren, und die waren vollgestopft. Flüchtlinge über Flüchtlinge. Manche lagen sogar auf den Dächern der Waggons und klammerten sich krampfhaft an irgendwas fest. Meine Mutter reichte mich durch ein Fenster ins Waggoninnere.

Es ging damals nicht um Wein und Käse.

Nee, ganz und gar nicht. Ein fremder Mann am Zugfenster nahm mich Winzling entgegen und legte mich ins Gepäcknetz. Meine Mutter aber schaffte es nicht mehr, selber in den Zug zu gelangen, das Gedränge war zu groß. Zum Glück reichte man mich wieder hinaus, bevor der Zug anfuhr. Wir fuhren zurück ins Dorf. Seitdem packt mich Panik, wenn ich in volle Züge steigen muss.

Es ist dies die Geschichte deiner ersten Reise in die Welt.

Heute frage ich mich manchmal: Ist sie mir wirklich bewusst gewesen? Meine Mutter hat sie sehr oft bei Familientreffen erzählt. Habe ich sie vielleicht nur aus ihren Beschreibungen zusammengesetzt? Bei dieser Episode geht es mir wie bei mancher Erinnerung an biographische Frühzeiten. Ich frage mich, ob mir das, was ich weitergebe, erzählt wurde oder ob ich es tatsächlich erlebt habe. Überhaupt: Wann begann bewusste Wahrnehmung, und ist dieser Moment identisch mit verlässlicher Erinnerungskraft? Wie wir damals zurückkamen nach Lohmen, weiß ich nicht. Da verloren sich die Erzählungen. Schafften wir es eigentlich irgendwann zum Vater ins Lazarett oder nicht? Die Erinnerung ist weg, das Trauma blieb.

Wie sah im Spätherbst 1989, nach deiner Rückkehr aus der Sowjetunion, dein Alltag aus?

Acht Tage lang bin ich nicht aus dem Haus gegangen. Freiwilliger Realitätsentzug. Zeitungen las ich, ununterbrochen. Stapelweise. Ich holte lesend alles nach, was ich in der Sowjetunion nicht mitbekommen hatte. Diesen langsamen Wechsel von Desinformation zu überflutender Information, ich zog ihn mir rein wie eine Droge.

Brecht sprach in einem seiner frühen Stücke vom Chaos, das eines Tages aufgebraucht war. Aber, so schließt er: »Es war die beste Zeit.« Weil plötzlich alles in alle Richtungen offen war. Ging es dir 1989/90 ebenso?

Nein, das Chaos war nicht meine schönste Zeit. Die schönste Zeit für mich war jene Zeit der Vorgewitter.

Die Befreiung war schöner, als es die Freiheit sein würde?

Berauschend war der kurze Moment der Hoffnung, als abgetastet wurde, was neu und anders möglich sei.

Im Herbst 1989 und danach traf die SED eine Austrittswelle – die Leute warfen ihre Parteidokumente auf die Tische der Funktionäre. Sicher auch bei euch.

Als der Parteisekretär unseres Bezirksverbandes der Schriftsteller sein Parteibuch abgab, der alte Dogmatiker, der vorher zuverlässig jede reformverdächtige Idee abgewürgt hatte, da bin ich spontan in der SED geblieben. Ich kam in diesen Erneuerungswirren sogar in den Parteivorstand. Wenn ich auf Demonstrationen sprach, gab es Beifall, aber auch Buhrufe.

Buhrufe?

Ja, wie schon angedeutet: Scherzer, der Staatsschreiber. Dort drüben, auf der anderen Seite des Tals, versammelten sich Leute und schrien, ich hätte mir – mit meinem Arbeitshäuschen in Dietzhausen – einen Palast »auf Kosten des Volkes« errichten lassen. Palast! Guck dich doch um! Die Datsche hier habe ich selber zusammengezimmert, jede Rechnung aufgehoben, früh um vier habe ich mich wie alle Materialsuchenden im Lande angestellt, um ein paar Steine oder einen Sack Zement zu ergattern. Ein einziges Mal half mir einer aus einem Betrieb für Denkmalpflege, um die Bretter ordentlich an die Decke zu nageln. Dachbalken hatte ich als Kontingent erhalten, nachdem ich als Waldarbeiter auf Zeit gearbeitet und sie mir sozusagen rechtmäßig verdient hatte. Viele Kubikmeter als Volkseigentum gefällt, um dafür einen einzigen Kubikmeter privat kaufen zu können!

Nie Privilegien?

Mein einziges Privileg erfuhr ich, als ich in Berlin den Heinrich-Heine-Preis erhielt. Ich kam nach Hause und staunte: Die Bürgermeisterin hatte dafür gesorgt, dass die unwegsame Strecke aus dem Dorf zu meiner Schreibhütte mit Splitt ausgelegt wurde.

Hast du niemals Beziehungen »nach oben« ausgenutzt?

Von Beziehungen kann keine Rede sein, weder im direkten noch im übertragenen Sinne. Aber einmal, ja … Als ich für »Fänger & Gefangene« den Kunstpreis des FDGB erhielt, habe ich den Gewerkschaftschef Harry Tisch angesprochen, Politbüromitglied. Er kam mir auf dem Gang entgegen, ich griff in die Jackentasche – und wurde sofort von seinen Leibwächtern bedrängt. Die dachten wohl, ich zückte was Gefährliches. Es war aber »nur« das Buch »Fänger & Gefangene«. Ich überreichte es Harry Tisch, dankte noch mal für den Preis – und wurde mutig. Mein Trabi war kaputt, ich brauchte aber ein Auto, um zu Lesungen in Betriebe fahren und Bücher mitnehmen zu können, mit Zug und Bus schaffte ich das nicht. Das sagte ich ihm, und tatsächlich bekam ich einen Trabant Kombi nicht erst nach zehn Jahren, sondern bereits nach einem Jahr. Ich bekenne *(lacht)*, eine Chance, die sich mir unerwartet bot, genutzt zu haben.

Und dann die Vorwürfe der Demonstranten auf der Gegenseite des Tals! Auch friedlichste Revolutionäre brauchten ihr Feindbild?

Die Vorwürfe damals trafen Schuldige – und zugleich Unschuldige; es traf die Richtigen – und in gleichem Maße die Falschen. Am Wiesenhang über mir hatte sich der FDGB-Boss des Bezirkes vom Feriendienst der Gewerkschaft ein Häuschen bauen lassen, und die Wut, die sich nun gegen ihn richtete, traf mich gleich mit. Als seien wir zwei Brüder im gleichen feudalen Geiste. Vor meinem Schreibdomizil lagen Zettel: »Scherzer, du rote Sau!« Ich habe tagelang Holz gehackt, um nicht zu heulen oder mich zu besaufen. Der nötige Heizvorrat für den Winter als rettender Anlass, mich auszutoben, mich zu beruhigen.

Die Drohungen gegen mich wurden immer lauter: Wenn ich meine Wohnung in Meiningen, zweieinhalb Zimmer, in denen ich mit meiner Familie wohnte, nicht »dem Volk« zurückgäbe, würden sie mir die Hütte hier im Tal anzünden. Wir zogen aus. Über ein Jahr wohnte ich mit der Familie in einem leeren Klassenzimmer der ehemaligen Schule in Dietzhausen. Nebenan stand der Schulneubau, das alte Gebäude war leer. Die Bürgermeisterin hatte mir dieses Behelfsquartier neben der Wohnung des Hausmeisters organisiert. Waschbecken statt Bad. Kochplatte statt Küche, die Toilette ein Stock tiefer. Die Betten baute ich selber, die Matratzen umnäht mit grünem Kordsamt. Ein wenig kam ich mir vor wie in einem sehr speziellen Sanatorium für unheilbare Optimisten: Hadere nicht – nimm an, was du bekommst.

Das Gelände, auf dem heute dein Schreibhäuschen steht – was war es früher?

Die Wiese, auf der mein Häuschen steht, war, wie viele der Hangflächen, Acker und Weide. Es wuchsen Roggen, Rüben, Kartoffeln. Das Gelände gehörte zuletzt einer Frau, der Name ihres Mannes steht in Holz geschnitzt auf der Totentafel des Weltkrieges in der Dietzhäuser Kirche. Den Mist trug die Frau in Kiepen herauf und die Jauche in Wannen aus Zink; vorsichtig musste man gehen, sonst beschüttete man sich mit flüssigem Dreck. Die meisten Jahre ihres Lebens pflegte sie sterbenskranke Menschen …

Im Buch »Sicherungsbereich Literatur« von Joachim Walther erfährt man über den Umfang deiner Stasiakten unter anderem: »eine Allgemeine Personenablage aus dem Jahr 1970 mit 99 Blatt, […] eine Operative Personenkontrolle von 1971 bis 1975 mit 231 Blatt, […] eine Operative Personenkontrolle von 1976 bis 1982 mit 177 Blatt, […] der OV ›Sophist‹ von 1979 bis 1982 mit 263 Blatt«. Allein in der Zeit beim »Freien Wort« waren vier IM auf dich angesetzt. Über siebenhundert Blatt.

Ein Blätterhaufen. Wie Laub.

Verwitterungsstoff. 1975 steht im Abschluss der Operativen Personenkontrolle: »Scherzer ist als Person einzustufen, die revisionistische Ansichten vertritt. Er täuscht zum Teil in seinen veröffentlichten Arbeiten eine positive gesellschaftliche Einstellung vor, kann aber nicht verhindern, dass sich revisionistische und liberale Grundsätze und Tendenzen abzeichnen. Indem er u. a. auch gegen die Politik der SED opponiert, wird er in Spannungszeiten zum Träger der politisch-ideologischen Diversion.« Die Stasi wollte daraufhin prüfen, »inwieweit Sch. in der Zusammenarbeit mit dem Feind gehen würde«. Denn du seist »teilweise Multiplikator negativer Auffassungen, […] aber selbst noch nicht Feind«.

Wie hoffnungsvoll.

Ich habe die Berichte gelesen – über deine »feindlich-negativen Handlungen« und die »staatsfeindliche Hetze«. Die Wahl Erich Honeckers sei »Personenkult«. Leitende Parteiorgane? Verkümmert zum

»Aufpassertum«. Die Medien hätten keinen Blick für die »illusionslose Wirklichkeit«. Bekenntnis zu Stefan Heym, zu Alexander Solschenizyn, zu Reiner Kunze. Sowjetische Truppen in Afghanistan seien kein Zeichen der Solidarität gewesen, »die Sowjetunion, so Sch., hat nur ihre Interessen gesichert, wie andere Staaten vor ihr«. Konsequenz für die »weitere Bearbeitung der Person Sch.: ›Nachweisführung von Straftaten‹«. Da steht auch: »In der Nähe seines derzeitigen Wohnsitzes in Meiningen sowie künftigen Wohnsitzes in Dietzhausen sind je ein Beobachtungsstützpunkt zu schaffen.«

Vorn, am Eingang zum Tal, haben zwei Leute vom MfS ihre Bungalows bauen dürfen. Sie besaßen auch, was sonst niemandem in der Gegend vergönnt war: Telefon. Nicht mal die Gemeindeschwester hatte eins. Aber extra für diese Leute wurden Kabel verlegt und Masten errichtet. In der Versammlung der Gartengemeinschaft habe ich mich aufgeregt über dieses Privileg. Da wusste ich noch nicht, dass die auf mich angesetzt waren und also in Sichtweite zu meiner Hütte der besagte »Beobachtungsstützpunkt« entstand. Erst die Leute im Ort haben mich später aufgeklärt. Nach der Wende entdeckte ich bei mir im Haus, unter den Zeitungslagen für die Fußbodendämmung, eine ganz flache »Abhörspinne«.

Wie viele Leute bespitzelten dich?

Achtzehn, glaub ich. Leute, mit denen ich gut bis sehr gut bekannt war – und teilweise noch bin.

Niemanden zur Rede gestellt? Niemandem Verachtung entgegengeworfen? Niemandem die Freundschaft vor die Füße geknallt?

Ein Rächer bin ich nicht, ein Richter auch nicht. Meine Hoffnung ist, dass bei Menschen Scham aufkommt. Und nachwächst. Klar, man wird wählerischer im Umgang, und das Gute ist doch: Welchen Weg man in einem noch so kleinen Ort auch geht, es gibt bei unliebsamen Begegnungen immer die Chance der anderen Straßenseite. Übrigens gibt es auch einen IM-Vorlauf …

Ich weiß, aber darüber möchte ich erst später mit dir reden.

Aha.

Hast du dein SED-Parteibuch abgegeben?

Nein. Es gehörte mir. Und es gehört zu mir. Ein paar Reliquien müssen sein. *(Lacht.)*

Bist du enttäuscht gewesen vom Volk? Das ist die landläufige Erfahrung des Intellektuellen. Hans Magnus Enzensberger hat die »Schwierigkeiten der Umerziehung« in einem Gedicht beschrieben: »Wenn nur die Leute nicht wären! [...] / Wenn es um die Befreiung der Menschheit geht / laufen sie zum Friseur. / Statt begeistert hinter der Vorhut herzutrippeln / sagen sie: Jetzt wär ein Bier gut. / Statt um die gerechte Sache/ kämpfen sie mit Krampfadern und mit Masern. [...] Kleinbürgerliches Schwanken! / Konsum-Idioten! / Überreste der Vergangenheit! // Man kann sie doch nicht alle umbringen! / Man kann doch nicht den ganzen Tag auf sie einreden!«

Das ist ein Thema, das tief in meine Arbeit, also mein Leben greift, deshalb kann ich das, was du fragst, ganz kurz beantworten. *(Lacht, schweigt.)* Ich kann es eigentlich gar nicht beantworten ... He, Scherzer, du bist kein Enttäuschter, und du bist kein Zyniker ... Der Schriftsteller Juri Bondarew, international anerkannt, schrieb zu Zeiten der Sowjetunion den patriotischen Roman »Roter Schnee«. Zur Jelzin-Zeit, nach dem Putsch gegen Gorbatschow, ging er in die Politik. Eines seiner Ziele war die Wiederumbenennung von Wolgograd in Stalingrad. Ich war verblüfft und erschrak. Er kam nicht durch. Zum Glück. Aber er hätte durchkommen können ...

... das sind Reiz und Risiko der Demokratie.

Ja, aber ich ertappte mich bei dem (undemokratischen?) Gedanken, etwas dagegen zu haben, dass auch die Dummheit am Wahlrecht beteiligt ist. Denn wirklich: Alles kann so verflucht dumm ausgehen, weil auch die Dummheit das Wahlrecht hat. Punkt und basta. Nein, ich bin vom Volk nicht enttäuscht. Weil mich Volk als Allgemeinheit eigentlich gar nicht so bewegt. Man kann Hoffnungen in die Menschheit schnell verlieren, aber in der Hinwendung zum einzelnen Menschen kehrt Hoffnung immer wieder auch zurück.

Das weißt du?

Ja, das weiß ich. Das ist Teil meiner Erfahrungen als Reporter.

Du warst Delegierter auf dem Außerordentlichen Parteitag der SED in der Berliner Dynamo-Halle im Dezember 1989.

Wir waren sechs aus dem Bezirk Suhl. HDF gehörte dazu. Er sagte, er werde sich aus der Politik verabschieden, wenn ihm die Genossen beim Reden nicht mehr in die Augen gucken und die Leute auf der Straße ihn nicht mehr grüßen. Er trat nach dem Parteitag zurück, ohne diese Erfahrung machen zu müssen, er verabschiedete sich mit den Worten: »Mich haben zwar meine Genossen im Kreis einstimmig vorgeschlagen, aber jetzt sind andere Leute nötiger.«

In der Parteitagshalle war auch Egon Krenz. Stickige, heiße Luft. Er lächelte fortwährend süßsauer und käute pseudobedeutende Worte wieder, für die westlichen Reporter, die wie ein Bienenschwarm an ihm hingen. Ich war wütend. Er hätte lieber vors Mikrofon treten und sagen sollen: »Genossen, ich bin schuld, ich habe alles versucht, um hinzuhalten, um zu verschleiern, ich habe damit Honeckers letzten Wunsch erfüllt.«

Ich musste während des Parteitages mal pinkeln, ging auf die Toilette und stand plötzlich neben Gysi und Modrow. Die Gelegenheit nutzte ich und entwickelte meine Theorie vom vollständigen, also auch finanziellen Neuanfang. Gysi erklärte mir, eine Auflösung der SED und die Aufgabe aller finanziellen Reserven wären das Ende der Partei. Fünf Minuten lautstark große Politik auf dem sonst so stillen Örtchen.

Über diese Zeit hast du geschrieben: »Ich begreife, dass ich längst nicht mehr der schweigsame Beobachter bin, denn ich habe mich eingemischt.«

Das war noch die Restwirkung des Traums vom reformierbaren Land.

Und Vorsitzender des Thüringer Schriftstellerverbandes warst du eine Zeit lang auch. Mancher sagte, du hättest den Verband nach russischer Gutsherrenart geleitet.

Mancher? Mein Freund Matthias Biskupek hat das gesagt, Schriftsteller aus Rudolstadt. Als Leiter bin ich im Grunde ungeeignet, ich habe dieses Talent nie vermisst. Aber beim Schriftstellerverband hatte ich zugesagt und dabei wahrlich nicht an straffe Leitung gedacht. Mein Gott, was war da schon zu leiten! Aber natürlich: So was geht nicht ohne das Strikte und Strukturbewusste. Es hat einige vielleicht gewundert, dass ich das konnte. Damit das Ganze nicht seine Lockerheit verlor, habe ich den Vorstand regelmäßig zu mir nach Dietzhausen eingeladen, mein Häuschen war auch ein zwangloser Dichtertreff.

Du hast Programmpunkte für die neue Partei formuliert, die von der SED zur PDS wurde, du bist auf dem Außerordentlichen Parteitag in die Redaktionskommission gewählt worden, am Ende, wie schon gesagt, in den Vorstand der Partei. Viel später hast du in der »Freien Wählergruppe« für den Suhler Stadtrat kandidiert und dich zuvor schon im Gemeinderat engagiert, zuständig für soziale Fragen. Im Festkomitee für die 1175-Jahr-Feier von Dietzhausen warst du ebenfalls.

Ja ja, ich Multifunktionär. *(Lacht.)* Die 1175-Jahr-Feier fiel übrigens aus, weil die Dietzhäuser ihre gerade erworbenen D-Märker nicht auf einer Jubiläumsfeier ausgeben wollten.

Und den Stadtrat hast du wieder verlassen.

Das lag am Oberbürgermeister. Mitten in einer seiner Reden in der Suhler Stadtverordnetenversammlung bin ich aufgestanden und gegangen. Und nie wieder zurückgekehrt. Für meine Begriffe hatte er eine Selbstherrlichkeit erreicht, die ich nicht länger aushalten durfte. Die Stadtverordnetenversammlung empfand ich als Gremium, das er zu manipulieren und instrumentalisieren versuchte.

Keine Duldenskraft, keine Fraktionssolidarität?

Nee. Nicht auf Dauer.

Sagen wir's mal so: Du strahlst eine Scheu aus, die aber durchaus nah am Ausbruch wohnen kann. Wenn du poltrig wirst, weil dein Gerechtigkeitssinn ausbricht, wirkst du wie das Gegenteil eines vorsichtig tastenden Diplomaten.

Diplomatie? Nicht mein Ding. Und Fraktionszwang ertrage ich nicht, wie ich auch nicht ertragen kann, wenn Menschen für mich arbeiten müssen. Auch auf den Kellner möchte ich am liebsten verzichten und mir Essen und Trinken selber holen.

Damals für die PDS zu arbeiten – ich kann mir vorstellen, dass die erbaulichen Erlebnisse nicht gerade in der Überzahl waren.

Es war eine aufgeladene Zeit, in der man auch erschrecken konnte über den Hass. Im Hartmetallwerk Immelborn musste sich HDF anhören, wie ein Arbeiter gegen den neuen Vorsitzenden wetterte, wegen ihm würde er die Partei verlassen: »Weil der Gysi nie Arbeiter war. Wenn ich schon diese Intellektuellenbrille sehe.«

Im Grenzstädtchen Vacha erzählte mir eine alte Frau, eine Gesundheitshelferin, in der dunkelsten Ecke eines Flures, als suche sie Schutz: Sie habe einem Genossen Blumen und Wein zum 80. Geburtstag gebracht, auf dem Nachhauseweg sei sie übers Feld gegangen und von jungen Leuten eingekreist worden. »Je älter, desto roter – sollen wir dich gleich hier verbuddeln?« Die jungen Leute johlend hinter ihr her. Erst als die Frau stürzte und liegen blieb, liefen sie weg.

Deine Bemerkung eben über den Kellner bringt mich auf die Frage: Denkst du lange über letzte Sätze deiner Reportagen nach?

Sätze? Vielleicht eher noch über letzte Absätze. Wieso diese Frage?

»Bom dia, weißer Bruder« endet mit dem Abschied von einem der Moçambiquaner. »Und Acácio ging, ohne sich umzudrehen. Es war ein Abschied auf ›Nimmerwiedersehen‹. Trotzdem werde ich ihm zu Hause näher sein als manchen, denen ich dann wieder Tag für Tag Auf Wiedersehen sage.« Das Buch über Kuba endet mit deinem Rückflug nach Berlin, Silvester über den Wolken: »Die habaneros *werden, wie es Tradition ist, zur gleichen Zeit eimerweise Wasser aus den Fenstern und Türen auf die Straße schütten. Das alte Jahr wegspülen. Saubermachen für das neue. Alt und Neu auf Kuba. Das Wasser kann beides wegschwemmen. Nicht nur das Wasser.« Und deine China-Reportage hört so auf: »Als Monika, Klaus und*

ich am Wachhäuschen vorbeifahren, steht der Junge nicht draußen. Und ich bin froh, dass keiner salutiert.« Als sei Salutieren etwas Erniedrigendes.

Das muss ich wohl erklären. Ich wohnte in Peking in einem Compound, der etwa 300 private Häuser auf staatlichem Boden umfasste. Rund um die Uhr bewacht von Angestellten eines Managements, das auch alle Verwaltungs- und Wartungsarbeiten erledigt. Mit einem der Jungen, die am Eingang Wachdienst hatten, jede Schicht zwölf Stunden, kam ich ins Gespräch. Er stammte aus der Provinz Shaanxi, ging dort aufs Gymnasium, die Eltern hatten aber irgendwann kein Geld mehr für die Schule, so kam er nach Peking und zu diesem Wachdienst. Nun träumte er von einem kleinen Laden, um Bücher oder Schuhe zu verkaufen. Jeden, der am Tor der Wohnanlage im Auto vorbeifuhr, grüßte er salutierend. Mich irritierte diese Form der Ehrerweisung. Fast noch ein Kind und diese militärisch verpackte Dienstbarkeit.

Ich bin beschämt, wenn vor mir jemand salutiert. Wie ich eben auch beschämt bin bei Dienstleistungen. Die lösen in mir eine Gegenwehr aus. Deshalb dieser Satz am Schluss. Ich atmete am Tor auf wie am Tor zu einer neuen, anderen Zeit. Nach ein paar Minuten freilich, das wusste ich, würde der Junge die Hand wieder zum straffen Gruß für irgendjemanden heben.

Du warst Ende 1989 beim Runden Tisch im Bezirk dabei, hast dort eine Weihnachtsbotschaft an alle Bürger aufgesetzt: eine Bitte um Gewaltlosigkeit, Gerechtigkeit, Gemeinsamkeit. Warum bist du dennoch ausgetreten aus der Partei, im Februar 1990?

Das war, als einige Millionen Mark SED-Vermögen in die Schweiz verschoben worden waren. Zu einer Zeit, als es vor allem um Ehrlichkeit ging. Ich habe gesagt, Leute, das kann ich nicht mittragen. Da habe ich natürlich noch nicht gewusst, dass Kohl das ganz genauso machte. Der Austritt fiel mir relativ leicht. Ich stand nicht in politischen Taktikpflichten, ich konnte mir einen Rest Idealismus leisten, und ich hatte wieder mal geträumt: neues Programm, neues Gebäude, neue Strukturen, neue Mitglieder, kurzum – eine neue Partei!

Das ging natürlich an den Realitäten vorbei.

Die Funktionäre saßen im alten Gebäude, die Geldschweinerei offenbarte alte Strukturen, und plötzlich schlugen gewendete Genossen mir aufmunternd auf die Schulter – Leute, die mich eben noch als unsicheren Kantonisten abgestempelt hatten. Seither bin ich parteilos.

Du hast damals an Gysi geschrieben.

Und keine Antwort bekommen. Ich dachte damals, was die Zukunft betraf, illusorisch. Die Wirklichkeit lief wieder mal anders. He, Scherzer, dachte ich, kratz die Kurve, und nimm deine Freiheit beim Wort, das auch künftig nicht lügen will.

Du fühltest dich doch aber, nach deinen DDR-Erfahrungen, befreit.

Ja. Und nein! Denn unter Befreiung hatte ich stets verstanden, dieses System zu verbessern. Nun vollzog sich die Veränderung ganz anders, und der, den sie dazu am wenigsten brauchten, das war ich.

Und was hast du gemacht nach deiner sekundenkurzen Parteikarriere?

Ich bitte dich, Karriere ist nun wirklich was anderes! Unmittelbar danach? Das weiß ich gar nicht mehr so genau ... Ein Blindfleck ... Pilze wuchsen noch keine im Wald, aber Kräuter konnte ich sammeln. Huflattich zum Beispiel. Die Blüten – die übrigens einen hervorragenden Tee gegen Husten ergeben – öffnen sich im Frühjahr lange vor den Blättern. Sieht wunderbar aus.

In deinen Notizen aus jener Zeit steht: »Seit Wochen kein ruhiger Sonntag mehr. Selbst wenn ich durch den Wald gehe, sehe ich die sattgrünen Moosmatten nicht, höre nicht einmal mehr die wütenden Schreie der aufgeschreckten Eichelhäher, bin blind für die Natur. Im Kopf drehen sich wie auf einem Karussell: Parteien, Programme, Perspektiven. Immer im Kreis. Im Kreis. Sinnlos. Und ungesund.«

Es war wie eine innere Einkehr bei gleichzeitiger Orientierungslosigkeit ... Wahrscheinlich hat mir der Wald am Ende trotzdem geholfen, da erwartest du keine Asphaltwege, zwischen den Bäumen ist Nebel. Ich sah generell keine Hintergründe mehr. Die Gesellschaft, in der ich nun lebte, sie kam aus mir fremden Ursprüngen. Plötzlich galt in unserem Dorf sogar eine neue Ordnung, wie die Schornsteine – von einem Tag zum anderen – bundesdeutsch zu fegen seien.

Ausgerechnet dich hat so etwas Banales belastet? Das glaub ich kaum.

Es geht nicht um Handwerk, Regel und Technik. Es geht ums Gemüt, das sich bei größeren Brüchen naturgemäß wundert und auch ein wenig sperrt. Ich brauchte Zeit in den neuen Gegebenheiten. Der Reporter Scherzer legte sich erst mal auf die Ofenbank, die neben seinem Tisch mit den Schreibutensilien steht. Irgendwann kehrte die Neugier allerdings zurück, aber sie zielte jetzt auf anderes. Nicht mehr: Wie verändere ich? Eher: Wie läuft das alles? Wer bin ich noch in diesem Strudel? Auf jeden Fall fühle ich mich heute in dem, was ich tue, weniger nötig und weniger wichtig als früher.

Bist aber angekommen?

Im Westen? Diese Fragen stellen alle Journalisten. Die schlechten Journalisten zuerst.

Da bin ich ja froh, schon ein paar andere Fragen gestellt zu haben.

Ich habe ein Zuhause, ob ich nun mit den Zuständen einverstanden bin oder nicht.

Hattest du dir eigentlich Begrüßungsgeld geholt?

Der Westen lockte mich nicht. Einige Zeit lockte mich überhaupt nichts mehr. Na, irgendwann fuhr ich bei Meiningen über die Grenze nach Mellrichstadt und holte mir das Begrüßungsgeld. Tomaten kaufte ich, französischen Käse, Gurken, Gewürze, Südfrüchte – aber keine einzige Banane! *(Lacht.)*

Wie hast du den 3. Oktober 1990 in Erinnerung?

Daheim nachts um zwölf habe ich die Stirn an die kalte Fensterscheibe gelehnt, die Nationalhymne der DDR mitgesungen und dazu Sekt getrunken. »Rotkäppchen«. Die Hymne wurde im Rundfunk zum letzten Mal gesendet.

Dein Buch »Auf Hoffnungssuche an der Wolga« schließt mit einem Hilfstransport nach Kaluga, den du begleitet hast. Das war 1991.

Ich hatte in der Zeitung gelesen: »Suhl spendet für die hungernde Partnerstadt Kaluga. Lkw-Transport an die Oka noch vor Weihnachten«. Die Stadt meiner Hoffnungssuche. Nun hungernd! Und BRD-Bürger aus Suhl sollten mit Butter und Mehl und Grieß für Almosen sorgen. Ich bat darum, mitzufahren. Zunächst hieß es in der Suhler Stadtverwaltung ablehnend: »Scherzer – das ist doch dieser Rote. Den etwa zu den Russen lassen?«

Dann die Beruhigung. Ich bin auf dem ersten der zwei Lkws mitgefahren. Der Fahrer des zweiten, Herbert, ein Fuhrunternehmer, hielt in Kaluga, nach dem ersten Wodka, eine Rede: »Also für euch Russen bin ich der Gerbert, verstanden, Gerbert, das H bringt ihr ja sowieso nicht raus. Ich will euch mal was sagen, damit ihr begreift, wie ihr aus der Scheiße hier rauskommt. Wenn der Gerbert hierherkäme, der würde euch erst mal das Arbeiten lernen. Wisst ihr, was ihr braucht? Zuckerbrot und Peitsche! Sonst wird das nichts mit euch. Schaut mich an, ich schufte für zwei – und als ich die Fuhre hierher bekam, da hätte ich mir auch einen teuren Beifahrer nehmen können. Aber ich geh zum russischen Kommandanten, meinem Freund in Ohrdruf, und sag: Ich brauche einen Soldaten. Und der gibt mir den Olek hier, morgen kriegt er dafür in Moskau Mama und Papa zwei Stunden zu sehen. Los, Olek, zünd mir mal 'ne Zigarette an!« Dieser »Gerbert« sprach deutsch. Zum Glück kürzte der Dolmetscher beim Übersetzen ins Russische.

II.

»FREIHEIT? DIE RIECHT BEI MIR DAHEIM NACH SELBSTGEZOGENEN ZWIEBELN«

Ich setze meine Kraxe ab, hocke mich mit schmerzenden Schultern auf eine der niedrigen Kirchenbänke. Ich bin doch erst ganz am Anfang der Reise. Weshalb bin ich zuerst in die Kirche gegangen? Ich glaube nicht an Wunder. Ich zünde vor der Marienfigur keine Kerze an. Ich bete auch nicht. Wo werde ich schlafen in den nächsten vier oder fünf Wochen? Ich packe meine Kraxe und meine Umhängetasche aus. Und wieder ein. Und wieder aus. Ich werde mich einschränken müssen. Anstelle von drei Handtüchern nur eines. Anstelle von sieben Shirts nur drei. Die schwere Windjacke bleibt hier. Keine Sonnencreme, kein Buch, keine Pfeife und keinen Tabak. Anstelle von sechs Paar Strümpfen nur drei. Kein Rasierzeug, kein Shampoo, keinen Flachmann mit Rostocker Kümmel, keinen Teller und kein Besteck. Die Geschenke zähle ich ab. Sieben Kugelschreiber, sieben Päckchen Buntstifte und zweihundert Luftballons. Ich hucke die Kraxe auf und bilde mir ein, dass sie nun sehr leicht ist. … Ich friere … Der Wind ist kalt. Am Ortsausgang blättert die Farbe vom Kreuz, an das Jesus genagelt ist.

Landolf Scherzer, aus »Immer geradeaus«, 2010

Landolf, hattest du eine glückliche Kindheit?

Ich hatte eine Kindheit.

Was heißt das?

Dass dies keine Selbstverständlichkeit ist beim Blick auf Welt und Zeiten.

Abenteuer oder Gleichmaß?

Viel Gleichmaß.

Sozusagen vormittags helle Wolken, nachmittags dunkle Wolken – Sonne ging auf, Sonne ging unter?

Man wurde mitgetragen vom Regelwerk. Wir wohnten etwa zwanzig Kilometer von Dresden entfernt, in Lohmen. Ein Dorf zwischen Pirna und der Bastei. Alle, die zu den Felsen wollen, fahren durch diesen lang gestreckten Ort. Die Großeltern besaßen dort, im Ortsteil Mühlsdorf, ein kleines Haus. Mein Vater, ein Mühlenbautischler, war einer derer, die beim Dachdecken geholfen hatten, so lernte er meine Mutter kennen. Über diesen Hausbau sind meine Eltern zueinandergekommen. Sie haben dann dort auch eine Weile gewohnt. Bis wir nach Oberlohmen gezogen sind. Das Haus der Großeltern stand oberhalb des Flusses, der Wesenitz. Das ist einer der Wasserläufe, die das Elbsandsteingebirge zerschnitten und seine Schluchten geschaffen haben. Am Wasser besaß ich mein Refugium. Ich erweiterte das Ufer zu kleinen Buchten, hielt dort Fische, die in meinem künstlich angelegten Teich laichten. In einem Aquarium daheim zog ich sie groß. Später besaß ich ein kleines Terrarium, die Raupen darin puppten sich ein, und ich sah die Schmetterlinge schlüpfen. Ich war an Schöpfung beteiligt, ich ermöglichte sie *(lacht)*, das waren meine Erfolgserlebnisse. In so einem Dorf rastet das

Leben aus praktischen Gründen schnell und dauerhaft ein. Man war nicht erpicht auf neue Eindrücke, man hatte eine Technik, mit den Tagen zurechtzukommen.

Die einen blickten aus dem Fenster hinab auf die Straße, die anderen blickten von der Straße hinauf zu einem Fenster.

Nein, das ist Stadt! Auf dem Dorf: Acker, Ziegen, Melken, Wäsche waschen im Kessel. Man besprach vieles, aber wenig Neues … Kindheit … Ich kann mich erinnern, ich hatte immer Tinte an den Fingern. Und man wusste, dass man die Erwachsenen zu grüßen hatte. Die Schritte, die Geräusche, der Alltag: alles gewohnheitsstiftend, kein großes Depot von Sinnesreizen. Du warst geborgen, aber nicht alles drehte sich um dich, nur weil du ein Kind warst.

Sagst du das mahnend in die Gegenwart?

Nein, ich teile nur meine Erfahrung mit. Verwöhnt zu werden ist Gnade und Gefahr.

Tinte an den Fingern. Lässt das auf einen fleißigen Schüler schließen?

Nee. Auch Schule war nichts Erhebendes. Ich musste damit klarkommen, dass das Leben eingeengt war. Eingeengt und gezügelt. Bis in die Haarspitzen hinein. Zur Schule ging ich mit reichlich Pomade, die Frisur glatt und glänzend, zu allem Übel noch eine Klemme als zusätzliches Instrument der Bändigung. Ich trug Schafwollstrümpfe, die kratzten. Natürlich gehörte ein Leibchen dazu. Da meine Mutter arbeiten ging, ich mittags also kein warmes Essen daheim bekam, zog ich mit einem Mitschüler nach der Schule in den Kindergarten, dort bekamen wir unsere Mahlzeit. Aber: Wir mussten auf diesen winzigen Kindergartenstühlchen sitzen, das war der endgültige Sargnagel fürs Selbstbewusstsein. Mit zwölf Jahren kam ich in ein Kinderheim auf Rügen, wegen Unterernährung. An der Ostsee kam mein Körper zu Kräften, mein Selbstbewusstsein nicht. Auf dem Klo zu Hause sang ich laut – damals schon! – den Text der Nationalhymne. Wahrscheinlich, weil es auf dem Klo staatsfeindlich wirkte und der Vater mich dafür tatsächlich in die Mangel nahm.

Bist du getauft?

Der Großvater, ein Steuerprüfer, bestand auf der Taufe, und in der ersten und zweiten Klasse besuchte ich den Religionsunterricht. Mutter setzte das gegen den Vater durch, obwohl sie selber nicht in die Kirche ging. Aber sie war ein gläubiger Mensch, wohl aus Gewöhnung. Herkunft ist Übernahme. Beim Religionsunterricht gab es helle Weizenbrötchen zu essen wie sonst nur am Gründungstag der DDR. Mein Vater hat mir dann verboten, in die Kirche zu gehen. Die Bibel las ich weiterhin. Es war meine Form von Protest gegen ihn. Ich las sie als ein Buch spannender Geschichten, in denen es überraschend grausam zuging. Später habe ich manchmal gedacht: He, Scherzer, was wäre geschehen, wenn du die Bibel beizeiten als Buch begriffen hättest, in dem dir ein für alle Mal das schwankende, unzuverlässige, zwiespältige Kain-und-Abel-Wesen des Menschen gezeigt wird? Hättest du dir politische, weltanschauliche Illusionen erspart?

Nicht mehr in die Kirche gehen zu dürfen – hast du das als Repression wahrgenommen?

Meine Haltung war: Die Erwachsenen sollen das unter sich ausfechten, ich würde folgsam sein.

Du fühlst dich gottlos?

Das Religiöse empfinde ich noch heute, wenn die Institution Kirche dominant auftritt, als Dogma. Aber natürlich steckt in allen Dogmen auch ein Kern Erfahrung. Sie resultieren aus praktischen Nöten. Sie sind ein Versuch, aus Elend Weisheit zu gewinnen.

Wo hast du die Dresdner Schreckensnacht vom Februar 1945 erlebt?

Im Dorf. Blutroter Himmel, heulende Sirenen. Mutter hockte mit mir und den Großeltern im Keller. In der Morgendämmerung und bei Westwind taumelten Tausende schwarzer Vögel zur Erde. Es waren verkohlte Stoff- und Papierreste, die sich auf die Straßen und Wege des Dorfes legten und in die Gärten hineinschneiten. Und zwischen Häusern glänzten Silberfäden, das waren Markierungen für die Bombenziele, abgeworfen von Leitflugzeugen. Sie zogen mich an, und ich verfluchte sie. Denn sie dienten uns als Lametta für den Weihnachtsbaum – und wenn das Fest vorbei war, musste ich sie einzeln und ordentlich vom Baum herunternehmen, eine elend langweilige Arbeit, mein Vater hat die Fäden dann gebündelt fürs nächste Weihnachten. Eigentlich ein wahnwitziges Bild: Silberfäden des Krieges als Schmuck zum Friedensfest.

Und als die Russen kamen?

Auf Geheiß der Erwachsenen sollte ich Angst vor den Russen haben. Als die sowjetischen Soldaten ins Dorf einzogen, sah ich sehr kleine struppige, zottlige Pferde, vor verdreckte Panjewagen gespannt, die sich schwer durch den Frühjahrsschlamm schleppten. Diese Soldaten sahen nicht wie Sieger aus, sie waren erschöpft, dem Gram und dem Groll näher als jedem strahlenden Lächeln, das sich einer historischen Leistung bewusst ist. Die Großeltern hatten das Silberbesteck vergraben und warnten die Kinder davor, das Haus zu verlassen. Neugier trieb mich hinaus, vor dem Gemeindebüro gab es dünne heiße Graupensuppe. Noch heute höre ich das klappernde Kochgeschirr.

Fanden in der Familie Sonntagsspaziergänge statt?

Ja, die gab es. Ich war froh darüber, was bei Jungs nicht selbstverständlich ist. Aber mein Vater spielte mit mir nie Fußball, fuhr nie Ski mit mir, diese Spaziergänge schienen mir wenigstens ein kleines Zeichen zu sein, dass er mich wahrnahm – indem er mich mitnahm. Bis in den Uttewalder Grund ging es, manchmal nur bis Rathewalde. Ereignisse mit grüner Limonade. Auf Spaziergängen entlang der Wesenitz kamen wir am bronzenen Richard Wagner vorbei, dem weltweit größten Denkmal für den Komponisten, im Liebethaler Grund. Über zwölf Meter hoch. In der Nähe, bei Graupa, hatte Wagner am »Lohengrin« gearbeitet. Er steht gewaltig da, als Gralsritter, zu seinen Füßen fünf Figuren. Was sie bedeuteten, erklärte mir später unser Deutschlehrer: das Spirituelle, das Poetische, das Dramatische, das Dionysische, das Dämonische. Ich ging immer mit einer großen Ehrfurcht vor Wagner am Denkmal vorbei – auch mit einer Furcht, die mir einflößte: Der Stein täuscht, solche Gestalten können herabsteigen und dich strafen. Letztlich langweilte das Spazierengehen.

Meine Mutproben musste ich mir selber suchen, ganz allein. Aber für sich selber mutig zu sein, das macht keinen Spaß. Im Uttewalder Grund fiel ich vom Felsen, zum Glück verfing ich mich im Wipfel einer Fichte. Neben einer Steißverletzung erlitt ich einen Schaden an meinem Gleichgewichtssystem. Und seitdem habe ich Höhenangst.

Im Dorfteich lernte ich mühsam das Hundepaddeln. Auf dem zugefrorenen See stürzte ich, ich selber besaß keine Schlittschuhe, aber ein anderer Junge fuhr mir mit seiner Schlittschuhspitze an den Kopf. Der Arzt sagte: Junge, hab dich nicht so!, aber die Wahrheit war: Ich bin knapp einer tödlichen Wunde entkommen.

Später seid ihr aus der Sächsischen Schweiz in die Lausitz gezogen.

Ja, nach Forst, mein Vater hatte dort, nach seinem Studium, die Stelle als Kreisstaatsanwalt bekommen. Ich war der ungezogene Sohn des Genossen Funktionärs, einer, der sich ein Radio bastelte, um Radio Luxemburg zu hören. Das war verboten, das reizte mich, nun endlich hatte ich das Feindbild, das man als junger Mensch benötigt. Nachts hörte ich leise, tagsüber drehte ich auf. Elvis und Belafonte und Bill Haley, »Rock around the clock«. Unser Mietshaus war u-förmig gebaut, in der Mitte ein Hof, im Flügel gegenüber der Rat der Kreises. Meine Mutter arbeitete dort als kleine Angestellte. Mittags, wenn drüben die Fenster zur Pause aufgingen, stellte ich mein Radio ins Fenster, drehte voll AFN auf, den amerikanischen Soldatensender. Die Fenster drüben gingen sofort zu.

Nach einer Weile war es aus damit, denn das sprach sich rum. Daheim: kein Gespräch. Wie immer. Der Vater, das war die Macht. Die Macht musste sich nicht herablassen, die Macht musste nicht reden, die Macht schlug mich. Ich verbarrikadierte mich – wieder – auf dem Klo. Und las. Ich sammelte Autogramme, schrieb Fanpost bis nach Hollywood, bekam sogar Antwort: unterschriebene Starpostkarten. Irgendwann benachrichtigte die Post meinen Vater über die Westbriefe seines Sohnes. Er reagierte gnadenlos: Er verbrannte meine Schätze daheim im Kanonenofen, darunter war ein Foto der westdeutschen Fußball-Weltmeistermannschaft 1954, mit einer Originalunterschrift von Fritz Walter. Nicht meine Sachen waren vernichtet – ich selber fühlte mich zerstört. Mein Vater schien wohl Angst zu haben, die Kontrolle über mich zu verlieren. Er gab der Post im Ort die Anweisung, künftig Briefe aus dem Westen, an mich adressiert, nicht mehr weiterzuleiten, sondern zurückzuschicken.

Eines Tages kam der 1. Kreissekretär der Partei zu uns in die Aula der Schule. Er klärte uns über diese Konterrevolution in Ungarn auf. Ich hatte es bei Radio Luxemburg anders gehört. Das sagte ich laut. Als mein Vater abends nach Hause kam, hatte er das natürlich erfahren. Er schnappte mich und schaffte mich auf der Stelle in die Jugenderziehungsanstalt in Forst. Ja, von der Stelle weg, ich wusste gar nicht, wie mir geschah. Eine totale Überrumpelungsaktion, der Staatsanwalt hatte sozusagen zugegriffen. Im Affekt. Eine kalte, ungerührte Entscheidung, er musste das allerdings wenig später zurücknehmen. Nach einer Nacht und einem Tag kam ich wieder raus. Bei aller Dringlichkeit, mich zu züchtigen – man schüttelte wohl sogar in der Partei über den spontanen Disziplinierungsausbruch meines Vaters den Kopf, so ging es ja nun wirklich nicht. Sein Versuch, mich in den Griff zu bekommen, in seinen Griff, verstärkte die Zerrüttung unseres Verhältnisses. Als wir in die Kreisstadt Forst gezogen waren, gab es in meinem Bewusstsein erste Fluchtpläne, sie durchzogen mich wie ein Nebel, der sich zunächst aber wieder auflöste. Mit dem Fahrrad bin ich allerdings oft zurück in die Sächsische Schweiz gefahren, es waren bis an die hundert Kilometer.

War das Fahrrad ein Elterngeschenk?

Nein. Das Geld dafür hatte ich mir erspart, mit Ferienarbeit bei der Wasserwirtschaft: Befestigen von Gräben für den Bewässerungsschutz, in Forst und im Spreewald. Das Fahrrad bedeutete: Freiheit. Fahrtwind war Kraft. Ich hatte ein Rad der tschechischen Marke »Favorit«, die wurde auch von tschechischen »Friedensfahrern« wie Jan Veselý gefahren. Sehnsucht trieb mich, als sei es möglich, mit kräftigem Tritt in die Pedale noch einmal der eigenen Kindheit zu begegnen. Als hoffte ich, die mir bekannten Häuser, Straßen und Orte des Heimatdorfes strahlten noch immer etwas ab, das mit mir zu tun hatte.

Etwas Früherem so begegnen zu wollen, dass Vergangenheit und Gegenwart eins bleiben und nichts Trennendes an Erfahrung und Erkenntnis zwischen die Zeiten tritt – hast du dir das später auch als Reporter gewünscht?

Dieser Wunsch ist mir verlorengegangen. Länder, in denen ich als Reporter war, wollte ich nach 1989 nicht wiedersehen. Ich wollte die einmal gesehenen oder durchs Schreiben geschaffenen Bilder nicht übermalen.

Du möchtest nicht an Orte zurück, an denen du warst?

In mir ist große Bangigkeit vor einer Desillusionierung. Es klingt paradox: Mich bewegt sehr, was wohl aus den Menschen geworden ist, denen ich begegnet bin, mit denen ich gesprochen, über die ich geschrieben habe, ich habe sogar Sehnsucht nach diesen Menschen. Aber: Ich sehe sie im Verhältnis zur Welt, und daher erfüllt mich Befürchtung. Allein wenn ich an Afrika denke: Ich möchte nicht sehen, wie die Menschen, die mir nahegekommen waren, jetzt vielleicht wieder neben verfallenen Hütten schlafen. An eine Schule in Maputo sollte vor einiger Zeit Geld einer Solidaritätsaktion übergeben werden. Weil ich durch den Verkauf eines von mir herausgegebenen Büchleins, »Schwarze Weisheiten«, ziemlich viel Geld für diese Schule gesammelt hatte, lud man mich ein mitzufahren. Dorthin also, wo ich eine geraume Zeit mitgeholfen hatte, Häuser zu bauen. Gern wäre ich gefahren, ich lehnte ab. So vieles würde nicht mehr sein, wie ich es erlebt, wie ich es gesehen und vor allem mit einem Traum von Zukunft versehen hatte, in dem die Dinge gut ausgehen würden. Angst hatte ich, einer Vergeblichkeit zu begegnen, die wehtut.

Ich habe in den vielen Jahren Menschen aufgesucht, weil mich die Konflikte, die Widersprüche, die Kämpfe, die Mühen interessierten – nun führe ich hin, um jene Harmonie aufzufrischen, die mich mit ihnen verband. Aber an diese Harmonie, an dieses Gute glaube ich nicht mehr, ich ahne das Zerrissene, das Zerschnittene, das sonst wie Beschädigte. Ich will nicht wahrhaben, dass diese Menschen eventuell Verlorene geworden sind oder unangenehme Chefs oder Kriminelle oder anderweitig Elende oder Leidende. *(Schweigen.)*

Du hast eine Schwester, war sie dir auch Freundin?

Elke und ich haben beide ein unterschiedliches Elternhaus erlebt aufgrund unseres Altersunterschiedes von neun Jahren.

Was hat dich eines Tages ins eigene Leben außerhalb des Elternhauses getrieben? Rebellion?

Mit achtzehn bin ich daheim ausgezogen. Nein, mich hat nicht Rebellion fortgetrieben, was sehr verständlich gewesen wäre. Es war der natürliche Ablauf, die natürliche Lockung des Lebens: Armee, Studium, Beruf. Überhaupt hatte ich als Halbwüchsiger trotz der Auseinandersetzungen daheim, trotz der Schläge des Vaters, trotz der aufreibenden Erfahrungen nie das Bedürfnis von radikaler Abkehr. Wie gesagt: Ich folgte, letztlich. Lange war es so, als säße ich noch immer im erwähnten Stühlchen im Kindergarten, am Essenstisch, gewissermaßen festgezurrt.

Und die Freiheit?

Das war, wenn wir Pilze suchten. Das ist jetzt sehr grob dahergeredet, trifft aber irgendwie mein Gefühl, bis ich dreizehn, vierzehn war. Mich hat die Pubertät befreit. Ich spürte mit einem Mal, dass schon die kleinste Unverfrorenheit eine Wirkung auslöste: Plötzlich passte man nicht mehr ins gewohnte Erwartungsbild der Erwachsenen. Später dann las ich Nietzsche, Freud und fühlte mich an der Schulter gepackt: He, Junge, schäm dich nicht, wenn du zweifelst! Der kräftigste Aufmunterungsschlag in dieser Hinsicht kam von Marx. Und der K.-o.-Schlag dann später vom Marxismus. *(Lacht.)*

An alten Wohnhäusern studieren wir bisweilen jene verblichenen Buchstaben, die an Kolonialwarenläden und Kohlehandlungen erinnern. Wir lassen uns von der Vermutung überwältigen, diese Signale kündeten von vermeintlich guter alter Zeit. In der Tilgung solcher Inschriften erahnen wir die grobe Art, mit der auch unser eigenes Dasein eines Tages betrachtet werden wird: als eine mehr und mehr verblassende Spur auf bröckelndem Untergrund. Melancholie ist auch Anmaßung. Sie sucht nach ewig wetterfesten Schrift- und Bildzeichen, setzt sich gegen kritische Rückblicke zur Wehr: Wir haben eine schönere Vergangenheit verdient!

Diese schönere Vergangenheit, wenn ich an meine frühen Jahre denke, war Lohmen. Bei Fahrten zu Oma und Opa schien sie zurückzukehren. Die Stadt Forst gefiel mir nicht. Die Häuser standen zu eng aneinander, es gab keine Zwischenräume, alles war zu gedrängt, um Weite und Offenheit zu empfinden und Abenteuer zu erleben. Mein einziges Abenteuergelände war ein Keller, dort standen die Transportkisten vom Fischgeschäft nebenan, das Gefährliche bestand darin, dass man ungehört blieb, wenn man da unten rief oder schrie. Einmal wurde ich versehentlich eingeschlossen, ich pochte und lärmte, niemand reagierte, ich verbrachte Stunden da unten, hatte Angst – und genoss sie doch auch.

Der einzige Ausblick in Forst war für mich der vom Balkon daheim, aber den mochte ich nicht, ich hasste ihn sogar, ihn und den Sonnabend, denn auf dem Balkon standen die Schuhe, die ich am Wochenende putzen musste. Die Schuhe der Eltern und später auch die der Schwester. Sogar die Sohlen, die Kanten an den Absätzen hatte ich zu wienern. Mein Vater kontrollierte das. Wie später der Unteroffizier bei der NVA. Seitdem verfluche ich das Schuheputzen. Wo ich nur kann, vermeide ich es. Es war einer der schönsten Begleitumstände meiner Reportage-Fußwanderung durch den Osten Europas: Ich musste mir unterwegs nicht die Schuhe putzen. Gut, es gab in Forst auch ein paar Hinterhöfe zum Herumtreiben, interessant wurden die erst in der Dämmerung – da aber rief man mich gewöhnlich hoch in die Wohnung, ich wurde beizeiten ins Bett geschickt.

Später ging ich zur Volkshochschule, lernte Stenographie und Maschineschreiben. Viel lernte ich nicht, noch heute schreibe ich mit der Hand, besitze keinen Laptop – ich wollte einfach nur unter Leute. Ach ja, in Forst gab es einen Rosengarten, dort sollte es eine sensationelle Züchtung geben, eine schwarze Rose. Das interessierte mich, aber ich entdeckte sie nirgends – sooft ich auch diesen großen Rosengarten betrat. Sie blieb mir als Phantasiebild. Noch heute suche ich nach ihr, wo immer ich hinfahre.

(Lacht.) Andere haben die blaue Blume der Romantik vor Augen, ich die schwarze Rose aus Forst.

Was mir fehlte, war der Wald, waren die Fichten, die Pilze, die Kräuter. Durch meine Mutter bin ich zum lebenslangen Sammler von Kräutern aller Art geworden. In Forst gab es nur diesen schrecklichen Sand, der überall hineinzusickern schien; schon wenn ich an ihn dachte, knirschte es zwischen den Zähnen. Und überall nur Kiefern. Ich grub in der Sächsischen Schweiz kleine Fichten aus und nahm sie mit nach Forst. Ich wollte richtigen Wald schaffen. Aber der Sand ließ sich nicht die Befehlsgewalt darüber nehmen, was zu wachsen habe und was nicht.

Gab es zu Hause Gespräche über den Krieg?

Nur von Frankreich hat der Vater erzählt. Frankreich war – offenbar für viele Männer dieser Generation – so etwas wie eine Gelegenheit, den Krieg zwar nicht zu verschweigen, aber nicht jene Brutalität zu gestehen, an der man doch unausweichlich beteiligt war. Frankreich war der Krieg, aber gewissermaßen kredenzt mit Rotwein, flankiert von freundlichen, gewogenen Franzosen. Vater bekam Urlaub, die Hochzeitsfotos zeigen ihn in Uniform. Ich war ein speiendes Kleinstkind, mein Magen also wählerisch. Vater brachte aus Frankreich Südfrüchte mit oder schickte sie. Obst, das ich vertrug. Irrsinn: Der Krieg päppelte mich hoch.

Vier Brüder hatte der Vater – und eine Schwester, die soll eine Affäre gehabt haben mit einem sowjetischen Piloten, der auf dem Acker hinter unserem Garten gelandet war … Ich übertreibe jetzt, aber in diesen Kriegserinnerungen meines Vaters floss kein Blut, kein Schuldbekenntnis kam zutage, das Erzählen wies kaum Fragezeichen auf, die den Erzähler selber meinten. In einem Schuhkarton der Firma Salamander habe ich später Fotos gefunden. Louvre. Eiffelturm. Davor mein Vater, in heiterer Pose. In den Wochenschauen jener Jahre blickte der deutsche Soldat ja generell immer, als befände er sich auf Weltreise, als vernichte er heiteren Marschtritts nur Entfernungen, nicht den Frieden und damit Leben.

Auch auf den Gruppenfotos aus Frankreich standen mein Vater und seine Kameraden wie eine siegreiche Fußballmannschaft da. Man legte einander die Arme um die Schultern, und auf den Bildern vom Lazarett reckte man stolz und lachend seinen Gips oder den Krückstock in die Kamera. Eine hübsche Krankenschwester daneben. Dichtes welliges Haar hat mein Vater auf diesen Fotos. Nie sprach er über den Krieg gegen die Sowjetunion. Er war später nach Kiew verlegt worden mit seinem Regiment. Fotos aus dieser Zeit existierten nicht, und an der Ostfront verlor er sein welliges Haar. Er sah nach seiner Rückkehr aus wie ein Greis. Als ich die Frankreich-Fotos im Schuhkarton gefunden hatte, zeigte ich sie ihm. Er nahm sie und warf sie wortlos in den brennenden Kanonenofen. Ich habe meinen Vater als Kind auch nach der Sowjetunion gefragt. Er antwortete mir nicht. Später, als ich schon ein Pionier war, fragte ich noch zweimal. Er schrie mich an, ich erschrak und fragte nie mehr.

Aus seinem Schweigen über den sogenannten Russlandfeldzug schloss ich mehr und mehr, er habe etwas verbergen wollen. Es gab keinen Beleg, aber in mir wuchs ein ungutes, schuldhaftes Gefühl gegenüber der Sowjetunion. Als trüge ich an etwas mit, das doch mit mir gar nichts zu tun haben konnte. Für das, was war, haben Nachgeborene keine Verantwortung, aber was ihnen auferlegt bleibt, ist Zuständigkeit: anders zu handeln, anders zu leben, Besseres in die Spur zu bringen.

War er in Gefangenschaft?

Darüber weiß ich nichts, auch darüber hat er nie etwas erzählt. Kein Sterbenswörtlein. Sterbenswörtlein? Es wäre doch ein Lebenswörtlein gewesen, für uns beide, Vater und Sohn. Aber nichts.

Du warst später als Reporter in Wolgograd, dem ehemaligen Stalingrad.

Als ich unterm gigantischen Mahnmal der »Mutter Heimat« stand, wuchs jene Scham nach, die mit ungestellten Fragen an meinen Vater zu tun hatte: War er dabei, als Partisanen erschossen wurden? Tötete er selber? Über diese Scham gibt es eine Passage im Buch »Auf Hoffnungssuche an der Wolga«. *(Liest vor:)* »Ich liebe keine monumentale Kunst. Je näher wir dem Mamajhügel kommen, umso größer und unerreichbarer wächst diese

Mutterfigur vor mir auf. Ich schlucke, spreche kaum noch. Vor dem Mamajhügel kaufen wir Blumen. Blaue Herbstastern. Ich weiß nicht, wie viele Hunderte Treppen wir anschließend steigen. Rechts und links von uns in Stein gehauen Mütter, die ihre toten Kinder umklammern. Ich habe gelesen, dass jede Krume Erde dieses kilometerweiten Hügels mit Blut getränkt worden ist. Das Gras ist von der langen Trockenheit dieses Jahres braun. Keiner der vor uns Hinaufgehenden spricht … Ich steige die Treppe hinauf, die steinerne Frau ist immer noch hoch über mir. Grabplatten von Soldaten und Generälen rechts und links des Weges. Eine junge Frau kniet und betet, bevor sie ihre Blumen zu den übrigen legt. Ich halte den Asternstrauß so verkrampft in der Hand, als wolle ihn mir jemand entreißen.

Weshalb hat der Vater nie über diese Zeit gesprochen? 29 Jahre war er alt, als dieser Krieg mit einer Niederlage endete. Wie viel Schuld hätte er büßen müssen, seine eigene Schuld, die ihm niemand abnehmen konnte? Doch es gab eine andere, eine schnellere Möglichkeit, diese Schuld erlassen zu bekommen: Man musste sich bedingungslos dem Neuen zur Verfügung stellen, dem Land, in dem man sich schuldig gemacht hatte. Mein Vater wurde Mitglied der Partei und Funktionär … Und nie erlaubte er einen Zweifel am neuen System. Denn nur durch bedingungslose Hingabe, durch lautes, leidenschaftliches Agitieren, um andere, ›noch Gestrige‹ zu überreden, konnte man sich davor schützen, doch noch nach eigener Schuld in der Vergangenheit suchen zu müssen. Ich weiß nicht einmal, ob er bis Stalingrad gekommen ist … Ich halte die Blumen in der Hand, schaue hinunter zur Wolga, zur Stadt. Wie hinter einem weißen Schleier sehe ich das Feuer, den Rauch, die Leichen in den Erdwunden. Ich wische mir die Augen mit dem Hemdsärmel, und ich weiß nicht, ob ich nur um die Toten weine oder auch um die am Leben Gebliebenen, die nicht fähig waren, ihre eigene Schuld der Vergangenheit zu erkennen, und deshalb in neue Schuld verstrickt wurden. Als ich endlich die Blumen zu den anderen lege, sind ihre Köpfe welk und die Stiele wie von einer Presse gedrückt.« Das Buch habe ich meinem Vater ins Grab gelegt. Sand und Worte. Die Seiten, die ihn betrafen, hatte ich angestrichen. Ein Nach-Ruf. Er hatte das Buch gelesen, Mutter erzählte es mir, denn er selber hat mich nie darauf angesprochen. Er schwieg stets, beharrlich. Jedes erste Exemplar eines von mir geschriebenen Buches gab ich meinen Eltern.

»Mutter Heimat« – Menschen, die neben dem Denkmal auf dem Mamajhügel stehen, sind so groß wie der Zehennagel des steinernen Monuments.

Auf den letzten Stufen bin ich wirklich erschrocken – vor der Größe dieser Statue. Ich weiß noch, wie hilflos ich mich damals an meinem Blumenstrauß festgehalten habe. Ich dachte daran, wie ich als zwölfjähriger Pionier nach Hause kam, der Lehrer hatte den Unterricht nicht stattfinden lassen, weil Stalin gestorben war. Damals war mir nach Heulen zumute, aber ich musste das Weinen unterdrücken, nur Oma und Opa waren daheim, und sie waren schon zu alt, um das Alte so mir nichts, dir nichts zu vergessen und sich bedingungslos dem Neuen zuzuwenden. Da sie gegen die Kommunisten und gegen die Sowjetunion und natürlich auch gegen Vater Stalin waren, durfte ich mir meine Trauer auf keinen Fall anmerken lassen. Und weil ich um diesen Verlust nicht frei weinen durfte, schlich ich mich in den Stall, umarmte unsere alte treue Milchziege und heulte mich an ihrem Hals aus. Wir hatten zum Lobe Stalins Lieder gesungen in der Schule, er war der Vater Deutschlands, wir waren seine Kinder. Wir sagten: »Väterchen.« Da mir ohnehin die Vaterfigur fehlte, ließ ich mich gern von Stalin adoptieren. Ein unsterblicher Vater, das war doch wahrlich etwas Besonderes. Ich war gläubig. Erst bei der Arbeit in der Zeitung, viel später, bemerkte ich die Indoktrination.

Es gibt eine Reportage, da beschreibst du einen Morgen im Jahr 1984: In deinem Mietshaus in Meiningen wurden die Hausbriefkästen abmontiert. »Das freundliche Guten-Morgen-Sagen und Wie-geht-es-Fragen mit der Briefträgerin wurde eingespart. Die Postleute montierten für die dreißig Familien unserer Straße auf Betonsockeln eine Postzeitungsgroßverteilungsanlage. Aus der Blumenstraße 6a wurde die Nummer 157, Querstrich 25. Das bin ich.« Du sitzt frühmorgens am Schreibtisch, blickst auf die Anlage vor deinem Haus und denkst über die Leute nach, die dort ihre

Briefe und Zeitungen holen. Eine Stelle dieser Geschichte führt, so meine ich, zu jenem eben von dir beschriebenen Schamgefühl auf sowjetischem Boden. Liest du auch dies bitte vor?

»Die junge Mutter aus unserem rechten Nachbarhaus wohnt erst einige Wochen in dem zweistöckigen Mietshaus. Zuvor wohnte auch ein Ehepaar mit kleinem Kind in dieser Wohnung. Plumpsklo auf dem Flur. Nasse Wände. Kleine Fenster. Die Behörden hatten beim Einzug versprochen: Übergangswohnung – nur zwei Jahre. Es wurden fünf Jahre, bis die ferngeheizte Wohnung zur Verfügung stand. Die Mutter schließt das Postfach immer sehr schnell, kein Blick auf den Briefabsender. Sie rennt sofort zur Haustür, so als hörte sie, dass ihr Baby weint. Eine besorgte Mutter. Das Kind wird genug zum Anziehen haben und mehr als genug zum Essen. Einen mit Kordstoff überzogenen Exquisitkinderwagen, später Matchboxautos, T-34-Spielzeugpanzer. Wenn das Kind nachts weint, wird die junge Mutter ihm Fencheltee geben. Dreißig Gramm davon, steht im Handbuch für Säuglingspflege.

Ich muss an eine Mutter denken, die bei eisigem Wind, vor einem Denkmal stehend, ihr schreiendes Kind stillte. Das war 1972 im sowjetischen Obninsk. Am 9. Mai, dem Jahrestag des Sieges über die deutschen Faschisten. Schneesturm. Die Menschen froren trotz Mänteln und Pelzmützen. Tausende drängten, als wollten sie sich wärmen, um einen Granitstein, in dessen Mitte, aus einem roten Stern züngelnd, das ewige Feuer brannte. Den Kopf entblößend, sich tief verneigend, legten sie Buschwindröschen, Veilchen, Narzissen und Tulpen, die sie, in Zeitungspapier gewickelt, unter den Mänteln, sorgsam vor dem Frost geschützt hatten, auf den Stein. Als eine der Letzten kniete sich eine alte Frau vor den Granitsockel, Sie legte behutsam zwei blutrote Tulpen neben das Feuer. Dann faltete sie die Hände zum Gebet. Neben ihr wartete schweigend die junge Frau mit dem Säugling. Eine Viertelstunde verging und noch eine. Das Kind schrie. Die alte Frau kniete immer noch. Das Kind weinte. Mich fror, und ich wollte gehen. Doch ich stand bewegungslos. Als das Kind immer lauter schrie, stillte es die Mutter. Und es war wieder Ruhe in der Umgebung des ewigen Feuers. Nur der Schneesturm heulte. Die alte Frau, wie von der Lautlosigkeit erweckt, glättete die Blütenblätter noch einmal, wissend, dass sie in der nächsten Stunde erfroren sein würden. Dann küsste sie den Stein und richtete sich auf.« Ich weiß noch: Ich wollte ihr die Hand geben, etwas sagen. Aber ich stand nur hilflos, reglos da.

Der österreichische Essayist Franz Schuh schreibt von Menschen, die pflanzlich ins Leben wachsen. Es ist die Beschreibung jener Bewusstlosigkeit, deren Triebe in jede Form hinein gedeihen und die dann überall zurande kommen. Weil man – formlos, taub – keinen eigenen Kern ausbildet? Eine interessante Frage. Dein Vater hatte sich, als der Krieg zu Ende war, auch sofort den neuen Siegern verschrieben.

So, als sei das seine persönliche Form der, wie es offiziell hieß, bedingungslosen Kapitulation. Er wechselte die Bedingungslosigkeit der Weltsicht, er wurde bedingungslos, reibungslos – Kommunist. Ließ auch da wieder keine Fragen zu. Zeitenwechsel und Punkt. Nach dem Krieg war er kurze Zeit Bürgermeister im Ort. Er kam aus einer sozialdemokratischen Familie, trat dann sofort in die SED ein. Schuld und Sühne im Schnelldurchlauf. Rigoroser Austausch der Dienstherren, die Rigorosität des Dienens blieb. Systemtreue ist ein Anker, solange der Grund hält. Er studierte in Babelsberg an der Hochschule für Staat und Recht, wie gesagt, wurde er dann Kreisstaatsanwalt. Eines Tages wurde er abgesetzt. Die Partei überprüfte ihre Kader: Reinigung und Räumung. Sie hatten herausgefunden, Vater hatte während des Krieges Gefangenentransporte begleitet. Mehr wusste ich nicht, mehr erfuhr ich nicht. Nicht wo, nicht wie. Fortan arbeitete er als Justitiar in den Sprela-Werken Spremberg. Dort produzierten sie Innenausstattungen, zum Beispiel für Personenzüge.

Kannst du dich an den 17. Juni 1953 erinnern?

Sowjetische Panzer sah ich nicht, aber Autos mit Soldaten. Mutter stand am Küchenfenster und weinte. Der Vater war beim Studium. Mutter hatte Angst vor Pogromen und davor, dass ihm etwas passierte. Denn im Radio hatten sie von Panzern gesprochen, im Dorf klangen die Worte deutlicher und gnadenloser: Kommunisten an die Wand! Telefon gab es nicht, also blieb ihr nur zu weinen. Später kam ein Genosse und sagte ihr, alles sei in Ordnung, sie müsse sich keine Sorgen machen. Vater sei wohlbehalten, die Hochschule war nicht angetastet worden. Und außerdem: Die Sowjets hätten ja Waffen.

Stell dir vor, dieser Zufall! Als ich HDF, den »Ersten« von Bad Salzungen, ins Immelborner Hartmetallwerk begleitete, merkte ich, dass mich der Betriebsdirektor immer wieder verstohlen anblickte, ich war mit der Weile ganz verunsichert. Bis er mich ansprach: Scherzer? Moment mal, sei ich etwa der Landolf aus Lohmen? Ja. Jetzt erkannte auch ich ihn, im Dorf galt er als »missratener Sohn«, er lief von zu Hause weg, mit sechzehn, weil er nicht Krämer werden und mit den Eltern nicht länger sonntags in die Kirche gehen wollte. Es war jener Mann, der am 17. Juni 1953 in Forst meine weinende Mutter beruhigte. Er war es auch, der mich nach meinem schweren Sturz im Uttewalder Grund nach Haus trug. Irgendwann hatte es ihn nach Thüringen verschlagen. Und nun dieses seltsame Wiedersehen. Ein Kämpfer, sagte HDF später, also einer, der sich Beulen holt.

War deine Mutter in der SED?

Ja. Sie hat ihrem Mann alles nachgemacht. Sie hat motorisch auf ihn reagiert. Zudem war sie eine praktische Frau, sie hatte eine Familie durchzubringen, einzig darauf waren ihre Instinkte ausgerichtet, nicht auf Gesinnung. In Bezug auf die Familie prüfte sie alles – Umgebung, soziale Bindungen, politische Teilhabe – auf höchstmögliche Reibungslosigkeit. Und so ging sie also auch in die Partei. Irgendwann trat sie wieder aus. Ich glaube, es merkte niemand, auch Vater nicht. Sie wurde Mitglied, um ihre Unscheinbarkeit zu schützen, und als sie austrat, war es diese Unscheinbarkeit, die sie wahrscheinlich vor Nachfragen bewahrte. Meine Mutter besaß ein Gespür dafür, Bedingungen zu nutzen. Sie fragte nicht nach dem anderen möglichen Leben, sie fragte sich, wie sie der Realität gerecht werden konnte. Die Welt will ja immer, dass du ihr entsprechen sollst. Meine Mutter sah das ein und handelte danach.

Wann bist du in die Partei eingetreten?

Erst an der Uni. Es war kein Ereignis, das sich mir besonders einprägte. Als ich in Suhl war, sollte ich für die Zeitung Stellungnahmen junger Leute sammeln, die in die Partei wollten. Einer sagte nach mehreren Bieren: Ich gehe rein, um meine Ruhe zu haben. Ich war reingegangen, um nicht zur Ruhe zu kommen. Klingt wie eine Phrase. War aber keine. Noch mal zu meiner Mutter: Sie war eine spartanische, sparsame Frau, der Wischlappen wurde wieder und wieder benutzt, auch wenn er inzwischen roch. Mutter arbeitete eine Zeit lang bei der Post. Nach Feiern, am 1. Mai oder Weihnachten, kam sie mit mehreren Thermosflaschen nach Hause, darin die Reste von Kaffee und Kakao. Man kann schon sagen, die Mutter war sehr sparsam. Im Dorf musste ich um Buttermilch betteln, ich habe mich geschämt. Im Stall der Großeltern hatten wir zwei Milchziegen. Nicht weit entfernt von uns stand eine große Getreidemühle, nachts musste ich mit, um Mehl zu stehlen. Ich half, den Handwagen zu schieben.

Vater kam auch aus einer armen Familie. Wenn es bei ihm daheim Hering gab, musste er die Bauchlappen essen. Auch bei uns gab es manchmal Hering. Vater bekam das beste Rückenstück, Mutter kratzte den Kopf ab, und auf meinen Teller kamen die – Bauchlappen. Davor ekle ich mich heute noch. Wenn Gäste da waren, musste ich aus dem Keller Wein holen, eingeschärft wurde mir: Aber nimm den von vorn, nicht von hinten, wo die guten Flaschen stehen. Ich selber bin nicht so gestrickt, ich hole den guten, aber sie hat mich gelehrt, alles nur Verwertbare auch wirklich zu verwerten, aus Geringstem Gewinn zu machen – noch heute geht mir keine Kartoffel verloren, kein Stück Brot.

Ich werfe nichts weg. Nach dem Krieg, als es Zigaretten nur auf dem Schwarzmarkt gab, hat mein Vater in unserem kleinen Garten Tabak gepflanzt. Mutter hätte natürlich lieber Kohl und Salat angebaut. Die Tabakblätter schaffte er hoch auf den Boden, dort trockneten sie, und in der Küche, wo er sich sonst kaum zu einer Arbeit einfand, saß er später stundenlang und schnitt hauchdünne Tabakstreifen, gemischt mit Buchenblättern. Wenn dann die erste Zigarette feierlich angezündet wurde, lief er durch die Wohnung wie ein Kirchendiener, der bei der Messe die Weihrauchkugel schwingen darf. Auch Pfeife rauchte er. Dass ich von dem Zeug probierte, hatte ich längst vergessen, aber als ich auf dem Seeweg nach Labrador seekrank wurde, kam mir im wahrsten Sinn die Erinnerung hoch.

Du hast nie ausführlich über deinen Vater geschrieben.

Ich hätte im Grunde über einen Fremden schreiben müssen. Das widerstrebte mir. Wir sprachen nicht miteinander, wir kämpften. Aber aneinander vorbei. Jeder eingeschlossen in seine jeweilige Selbstbehauptung. Es gab Zeiten, da fühlte ich meinem Vater gegenüber sogar eine Vorstufe zum Hass. Er war mir zuwider. Es gab knappe, explosive Wortwechsel. Im Kanonenofen hatte er meine Papiere und Bilder verbrannt, und ich schleuderte ihm eines Tages hin, auch ich sei also Kanonenfutter für ihn gewesen, wie andere, damals im Krieg. Er reagierte mit keiner Silbe, mit keiner Regung. Ein sehr seltener Ausbruch von mir, denn es war schon zu der Zeit, da ich nicht mehr daheim wohnte, ich kam ab und zu besuchsweise, und wenn ich die Schwelle zu Hause übertrat, sagte ich mir: Für die wenigen Momente jetzt nimm Rücksicht, atme tief durch, bleib gelassen. Meistens gelang es. Nicht immer.

Daheim keine Gespräche über den Krieg … Als werde, wer fragt, zum Eindringling. Wie es der Reporter ja auch ist.

Es ist nur zu gerechtfertigt, dass die Kinder ihre Eltern befragen, aus Neugier, aus Selbstrechtfertigung, aus Interesse am Zusammenhang, in den man hineingeboren wurde und in dem man nun aufwächst. Zugleich hat dieses Fragen etwas Zerstörerisches. So empfand ich das auch gegenüber meinem Vater. Und habe zu wenig gefragt.

Das Grundrecht auf Erkundigung missachtet das Grundrecht auf Vergessen, Verschweigen, Verdrängen.

Beide Grundrechte kommen nie zur Übereinstimmung, deshalb wird es im Verhältnis der Generationen stets diesen Konflikt geben: zu früh gefragt, zu spät gefragt, zu viel gefragt, zu rücksichtslos gefragt, zu falsch gefragt, überhaupt nicht gefragt. Und also wird vielleicht mehr Unausgesprochenes, Ungesagtes weitergegeben, als dem Miteinander guttut. Du kannst noch so leise, noch so feinfühlig fragen, du musst dir klar darüber sein: Du bohrst. Du kannst niemals ganz den Eindruck einer gewissen Ungehörigkeit vermeiden. Und nie wirst du ganz verstehen, in was du dich da einmischst. Unsere Generation hat es nicht vermocht, die Väter zu öffnen.

Die Generation oder nur du?

Ja, ich will nicht verallgemeinern. Der Schlüssel für Gespräche bist immer du selbst, nicht der andere. Schließ dich auf, und der andere öffnet sich. Wir haben darüber gesprochen.

Die Reportererfahrung.

Sie funktioniert bei den Eltern nicht. Du hast keinen Schlüssel. Dass du dich öffnest, ist keine Methode, denn sie wissen ja alles über dich. Oder denken es zumindest.

Wie hatte dein Vater nach 1989 auf den erneuten deutschen Zeitenwechsel reagiert?

Auf die BRD sah er mit stiller Ablehnung.

Und die Mutter?

Ein Leben lang war sie Dienerin, nach dem Tod ihres Mannes hat sie sich selbst und die nähere Welt noch einmal ganz neu entdeckt. Ging in Konzerte, war in der Volkssolidarität aktiv. Gegen den Tod hat sie sich dann eigentlich gar nicht so sehr gewehrt, es war ja ein Aufatmen durch ihr spätes Leben gegangen. Das gab ihr Gelassenheit: Alles hat seine Zeit. Unsere Mutter ist selbstbestimmt eingeschlafen, im Heim, in Cunewalde bei Bautzen. Meine Schwester und ich saßen Stunden zuvor noch an ihrem Bett. Benetzten ihre Lippen mit ein paar Tropfen Sekt.

Einen seltsamen Vornamen trägst du. Purer Zeitgeist der deutschen vierziger?

Mein Name kam mir manchmal wie eine Strafe vor, Mitschüler riefen: Randolf, Adolf! Es war an meinem 14. Geburtstag, ich fragte meine Mutter, wieso ich diesen Namen bekommen hatte. Sie antwortete ausweichend mit einer Gegenfrage: ob ich Quarktorte oder lieber gedeckten Apfelkuchen essen wolle. Adolf, Randolf, Landolf, das waren Namen, die Eltern während des Krieges stolz und deutschbewusst für ihre Söhne eintragen ließen. Es gab einen Mann im Dorf, der besaß ein Motorrad, und später erfuhr ich, dass er mich als Kleinkind allen Ernstes überfahren wollte – er hieß nämlich ebenfalls Landolf und wollte unbedingt der Einzige sein, der im Ort diesen Namen trägt.

Mit sechzehn wurde ich Mitglied der Sektion Fußball von »Fortschritt Forst«. Eine Sekretärin des Vereins stellte das Mitgliedsbuch aus. Sie stutzte bei meinem Vornamen und meinem Geburtsdatum im April. Genau eine Woche nach mir habe der Führer Geburtstag. Offenbar fiel ihr sofort auf, dass sie etwas Merkwürdiges gesagt hatte. Ich möge entschuldigen, fügte sie beflissen hinzu, sie habe sich das nur deshalb so genau gemerkt, weil es in ihrer Kindheit zum Führergeburtstag in der Schule Kakao und helle Milchbrötchen gab. Dass diese Frau noch 1957 vom »Führer« sprach, hat mich beschäftigt. Erfahrungswelten verabschieden sich nur langsam aus unserem Gemütshaushalt. Politische Abrissexperten scheitern bei ihren Bewusstseineingriffen immer wieder – und das zu allen Zeiten – an diesem Verzögerungseffekt. Auch meine Mutter habe ich nach Führergeburtstag, Kakao und Milchbrötchen gefragt. Sie bestätigte das und sagte, als wolle sie sich entschuldigen: »Du solltest eigentlich im Mai geboren werden, du warst ein Achtmonatskind.«

Hast du deine Eltern je lesend gesehen?

Ja. Vater las nach jedem Plenum die roten Parteibroschüren. *(Lacht.)* Traurig, was? Bei Opa stand die Bibel, und ich kann mich an ein Aufklärungsbuch aus der Nazizeit erinnern, in dem nackte deutsche Frauen wie griechische Statuen posierten. Das lag bei Vater im Schrank. Viele Bücher oder gar ein Klavier, das gab es bei uns daheim nicht. Vater und Mutter waren beide im Volkschor von Lohmen, auch die Brüder meines Vaters sangen mit. Nach den Proben des Chores ging Vater meist mit den Sangesbrüdern und -schwestern, also auch mit meiner Mutter, in die Kneipe. Mutter guckte irgendwann auf die Uhr und sagte nur: Walter, *wir* haben jetzt keinen Durst mehr! *Wir!* Sie wusste genau, wie sie ihn nehmen musste, um ihn folgsam zu halten.

Kannst du ein Instrument spielen?

Leider nein. Musiker zu sein, das stellte ich mir wunderbar vor. Ich glaube, es wäre mir egal gewesen, ob ich im Konzertsaal oder nur beim Volksfest zum Tanz aufgespielt hätte.

Der Reporter ist, obwohl er sich ins Leben wühlt, ein einsamer Abenteurer. Warst du in deiner Jugend ein Gruppenmensch?

Bin ich nie gewesen, das reduziert automatisch den Freundeskreis, und das blieb so, ein Leben lang. In der Kindheit spielten wir vor einer großen Scheune Fußball; wenn die Mannschaften gewählt wurden, blieb ich immer übrig. Es war mir peinlich, aber ich war nicht unbedingt ein sportlicher Typ. Ein Freund war einer der besten Torwarte des Bezirkes, ich trainierte ihn im Wald, der Platz zwischen zwei Bäumen war das Tor. Selber gespielt habe ich nur kurz. Ein guter Torschütze war ich nicht, aber schnell war ich und ein ausdauernder Läufer. Immer der gute linke Läufer, aber ohne jeden Torerfolg. Ja, als Junge bin ich von anderen verdroschen worden. Die Sehnsucht, in eine Bande hineinzukommen, blieb unerfüllt: zu wenig Kraft, zu gering meine Robustheit. Mein Durchsetzungsvermögen genügte nicht. Ich war der, den man mitschleppte. Bücher waren meine Rettung: Es gab noch eine Welt woanders. Wenn ich später als Journalist nach Osteuropa kam, spürte ich sofort, wie da etwas übersprang. Ich fühlte mich sofort angenommen. Minderwertigkeitsgefühle schwanden. Und plötzlich hatte ich auch Lust auf Kraft und Willen. Ich war Gast, und ich habe das genossen. Gast war ich, und das durfte man hochrechnen auf Freundschaft. Ich fühlte mich im Slawischen wohl.

Sag, was ist das für dich: slawisch?

Das heiter und schwermütig Trunkene. Aber auch das Düstere, das Undurchsichtige – schrill, hilflos, aufgeheizt, nachdenklich. Gemeinsamer Schweiß, gemeinsame Klage, gemeinsames Dröhnen und Stöhnen, gemeinsamer Knock-out.

Mit Freude die Elemente mischen? Das Hoffen und das Verzweifeln, den Egoismus und den Gemeinsinn, die Liebe und den Hass, den schönen Traum und das böse Erwachen, das Geld, das fehlt, und die Geltung, die man sich nicht borgen muss. Vor allem: die Philosophie und den Klamauk, den Seelengrund und die Luftblase. Den Gedanken und das Geistlose.

Bis zum Exzess, auch bis zur totalen Behäbigkeit. Ja! Aber man muss vorsichtig bleiben mit den Klischees. Im ukrainischen Uljanowna war ich auf dem Weg zum Busbahnhof. Ein alter und ein junger Redakteur der örtlichen Zeitung begleiteten mich. An einer geduldig wartenden Schlange vor dem erbärmlichen Lebensmittelladen vorbeigehend, sagte der alte Redakteur, wenn das russische Volk nicht mehr dulden könnte, wenn man ihm also die Leiden nähme, verlöre es seinen guten Charakter. Wenn man ihm das Böse nähme, nähme man ihm die Kraft zur Güte. All das, was Russland für den Fremden aus dem Westen so anziehend mache – große Seele, Gastfreundschaft, Hilfsbereitschaft –, all das würde das russische Volk verlieren, wenn es nicht mehr leidet. Gennadi, der junge Redakteur, hörte zu, sah den Alten an, im Verständnis lauerte eine Warnung, das spürte ich, und dann erwiderte er einfach nur, und die Sachlichkeit knallte doch wie ein Schuss: Die heutigen Jungen wollen nicht mehr leiden, sie wollen leben, verstehst du – leben.

Ja, das ist der Osten … wo nicht im Entferntesten etwas an Rettung denken lässt – aber doch alles so lebendig bleibt. Und die Poesie glänzt unsichtbar am Grund der Wodkagläser.

Diesen Grund galt es immer wieder freizulegen. *(Lacht.)* Natürlich weiß ich, dass ich jetzt idealisiere, aber Empfindungen und Erinnerungen führen ein Eigenleben, das seine eigene Wahrheit behauptet. Noch vor Jahren hätte ich meine Liebe zum Slawischen allerdings in noch größerem Maße gesellschaftlich begründet: der sowjetische Mensch im Aufwärts, auch wenn dort einige Leute besoffen in die Gosse stürzten; der sowjetische Mensch in erlebenswerter Produktivität, auch wenn einige Leute die Arbeit lieber mieden. Heute sehe ich vieles dort als Ausdruck unserer generellen Wesensart. Wir fristen unser Leben als Anfechtbare, sosehr wir auch Etikette anlegen.

Warst du ein guter Schüler?

Für die naturwissenschaftlichen, überhaupt für die Wissensfächer mangelte es mir an Lernwillen und Begriffsfähigkeit. Formeln wurden mir ein Graus, ich tastete mich durch Naturwissenschaften wie ein Blinder. Ich sah nur hoch bei Fächern, in denen mir die Pflicht zu Fakt und Beweis und Gesetz erlassen war. Deutsch etwa. Einem Mitschüler hab ich Butterbrote in die Schule mitgebracht, einem kräftigen Kerl, der schützte mich vor Prügeleien. Aus Dankbarkeit schrieb ich ihm die Aufsätze. Nach den letzten Prüfungen beim Abitur schworen einige Mitschüler und ich: Nie wieder nehmen wir ein Buch mit chemischen und mathematischen Formeln in die Hand! Wir verbrannten die Fachbücher. Ein Freudenfeuer. Jeder gab einen Tropfen Blut. Es hatte etwas Unheimliches.

Einer von uns wurde Bibliothekar, ein anderer Kulturhausleiter, der dritte Deutschlehrer, naja, und ich ... Gute Aufsätze habe ich geschrieben. Inhalt: gut – aber in Rechtschreibung bekam ich oft eine schlechte Note. *(Lacht.)* Ehrlich gesagt, ich bin ein Autor geworden, der seine Lektoren zu beschäftigen weiß.

Sehr pathetisch ausgedrückt von dir: »Beizeiten fühlte ich so etwas wie die Macht der Worte.«

Habe ich das gesagt? Ja! Bei Geburtstagen in der Familie trug ich eigene Gedichte vor, und beim Blick in die Gesichter fühlte ich einen Respekt, der in wohltuendem Gegensatz zu den erzieherischen Zurechtweisungen stand, denen ich sonst ausgesetzt war. Es schien, die Familie stutzte für einen Moment; sie begegnete plötzlich einer Ausdrucksart, die sie von mir nicht kannte und die sie hemmte. Staunte man über mich? Nahm man mich unerwartet ernst? Schön. Aber ich will das im Nachhinein nicht überbewerten ...

Wenn ich dich über deine Eltern erzählen höre, denke ich: Die Zeit hat es mit dieser Generation nicht gut gemeint. Gemeinsames Leben, das war vor allem Trotz gegen die Verhältnisse, weniger Lust, sich in ihnen auszuleben.

Vielleicht übertreibe ich das jetzt, aber wenn ich an meine Eltern denke, fühle ich auch ein bisschen Trauer, du hast recht: He, was Menschen in Zeiten, die unbedingt groß sein wollen, alles so abgefordert werden kann! Ohne dass sie die Chance haben, Weichen selber umzulegen, für die ganz andere, schönere Richtung, die so ein kleines, so ein elend und gnadenlos befristetes Leben nehmen könnte. Nie gab es miteinander eine Öffnung fürs innerste Empfinden. Immer dieser stille Befehl, bitte nicht nachzufragen.

Ich muss mich wiederholen: Große Locksignale kommen aus meiner Kindheit nicht. Es wurde beim Zusammensein getrunken und gesungen, natürlich, aber Gespräche sind mir nicht in Erinnerung. Die einzige Funktion meines Vaters in der Küche bestand darin, dass er, etwa nach Familienfeiern oder nach dem Sonntagsessen, die abgewaschenen Gläser polieren durfte. Mehr ließ Mutters Regime nicht zu. Er gehorchte schweigend. Selber gekocht und gebacken hat er nie. Im Gegensatz zu mir: Ich habe das immer schon gern getan.

War es Liebe zwischen den Eltern?

Nach dem Krieg trennten sie sich. Nachdem er bei uns ausgezogen war, arbeitete er im nahe gelegenen Nahrungs- und Genussmittelwerk. Jeden Mittag zog ich mit einem Essenstöpfchen in den Betrieb. Mutter schickte mich, sie versorgte ihn – trotz alledem. Diese Fürsorge rührte ihn, er kehrte zur Familie zurück. Ich war sozusagen der Versöhnungsbote.

Wie war das Ambiente daheim?

Bürgerlich und doch ärmlich, das ging zusammen. Wir waren recht wohnlich eingerichtet. Mit Sofa sogar in der Küche, ja, weil die Küche ein wichtiger Lebensraum war. Auch sonntags aßen wir in der Küche. Aber wir hatten auch eine sogenannte gute Stube. Opa, der Steuerhelfer, hatte seinen kleinen Büroraum. Es war kalt, denn geheizt wurde fast nie, außer bei Geburtstagen. Die Wohnung war eng. In der Waschküche unten, ein kalter Raum mit dicken Mauern, da wurde Wäsche gekocht, aber auch Zuckerrübensaft. Wohl fühlte ich mich in den Kellerräumen, wo die Igel ihren Winterschlaf abhielten. Ein eigenes Zimmer besaß ich nicht. Wir mussten uns miteinander arrangieren. Manchmal, wenn Mutter am Sonnabend als Letzte in der Wohnstube in der Zinkwanne badete (als Erster Vater, als Zweiter ich, all im selben Wasser), musste ich unters Sofa kriechen. Vorn hing die Sofadecke herab. Ich schnitt winzige Gucklöcher in die Decke.

In der Küche stand eine Flasche. Der Schnapsvorrat meiner Mutter. Manchmal nahm ich ein winziges Schlückchen. Am Etikett war ein Strich, wie viel noch drin war. Ich habe immer Wasser nachgeschüttet. Einmal bekam ich Dresche, ich war aufgeflogen: zu viel Wasser im Schnaps. Mutter galt als »Waldhexe«, der Begriff war lieb gemeint. Sie sammelte Himbeeren, Pilze, Kräuter, Huflattich. Ich erinnere mich an wunderbare Holunderbeersuppe und dass mein erster Berufswunsch Naturheilkundler war. Das gab es in der DDR aber nicht. Noch heute koche ich leidenschaftlich Marmelade, um Leuten eine Freude zu machen. So ein Glas Marmelade verführt zur Zufriedenheit: Schweig und staune!

Und iss!

Ja, klar, das Wichtigste.

Wenn er die Natur nutzt, geht mitunter etwas ungemein Friedliches vom Menschen aus.

He, Scherzer, sag ich mir da immer: Du bist als gärtnernder Mensch anerkannt in der Reihenfolge der Dinge: Säen, Wachsen, Ernten. Und Verschenken! Etwa auch den guten Zwölf-Kräuter-Tee von der Wiese. Die Wildnis hab ich immer gemocht, aber ebenso das mild gezähmte Leben der Gärten, in denen es nützlich und nahrhaft zugeht.

Noch beim Hotelfrühstück – ich hab's erlebt – holst du aus dem Auto eigene Tomaten, Schafskäse und Brot.

Ich bin auf Selbstversorgung eingestellt. Die Naturalie ist mir sozusagen die liebste Währung. Meine kleine Unabhängigkeit. Bei mir riecht die Freiheit nach selbst gezogenen Zwiebeln.

Genuss, der nicht viel kostet.

Geld interessiert im Grunde doch nur bei zwei Gelegenheiten: Gier oder Not. Ich war nie gierig und nie in Nöten.

Der Großvater ein Steuerprüfer, das lässt auf einen peniblen Menschen schließen.

Großvater fuhr mit einem Sachs-Moped übers Land, Steuern eintreiben und bei den Bauern den Ablieferungssoll kontrollieren. Er hatte gute Beziehungen zu den Leuten, Bestechung war Notwehr, das Geben wie das Nehmen. Er hat uns sogar eine Weihnachtsgans besorgt. Eine Rarität, die man als Geheimnis hüten musste. Ich sorgte für Ärger, indem ich dieses Geheimnis auf eine Art hütete, die es sofort verriet. Ich erzählte nämlich überall stolz, Opa habe einen Adler überfahren. Einen Adler zu Weihnachten! Man will besonders schlau sein und ist besonders blöd.

Jeden Nachmittag hat Opa Heinrich eine Büropause eingelegt, er machte sich einen Kaffee. Zwei, drei Jahre nach dem Krieg war das, den Kaffee bekam er vom Bauern, heimlich, der Handel war verboten. Zwei Sorten bekam er jedes Mal. Er saß, die Handmühle zwischen den Schenkeln. Und bevor er zu mahlen begann, hat er in aller Ruhe konzentriert die Bohnen der beiden Sorten abgezählt, haargenau, sechsunddreißig Bohnen der einen, siebenunddreißig Bohnen der anderen Sorte. Der kaffeezubereitende Steuerprüfer. Da wurde nicht Kaffee gemacht, da wurde eine Messe gelesen. Oma Liesel hat in der Küche dazu gesungen, »Wenn bei Capri die rote Sonne …«. Eines der ersten Lieder nach dem Krieg. Schlager waren die Tankstelle für wunde, ausgelaugte Seelen. Am Kaffeetrinken des Großvaters war keiner beteiligt, den Genuss teilte er mit niemandem. Als ich in die Schule kam, sorgte er dafür, dass ich eine respektable Schultüte mit Süßigkeiten kriegte. Der Status des Steuerhelfers kitzelte seinen Ehrgeiz, mich als etwas Besseres zu präsentieren.

Unterschieden sich Eltern- und Großelternliebe?

Jeder in der Familie hatte mit sich zu tun, die Alten wie die Jungen. Die Eltern lebten ihr Leben, Oma und Opa auch, man begegnete einander im Anteil an den Pflichten. Man war füreinander da, aber ohne jeden Überschwang. Liebe war ein Tätigkeitswort, das nicht die Feier meinte, sondern das Wischen und Nähen und Kochen und Bügeln. Opa war präsent als gewichtiger Steuerprüfer, na ja, und die Oma Liesel war eben Oma Liesel. Mehr nicht. Punkt. Verwöhnen war nicht angesagt, und was man nicht kannte, das vermisste man nicht.

Deine Mutter hat dir Regeln mit auf den Weg gegeben?

Welche Mutter nicht … Vor allem eine Prophezeiung: Du wirst nie ein feiner Mann. Ein Spruch von ihr: Junge, man kann im Leben nicht alles haben. Also sag ich mir, noch heute: Bodenständig ist besser als unanständig. *(Lacht.)*

War deine Kindheit eine Kindheit mit Kino?

Es gab Lichtspiele im Ort, aber ich war selten dort, auch wegen des Geldes, obwohl die Eintrittskarten billig waren. Lesen war mir wichtiger. Erst später, in Forst, ging ich ins Kino. Vor meinen Augen noch der bunte Kitsch der »Blume von Hawaii«, aber Mann!, ein Film aus dem Westen! Und tief ergreifend, später: Tatjana Samoilowa im sowjetischen Drama »Die Kraniche ziehen«.

Was hast du gelesen?

Als Junge Arkadi Gaidars »Timur und sein Trupp«, Anna Jürgens »Blauvogel – Wahlsohn der Irokesen«. Viel später natürlich Schukschin. Dann Tretjakow, Aitmatow. Auch Katajews »Es blinkt ein einsam Segel«, Bücher von Granin und Rasputin und Scholochow. Ich glaube, der zweite Band von dessen »Stillem Don« war es, den mir der Deutschlehrer zunächst vorenthalten wollte, wegen der erotischen Abenteuer der Aksinja. Also wegen der genauen Situationsbeschreibung, nicht wegen der Tatsache, dass es Aksinja mit dem Schwiegervater auf der Tenne trieb, während ihr Mann an der Front im Schützengraben lag.

Ich seh schon, die sowjetischen Autoren!

Unbedingt, aber nicht nur. Auch Zola las ich, etwa »Germinal«. Du riechst die Kohle. Alles so nah und bedrückend. Die Fron drückt dir auf die Lunge. Zwei Werke vor allem griffen meinem Leben sozusagen mächtig unter die Arme, klopften mir sozusagen auf die hängenden Schultern. Einmal: »Romeo und Julia«, das war die große literarische Geschichte meines frühen Lebens. Romeo und Julia: die beiden bei Shakespeare, die beiden bei Gottfried Keller, auf dem Dorfe, und in der Finsternis, von Jan Otčenášek. Eine Geschichte über das Höchste: aus Liebe sterben zu können, wenn man Liebe nicht wirklich leben darf. Bei dieser Tragödie merkte ich, wie Literatur auf mich wirkte. Als es mit einer Freundin ans Ende kam, wollte ich mich, Fahrrad fahrend, vor den Bus stürzen, mit dem sie täglich zur Schule fuhr. Allerdings: Der Bus überholte mich, ich ließ es zu und fiel erst vom Rad, als er längst vorbeigefahren war. Sie hat es nicht mal gesehen. Zum Glück. *(Lacht.)* Aber über meine unglückliche Liebe schrieb ich ein Tagebuch. Das typische Schülertagebuch. Ich hab es dem Mädchen zum Abschied geschenkt. Es muss sie gerührt haben, denn sie kehrte zu mir zurück, beugte sich noch einmal meiner Zuneigung. Leider nur für zwei oder drei Wochen. Da hatte ich eine erste starke Lektion über die schöne Wirkung von Literatur bekommen. Aber eben auch eine Lektion in Ernüchterung: Die Wirkung von Literatur, wir wissen es alle, reicht meistens nur für kurze Zeit.

Das zweite Buch, viel später dann: der Roman »Wie die Macht schmeckt« von Ladislav Mňačko, den ich regelrecht verschlang. Der slowakische Schriftsteller, der nach Israel auswanderte, beschreibt die Wandlung eines Kommunisten, eines Revolutionärs zum Karrierepolitiker: Die Macht schmeckt zuerst süß, dann bitter und schließlich wie Gift. Das Buch packte mich in meiner frühen Journalistikzeit, ich hielt es für wichtig, ich gab dieses Westgeschenk weiter, leider dem Falschen, wie ich später in meiner Stasiakte lesen konnte.

Macht ist ein verführerisches Ding.

Ich bin ein Genießer kräftiger Speisen, aber ich wollte nie wissen, wie Macht schmeckt. Wie jeder Mensch frage ich mich allerdings, wie anfällig ich wäre, hätte ich die entsprechenden Gelegenheiten gehabt. Konsequenz ist manchmal einfach nur Vorsicht. Oder Glück.

1958 hast du, als siebzehnjähriger Oberschüler in Abiturnähe, einen Hausaufsatz geschrieben.

Ach … ein Text, mit dem ich mich dann als Volontär bewarb. Ich erinnere mich vage.

Du erzählst, wie ein Westdeutscher sich an die Zeit von Hitlers Machtergreifung erinnert. Tragisch die Liebesgeschichte damals mit dem jüdischen Mädchen Hanka. Porträt einer deutschen Familie, in der alles vorkommt, was im Leben vorkommt: Mut, Feigheit, Anpassung sowie der Satz, der durch alle Zeiten geht: »Junge, was soll denn das, wenn ihr euch auflehnt, die Obrigkeit muss es geben, sie hat es immer gegeben, und außerdem geht es uns doch ganz gut.« Dann der Schrei, angesichts von Schlägen, KZ und Tod: »Ihr wart taub, wie so viele!« Und der Schluss der Erzählung, er spielt 1962 – sehr belehrend von dir, als seist du schon durch alle politischen Schulen der DDR gegangen: »Immer noch kommt Rudolf spätabends von Gewerkschaftsversammlungen nach Hause. Wenn er manchmal vor Hankas Bild steht, flüstert er vor sich hin: Dein Traum wird in Erfüllung gehen, auch wenn Faschisten schon wieder wagen, ›Juden raus!‹ an die Synagoge zu schmieren. Dein Traum … Und dann leuchten seine Augen wie sehr viel früher, leidenschaftlich und voll Zuversicht.«

He, Scherzer, ganz schön klassenbewusst. Politisch frühreif. *(Lacht.)* Der Text war ungelenk, grob. Ich, ein Dorfjunge, bei der Hausaufgabe im Fach Gesellschaftsfähigkeit! Ist lange, lange her. Aber immerhin kann ich sagen, dass ich das nicht aus Berechnung geschrieben habe, sondern mit einem Gefühl, das echt war.

Verordneter Antifaschismus?

Von mir aus, aber durchaus auch selbstverordnet. Nichts, was ich bereuen müsste.

Ich habe gelesen, dass du als junger »Volkskorrespondent« aus dem Spreewald berichtet hast, von Schweinefütterung und Volksfesten. Du wolltest Journalist werden, Naturheilkundler ging ja nicht.

Als ich mich an der Fakultät für Journalistik bewarb, wurde ich abgelehnt: Ich solle erst ein Jahr aufs Feld oder in den Stall gehen, es war die Zeit einer Kampagne: Arbeiter in die Landwirtschaft! Eine einzige Möglichkeit gab es, trotzdem die Garantie zum Studium zu bekommen: Armee! Der Dienst in der NVA war damals noch freiwillig, ich willigte ein. Politisch interessiert war ich dort nicht. Man war froh, wenn man durch den Schlamm gerutscht war, seine Waffe geputzt hatte und aufs Bett fallen durfte. Langeweile hieß die Rettung: nichts im Kopf haben, in den Gedanken nichts drehen und wälzen müssen. Ich hatte Glück, denn eingezogen wurde ich zu einer Zeit, als die DDR großen Ehrgeiz darauf verwandte, auf allen möglichen und unmöglichen Gebieten störfrei zu werden. Es gab bei der Armee den K 30, ein kleines Auto, in das Ventilfedern aus dem Westen eingebaut waren. Wir testeten einheimisch produzierte Federn. Ich fuhr diesen K 30 ein halbes Jahr als Testwagen, zwischen Cottbus und Dresden, von einer Kaserne zur nächsten. In den Werkstätten wurde dann nachgemessen, wie die DDR-Ventile beim praktischen Verschleiß funktionierten.

Welches Verhältnis hast du generell zu Uniformen?

Die Freundin, deretwegen ich mich als Junge vor den Bus werfen wollte, entschied sich für einen, der bei der Armee war, ein Offiziersanwärter wohl. Von da an war meine Beziehung zu Uniformen und speziell zu Offizieren geklärt. *(Lacht.)* Es existieren nur wenige Fotos von mir als Soldat. Eines davon stammt aus der Zeit meiner Testfahrten. Die nutzte ich für kurze heimliche Abstecher nach Hause, ich hatte Uniform an, fuhr das Auto in unseren großen Hofdurchgang, damit mich niemand sah – und ließ mich fotografieren: hochgekrempelte Jacke, ordentlich Muskeln, kurze Haare, noch dazu die Knarre. Das pure jugendliche Protzgehabe.

Aber was die Armee betrifft: Immer zuckte ich zusammen, wenn jemand mir etwas befahl. Helm ertrage ich ebenfalls nicht, auch beim Fahrradfahren nicht. Schon eine eng anliegende Mütze peinigt mich. Ich bekomme sofort Kopfschmerzen, fühle mich eingepresst. Das ist die Folge der Stahlhelm-Erfahrung: Grundausbildung in Marienberg im Erzgebirge. Ich litt darunter, Ordnung halten zu müssen. Schon meine Mutter hatte mich mit Ordnungsregeln traktiert; sie schaffte es nicht, mich zu disziplinieren. Auch der Armee – ich war Schütze im motorisierten Schützenregiment – ist es nicht gelungen. Trotz dieser quälenden Stubenkontrollen, die mir regelmäßig Ausgangssperre einbrachten. Bei Ausgang wurden die Kragenbinden überprüft, wir mussten sie selber waschen, und sie hatten sozusagen blütenweiß zu sein. War meine nie. Also wurde ich, falls ich mal Ausgang hatte, wieder zurückgeschickt. Na und? Blieb ich eben in der Kaserne.

Dein Dienstgrad?

Unterleutnant der Reserve.

Wie hast du den 13. August 1961 erlebt?

Im September wäre mein Wehrdienst zu Ende gewesen, aber die zum Studium Immatrikulierten wurden bereits drei Monate vorher entlassen. So kam ich drum herum, den Bau der Mauer in Uniform zu erleben. Ich empfand sie damals übrigens nicht als Erschütterung, denn mein Leben war gerade in ein neues Abenteuer übergegangen. He, Scherzer, Volontariat in einer Zeitung als Einstieg ins Studium! Toll! Aufgeregt war ich, fühlte mich gut, das rückt sogar weltpolitische Dinge, die dich – zunächst – nicht direkt betreffen, in die Ferne. Es war wohl der 14. August, da hielt vor meiner Wohnung in Cottbus ein Wolga. Noch nie zuvor hatte ich in so einem Schiff gesessen. Der Abteilungsleiter »Parteileben« hatte den Wagen geschickt. Ich sollte bei der »Lausitzer Rundschau« Jugendredakteur werden, und der war diesem Ressort zugeordnet. Mit zwei anderen Jungredakteuren wurde ich in die Redaktion gefahren. Offensichtlich fürchtete der Abteilungsleiter unsere Undiszipliniertheit, also unbequeme Fragen in größerer Redaktionsrunde, und so erklärte er uns im kleinen Kreis und höchstpersönlich, warum in Berlin Steine hochgezogen wurden. Er erläuterte uns die kritische ökonomische Situation und den Plan des Westens, die DDR auszubluten. Das überzeugte uns kaum, aber die Abholaktion mit dem Wolga wirkte, wir fühlten uns unmittelbar einbezogen und für Momente herausgehoben und wichtig. Dieser Abteilungsleiter sagte mir übrigens später: Landolf, entweder du gehst als Journalist absolut krachen oder deinen sehr eigenen Weg.

Bestimmt wolltest du, wie die meisten junge Leute, Sportreporter werden.

Na klar!

Der Traum von den Westreisen!

Die Reisegründe kamen erst später dazu, beim »Freien Wort« in Suhl – als ich dort erfuhr, wohin überall die Sportleute fahren durften. Vorher war es der Sport selber, der mich anzog. Kraft, Wettbewerb, freies Spiel der Starken und Durchtrainierten. Natürlich auch dieser angenehme Abstand zur schwitzenden Agitation, man war weit näher dran an dem, was Leser wirklich interessierte.

Es ging beim Sport um nichts, aber doch um alles.

Es ging um alles, aber doch um nichts. Die Nerven blieben locker, Sportreporter hatten einen gelösteren Gesichtsausdruck als die ideologischen Kämpfer.

Landolf, Sprung nach vorn. Nach dem Buch »Der Erste« vergingen vier Jahre bis zur nächsten Langzeitbeobachtung eines Politikers. Bad Salzungen war inzwischen Westen, da hast du eines Tages im Büro des dortigen CDU-Landrates angerufen, um auch ihn eine Weile bei seiner Arbeit zu begleiten. Fortsetzung des »Ersten« mit den gleichen Mitteln.

Nur mit anderen Leuten. Die Bürostimme am Telefon fragte, ob ich dieses Buch »Der Erste« geschrieben hätte, und als ich das bejahte, hörte ich den sofortigen Bescheid: »Unser Herr Landrat ist an einer Zusammenarbeit nicht interessiert.« Der Mann an der Leitung hieß Klaus Urban. Ich fragte zurück: Jener Herr Urban, der zu DDR-Zeiten erster Kreissekretär der CDU war? Ja, bestätigte er leise, und ich erinnerte mich an den »Ersten«, der mal gesagt hatte: Wenn er mit allen SED-Genossen so gut ausgekommen wäre und alle so verantwortungsbewusst gearbeitet hätten wie dieser Klaus Urban von der Blockpartei, dann wäre es um den Sozialismus im Lande weit besser bestellt. Später würde mir Urban sagen, er habe immer gewusst, was ihn von Fritschler trennte: Einzig der Glaube, mehr nicht. Es herrschten klare Fronten. Was wisse er heute, ob die, die mit ihm in der CDU sitzen, seine christlichen Freunde oder ungläubige Karrieristen seien.

Landrat Stefan Baldus, katholischer Christdemokrat, war Offizier der Bundeswehr und hatte von 1991 bis 1992 das Panzergrenadierbataillon in Bad Salzungen geleitet. Im Dienstzimmer hing, wo früher Honecker an der Wand prangte, nun Adenauer. Baldus gestattete schließlich, dass du ihn begleitest.

Es blieb bei ihm eine Vorsicht spürbar, bis er mir einen Brief schrieb: »Es ist Ihnen sicher nicht verborgen geblieben, dass einige unserer Mitmenschen erhebliche Vorbehalte gegenüber Ihrer Person und Ihren journalistischen Absichten hegen. Persönlich bin ich zu der Auffassung gekommen, dass Sie sich ernsthaft mit der Vergangenheit und der heutigen Zeit auseinandersetzen.« An einem Abend sagte er zu mir: »Wissen Sie, Herr Scherzer, ich wollte immer, dass der Kommunismus in der Welt endlich zu Ende ist. Nun ist dieses Übel beseitigt, aber ich hatte nicht bedacht, was damit an neuen Problemen auf unsereinen zukommt.« Und er schimpfte: dass er seine Ideale von sauberer Moral, Ethik, Gerechtigkeit und Pflichterfüllung in der Bundeswehr viel besser leben konnte als hier in diesem Thüringer Tollhaus Wirklichkeit.

Baldus hatte 1968 mit Rudi Dutschke und Peter Handke im revolutionären Club Voltaire in Frankfurt am Main diskutiert, er ging damals mit anderen auf die Straße, weil er es als Skandal empfand, dass eine Demonstration gegen Neonazis verboten wurde. Er erzählte mir das, wenige Tage nachdem er als Landrat eine Kundgebung der Neonazis in Bad Salzungen verboten hatte. Aber ebenso die Gegendemonstration.

Ein Panorama von Schicksalen kommt ins Bild: Gewinner und Verlierer, Glückliche und Depressive, Kämpfer und Aufgebende, Menschen im Strudel eines Weltenwechsels, der – wie es an einer Stelle des Buches heißt – Charaktere nicht verändert, sondern zeigt.

Jetzt, da du davon redest, läuft der Film auch bei mir wieder ab. Da war René, eine Kneipenbekanntschaft von Baldus, als der noch Bataillonskommandeur war. Früher in der DDR ein Arbeiter unter Tage, nunmehr wirr und schreiend: »Mich konnten sie in Erfurt nicht operieren, weil die Kommunisten keine Gummihandschuhe mehr hatten. Alles pleite. Aber für die Grenze und die Kindergärten, da gaben sie Geld aus. Für die Kindergärten, damit die Kleinen, die Arme auf die Schultern des Vordermanns gelegt, das Marschieren lernten. Und stundenlang mussten sie marschieren, bis sie reif waren fürs Schießen.« Einzig die Wirtin des kleinen Cafés in Bad Salzungen war in der Lage, den Schreikrampf dieses Mannes zu unterbrechen. Und ein Mitarbeiter von Baldus, früher SED-Mitglied, erzählte mir von seinem damaligen Sonderauftrag vom Wehrkreiskommando: über die Grenze zu robben und im Westen an einem toten Briefkasten eine Nachricht zu holen. Zweimal bei Nacht und Nebel. Das sei »wahrer Mut beim Klassenkampf« gewesen. Oder der Mann vom Bauamt, der in der DDR in Bad Salzungen das Straßenwesen verantwortete. Er entschied damals, wofür das kostbare, Devisen kostende Straßenbitumen verwendet wurde. Die kaum noch befahrbaren Straßen um den Ort Geisa sollten endlich ausgebessert werden. Da kam vom Rat des Kreises die Order, das Bitumen nicht für die Rhönstraßen zu verwenden, sondern den Hof des Salzunger Volkspolizeikreisamtes zu asphaltieren. Da legte er sein Parteibuch auf den Tisch der Kreisleitung: Ab sofort nicht mehr Genosse! Es folgte die sofortige »Beurlaubung«. Ausgesprochen vom stellvertretenden Ratsvorsitzenden, der nunmehr, bei Baldus, Chef der Allgemeinen Verwaltung geworden war.

Zeitgeist und Charakter.

Im Asylbewerberheim von Geisa begegnete ich dem Pförtner, an der Wand eine große Rot-Kreuz-Sanitätstasche. »Damit ich das Blut stillen kann, wenn sich die Zigeuner im Heim gegenseitig zu Steaks verarbeiten.« Ich erkannte ihn erst nicht, bis mir klar wurde: Er war zu DDR-Zeiten der Kreisvorsitzende des Roten Kreuzes gewesen, bei einer Lesung hatte er mir mal ein eigenes Buchmanuskript übergeben, ein Porträt des Hamburger Antifaschisten Franz Jacob. Nach diesem Kommunisten war jenes Grenzbataillon benannt, das der nunmehrige Pförtner, bevor er zum Roten Kreuz gegangen war, als Genosse Oberstleutnant befehligt hatte. Er zeigte mir ein neues Buchmanuskript, schließlich habe er in seiner Pförtnerbude viel Zeit zum Schreiben. Ich nahm an, eine Fortsetzung über Franz Jacob. Ein spannendes, ehrenwertes Leben. Nein, nein, und dann blätterte ich und las: »Mit MG-Garben lichtete ich die Reihen der Russen …« Ein Buch über Stalingrad, er sagte, er beschreibe, wie »die deutschen Soldaten tapfer gegen die Rote Armee gekämpft und den Kommunisten lange Zeit widerstanden haben«.

Zeitgeist und Charakter.

Erschreckend, oder?

Es kommt beim Lesen des »Zweiten« auch Scham auf: wie sich die Ostdeutschen von Geschäftsgaunerei einwickeln ließen.

In dem kleinen Rhöndorf Oechsen wollte ein US-Amerikaner eine Mineralwasserfabrik errichten, Satellitenbilder des US-Geheimdienstes hätten Wasservorkommen offenbart. Unter anderem Namen, so erfuhr ich, hatte er auch schon in Hessen »Wirtschaftswunder« vollbringen wollen. Als er im Interview mit mir sagte, er betreibe Geschäfte in aller Welt, fragte ich ihn, ob er auch in Moçambique gewesen sei. Klar, in den Diamantenschächten, nur hätten ihn die Erschossenen gestört, die an dem meterhohen Grenzzaun nach Südafrika lagen. Ich klärte ihn nicht auf, dass es im Lande nur Steinkohlegruben und dass es keinen Grenzzaun gebe und die moçambiquanischen Wanderarbeiter ungehindert nach Südafrika gehen konnten, ich fragte abschließend nur, ob er auch in der alten moçambiquanischen Stadt Cunnilingus war. Natürlich, sagte Werner. Cunnilingus ist aber gar kein Ort, sondern die lateinische Bezeichnung für eine Form des Oralverkehrs.

Die Oechsener haben den Aufschneider, bis er aufflog, umjubelt wie einen Heiland. Baldus, der inständig warnte und aufzuklären versuchte, wurde ausgebuht.

»Sobald eine Idee ganz und gar von dir Besitz ergriffen hat, achtest du nicht mehr auf die Strukturen und die Instrumente, mit denen diese Idee durchgesetzt wird.« Dies äußerte in einem Gespräch mit dir, in dem auch 15 Flaschen Rhönpils eine Rolle spielten, der ehemalige »Erste«. Es ist, obgleich auf die SED bezogen, ein Schlüsselgedanke auch für das Verständnis des »Zweiten« – weil du die immer wiederkehrenden Koordinaten allen menschlichen Sozialkontakts aufzeigst: Macht und Ohnmacht, Widerstand und Anpassung, Ehrlichkeit und Lüge, Güte und Bosheit.

Unmittelbar vor dem Ende der DDR hatte mir der Thüringer Schriftstellerkollege Roger Nastoll ziemlich niedergedrückt einen Brief geschrieben. Er bedauerte ostdeutsche Eilfertigkeit beim Übertritt in den Westen, er sprach »von einem Mangel an Würde bei meinen Zeitgenossen« und vom »scharfen Schwert D-Mark«, verloren sei die verbindende »gemeinsame Traurigkeit – und trotzige Hoffnung! – in unserem Kleinland«. Der Osten strotze vor Eifer nach Selbstreinigung und neuerlicher Anpassung. Dazu muss man sagen: Roger war ein sehr kritischer

Mensch, bedrängt von SED-Zensur. Er starb 1990. Er zog in dem Brief eine bittere Bilanz, aber der Brief war auch ein Plädoyer für das Differenzieren in der Betrachtung von Lebensläufen. Er schrieb, es werde wohl lange dauern, »bis sich wieder Selbstbewusstsein regt und reckt und Literatur, wie du und andere sie schreiben, einen neuerlichen Sinn erhalten«. Es dauerte wirklich lange.

Feinfühligkeit, Akzeptanz von Lebensläufen … »Aber merken Sie auch, dass die Ost-Leser wieder begieriger danach werden?« Christa Wolf wird dir das 1999 in einem Brief schreiben. Wenn sie nach dem Ende der DDR in einem Interview gesagt hat: »Wir haben dieses Land geliebt«, so war dies eben keinesfalls die Verteidigung des so rüden wie hilflosen Ein-Parteien-Systems, sondern Hoffnung, »dass so ein Satz dazu beitragen könnte, etwas differenzierter mit den Menschen umzugehen«, die in der DDR ihr Leben gelebt hatten.

Ich habe mich gefragt: Wie oft wird der Mensch im Laufe seines Lebens ein anderer?

Er wird es kaum, und die Leute brechen am liebsten unter Lasten zusammen, die sie sich selbst auferlegen.

Das bekannte, nach der Wiedervereinigung rasch gekürte Wort des Jahres »Wendehals« zum Beispiel: Es ist falsch, denn es gibt keine Wendehälse. Die zuvor Speichellecker, Anpasser und Karrieristen waren, sind auch in der jetzigen Gesellschaft Speichellecker, Anpasser und Karrieristen.

Niemand hat seinen Charakter nach 89 gewendet?

Kaum jemand. Nur die Bedingungen für das Ausleben guter oder schlechter Eigenschaften haben sich im Osten verändert. Ich bin in der Politik auch auf äußerst ehrenwerte Menschen getroffen. Einer der Vizepräsidenten des Landtages war der Lehrer, SPD-Abgeordnete und Vorsitzende des Bildungsausschusses, Hans-Jürgen Döring. Ich hatte mich für den Landtag akkreditieren lassen und sah ihn dort. Dachte, he, Scherzer, den Schnauzbart kennst du doch, diese nach allen Seiten abstehenden kurzen Haare, die Nickelbrille. Beim Walter-Werner-Lyrikwettbewerb vor Jahren hatte ich ihm, in Meiningen, einen 100-DM-Preis übergeben, für Gedichte wie dieses, im Buch »Der Letzte« ist es noch mal abgedruckt. »Hiersein und sitzen und / warten geduldig abschnurren / lassen die Zeit // Nur noch Zement / festgetreten und Schotter / grauer auf meiner Netzhaut / ein sichtbarer Riss // Rotfleckige Äpfel verfaulen / im Gras / farblose Fetzen flattern / im Wind.« Das Gedicht heißt »Belangloser Ort«. Das ist ja überall die Gefahr: dass man da landet und endet.

Die roten Äpfel sind Fallobst, das Natürliche ist am Boden. Die Fahnen ausgebleicht.

Der Vater von Hans-Jürgen leitete nach dem Krieg ein kleines volkseigenes Lebensmittelgeschäft. Oft kamen sowjetische Offiziere in den Laden, holten Wodka, ließen anschreiben. Eines Tages war ein Minus in der Kasse. Während eines Familienausfluges stoppte ein Lkw mit fünf Polizisten vor ihnen, sie verhafteten die Eltern, auch die Kinder mussten aufsteigen. Der Planwagen fuhr los, der kleine Hund, der zur Familie gehörte, rannte vergeblich hinterher, Hans-Jürgen hat ihn nie wiedergesehen. Die Eltern kamen ins Gefängnis, die beiden Brüder ins Heim, dort wurden sie dann von den Großeltern abgeholt. Der Vater wurde wegen Wirtschaftssabotage angeklagt, er war später Lokführer im Tagebau.

Hans-Jürgen sprach vom hartnäckigen Trauma: Angst vor Macht und Willkür. Wegen zu langer Haare wollte man ihm die Abiturprüfungen verweigern. Er beschwerte sich beim Schulamt, erfolgreich. Er konnte schon immer gut schreiben, sein Aufsatzthema: »Über die Freiheit«. Er bekam, es war abzusehen, die Note »Genügend«. Beim Poetenseminar der FDJ traf er Jürgen Fuchs. Als der aus der DDR ausgewiesen worden war, hielt er dennoch Kontakt zu ihm, bekam einen Zettel zugeleitet: »Hans-Jürgen, es ist noch nicht alles entschieden für alle Zeiten ... bleib auf jeden Fall in der DDR.« Den Zettel verlor er in der Kaufhalle. Eine alte Frau gab ihn bei der Staatssicherheit ab, so wurde Hans-Jürgen für Jahre zum Beobachtungsobjekt. Er ist mir Freund geworden.

In einer deiner Tagebuchnotizen zum »Zweiten« heißt es: »Ich versuchte, den Vertreter der neuen Macht, Baldus, nicht als Vertreter des Systems zu betrachten, das auf Eigentum, Konkurrenz und Egoismus gründet. Ich suchte, bis hin zur Verkrampfung, nach Gemeinsamkeiten. Aber meine Toleranz reichte nur so weit, ihn als bürgerlichen Demokraten zu sehen und diese Bezeichnung immer in Anführungsstrichen zu denken.«

Meine Toleranz gegenüber dem Landrat war am Anfang eine erzwungene. Mein Trugschluss, zunächst: Wenn man das Feindbild in sich unterdrückt, so wird es der andere auch tun. Nein, weshalb sollte er. Mit dem Untergang unseres Systems hatte Baldus recht bekommen, und wer recht hat, muss sich nicht ändern. So ist die politische Praxis. Aber er wurde mit der Zeit mir gegenüber verhaltener, ich habe davon erzählt. Auf einem CDU-Frühschoppen sagte Baldus: Herr Scherzer, es hat für alle Menschen im Osten nur einen sehr begrenzten Spielraum bei der Ablehnung oder Bejahung des SED-Staates gegeben. Bei der Masse des Volkes hat sich der Grad der Zustimmung oder Ablehnung zum Staat vielleicht um fünf Prozent unterschieden. Und sollen diejenigen mit fünf Prozent mehr Ablehnung die mit fünf Prozent mehr Zustimmung nun erneut ausgrenzen dürfen? Nur wegen fünf Prozent Haltungsunterschied ein neuer Gesinnungskrieg?

Gab es Termine des Landrates, bei denen du nicht dabei sein durftest?

Einen einzigen gab es, das war ein Mittagessen von Baldus mit dem damaligen Kultusminister Dieter Althaus, der auf einer großen Lehrerkonferenz in Bad Salzungen sprechen sollte. Der Landrat hatte mir gesagt, dass er und seine Frau den Minister vorher zum Mittagessen nach Hause eingeladen hätten und dass es Geflügelbraten und Rotwein geben würde. Zu Beginn der Lehrerkonferenz warteten dann alle Beteiligten auf das Erscheinen beider Politiker. Nach einer halben Stunde Verspätung kam Althaus in den Saal gehetzt und entschuldigte sich gegenüber dem Auditorium. Als Begründung gab er an, dass die Verkehrsverbindung zwischen Erfurt und Bad Salzungen leider noch immer so schlecht sei. Diese Lüge habe ich aufgeschrieben. Und seitdem war ich für Herrn Althaus, der später Ministerpräsident in Thüringen wurde, ein rotes Tuch.

Hat »Der Zweite« das Manuskript absegnen lassen?

Er schickte es an Ministerpräsident Bernhard Vogel, aus Befürchtung, einiges im Buch könne für Verwirrung und Empörung sorgen, mein Blickwinkel sei schließlich anfechtbar. Es klang wie eine Entschuldigung, sich darauf eingelassen zu haben. Aber: Baldus hatte sich darauf eingelassen!

Gleich dein erster Besuch im Landratsamt brachte die Begegnung mit Andreas, Stander und Marx, drei sozial und menschlich Entwurzelten. Du kehrst im Buch immer wieder zu ihren Schicksalen zurück. Wirst vom Beobachter zum Helfer. Drei junge Leute in löchrigen alten Anoraks und schmutzigen Hosen.

Ja, Plastebeutel in den Händen, unrasiert und frierend. Der eine erledigte im Landratsamt am Waschbecken auf dem Gang seine Morgentoilette, der andere holte eine Flasche Korn raus. Ein Angestellter sah, dass ich die Szene beobachtete, und wollte sofort einer Missdeutung begegnen: Nee, nee, die gehören nicht hierher. Die holen nur ihr Geld ab, Assis.

Ich habe sie immer wieder getroffen, etwa auf dem Marktplatz, wenn ich mittags eine Bockwurst aß. Der Rotbärtige, den sie Marx nannten, er hielt mühsam den milchgesichtigen Jungen fest, der epileptisch zuckte, Andreas. Der Dritte, Stander, empfahl, diesen Jungen mit unter die Werrabrücke zu nehmen. Der milchgesichtige Andreas erzählte von seinem Vater, der schrie, prügelte und soff. Er habe ihn wie einen Haufen Dreck aus der Wohnung rausgeschmissen. Seine Mutter hätte »Alk schon in der Muttermilch« gehabt. Aber noch müsse er nicht wie der Marx unter der Werrabrücke pennen, denn er habe das kleine Häuschen vom Vater in Langenfeld. Das sei inzwischen auch nur noch eine Bruchbude, zwei Obdachlose seien da »schon hopps gegangen. Abends im Suff eingeschlafen, und morgens mausetot. Lagen auf dem Sofa, auf dem ich jetzt penne.«

Als ich erzählte, ich würde Geschichten aufschreiben, sagte Marx, er hätte mir gleich angesehen, dass ich kein Arbeitssuchender sei. »Wer selber nichts hat, bezahlt unsereinem kein Bier. Die Armen untereinander sind keine Guten.« Marx war Bergmann in Gelsenkirchen, musste nach der Scheidung raus aus der Wohnung. In den Osten sei er gegangen, »weil sie hier nicht nach einem treten wie nach einem Köter«. Stander widersprach: Im Osten sei doch nichts mehr wie früher. »Wenn ich in der DDR mal auf die Straße geflogen bin, habe ich im Rathaus nur drohen müssen: ›Damit ihr klar seht, ich bin der Herr Stander, und ich habe keine Wohnung. Entweder ihr besorgt mir jetzt sofort eine Bleibe, oder ich borge mir ein Zelt, baue das neben der SED-Kreisleitung auf und stelle ein Schild davor: ›Ich bin obdachlos.‹ So schnell konnte ich gar nicht gucken, wie die plötzlich fünf verschiedene Wohnungen für mich hatten. Heute kannste zehn Schilder aufstellen, heute kannste dich mit Benzin übergießen, ein Feuerzeug in die Hand nehmen und schreien: ›Entweder 'ne Wohnung, oder ich brenn mich an‹, da lachen die Drumherumstehenden nur und geben dir Streichhölzer, wenn das Feuerzeug nicht brennt.«

Hast du Baldus von diesen Begegnungen erzählt?

Ja. Er hat gut zugehört, aber abgewunken und relativiert. Er bekam mal von einem Bekannten tausend Mark zu Weihnachten, mit der Bitte, er möge das Geld an Bedürftige verteilen. Auch an solche Leute wie Stander, Marx und Andreas. Er hat es nicht getan, er sagte, er wolle nicht am Tod dieser Menschen schuld sein. Denn mit dem Geld hätten die sich doch in den Exitus gesoffen. Baldus sagte: »Ich kann einem Alkoholiker, solange der seinen Zustand noch nicht selbst begriffen hat, keineswegs von außen helfen. Dem nützt als ›Erkenntnis‹ oft nur der Abstieg nach ganz unten.«

Im Buch »Der Zweite« lese ich: »Freiheit ist auch die Freiheit des totalen Scheiterns.«

Den Gedanken präsentierte mir Baldus mit dem Zusatz: »Ihr habt in der DDR mit eurem falschen Spruch vom ›Mensch im Mittelpunkt‹ Leuten sogar diese letzte Freiheit des totalen Scheiterns und des Neuanfangs verwehrt.«

Wohl dem, der die Chance zu einem Neuanfang hat.

Ich war in dem Haus von Stander. Sofa zerschlissen, Spiegel zerschlagen. Warum hielt sich Stander einen Hund? »Damit jemand bellt, wenn ich nach Hause komme.« Vor Kurzem war seine Mutter gestorben und war noch immer nicht begraben. »Ich habe kein Geld für mich, wo soll ich welches für die Toten hernehmen. Als der Vater starb, damals arbeitete ich wie er im Kali, habe ich noch geheult. Bei der Mutter keine Träne, wozu denn auch.« Vom Vater zeigte mir Stander Schreibmappen von Delegiertenkonferenzen und anderen Parteiberatungen. Die ersten Seiten noch beschrieben: »Auswertung des IX. Parteitages der SED … Sicherheit der Staatsgrenze durch Wachsamkeit aller gewährleisten …« Das Wort »aller« war dick unterstrichen. Auf den folgenden Seiten des Blocks nur noch Strichmännchen, Quadrate, Rechtecke, Kreise. Totale Entrückung, während die Phrasen am Ohr vorbeizischten.

Auch Andreas erzählte von seinen Eltern. Sie hatten sich ihn im Kinderheim ausgesucht. Der Vater soff, zerrte den Jungen nachts aus dem Bett und schlug zu. Manchmal ein Messer in der Hand: »Ich schlacht dich ab, du Scheißer!« Die Mutter rannte aus dem Haus, versteckte sich unter einem Heuschober. Wenn er sie fand: Schläge. Er hat sie in eine Hirnschädigung hineingeprügelt. Andreas zitterte immer, er habe das schon seit der Kindheit, Angst und Zittern und Alkohol, er wusste nicht mehr, was zuerst da war. Häufig musste er zum Nervenarzt. Der beruhigte ihn. Aber wenn er an der Tafel stand, wenn der Lehrer und die Klasse ihn anstarrten, fing es wieder an. Daheim bei den Hausaufgaben stand der Alte mit dem Hosengürtel hinter ihm und schrie, auch er habe als Kind Prügel bekommen, wenn er Matheaufgaben nicht lösen konnte. Da war der Vater noch Vorarbeiter im Chemiefaserkombinat Guben. War auch in der Kampfgruppe und natürlich in der SED. Schrie aber zu Hause nur: »Diese Scheißpartei! Diese Scheißpartei!« Wenn er von Kampfgruppenübungen heimkam, erzählte er, wie schrecklich es während der Bombenangriffe auf Dresden war. Den Kinderwagen mit Brennholz habe er über Leichenhaufen schieben müssen. »Wir mussten ihn bewundern.« Als Andreas ihm entgegnete, im KZ sei es bestimmt schlimmer gewesen, gab es wieder Prügel.

Andreas schwänzte in der achten Klasse die Schule. Hat gesoffen, Schaufensterscheiben eingeschlagen, Alkohol geklaut, wieder gesoffen, wieder Scheiben eingeschlagen. Er sprach von seiner Mutter als einer »kleinen grauen Frau«, über ihr der Alte, der eines Nachts wegen dem Jungen die Bullen geholt hatte. Andreas warf sich auf den Boden, krallte sich fest, der Vater versuchte, ihn wegzuschleifen, »an den Füßen, so wie man erschossene Terroristen wegschleift. Die Bullen kamen, drehten mir die Arme nach hinten, zerrten mich die Treppe runter und legten mich auf die Straße. Und gingen.« Müllentsorgung geht kaum anders. 1986 kam er in den Knast, hat dort wenigstens die achte Klasse nachgeholt. Aber nirgends Fuß gefasst.

Du hast zu helfen versucht.

Durch Bad Salzungen bin ich gelaufen, um für Marx und Andreas – Stander hatte ich lange nicht mehr gesehen – wenigstens eine Gaststätte zu finden, wo ich ihnen ein Weihnachtsessen bestellen könnte. Das Niveau der Antworten, wo immer ich anfragte: Man schmücke nicht vorn zum Fest, damit die Assis hinten alles vollscheißen. Eine einzige Gaststätte fand ich, aber ich müsse im Voraus bezahlen.

Ich bin dann losgezogen, Marx und Andreas zu suchen. Es hieß, sie übernachteten in einem Pförtnerhäuschen an der Werrabrücke. Decken und Matratzen mit Pissflecken. Alle Stromkabel herausgerissen. Schnapsflaschen. Ich musste mir Mühe geben, nicht zu kotzen. Auf dem Fensterbrett stand eine Spiegelscherbe. Ich erinnerte mich an die – allerdings aufgeräumten – Blech- und Grashütten der Moçambiquaner in den Slums von Maputo und Beira. In jeder Hütte dort hing, meist gleich neben der Tür, eine Spiegelscherbe. Winzig, aber groß genug, sich ins eigene Gesicht zu sehen. Die Spiegelscherbe im Pförtnerhäuschen stand auf einem Glückspfennig. Daneben ein leeres Fläschchen Nitrangin. Herztinktur. Ich hinterließ einen Zettel mit meiner Weihnachtsbotschaft. Der lag dort noch im Januar. Später stöberte ich Andreas im Haus seiner Mutter auf. Marx habe eines Morgens im Pförtnerhäuschen Brötchen und Bier holen wollen, Andreas gab ihm seine letzten Pfennige, im Portemonnaie war auch der Ausweis.

Und?

Abgehauen ist er, kam nie wieder, hat den eigenen Kumpel beklaut. Ich habe Andreas eines Tages auf einem Haufen Bauschutt gefunden, neben dem Bahnhofskiosk. Frierend, heulend, lallend. Er wolle Arbeit, Arbeit, Arbeit, dann habe er endlich einen Anlass, nicht mehr zu saufen. Und er schaffe das! Ja, ich habe versucht, Arbeit für ihn zu finden, bin aufs Arbeitsamt, habe an Betriebe und andere Unternehmen in Bad Salzungen Bewerbungen geschrieben. Nichts. Bin selber hin in einen der Betriebe. Keine Chance.

Was ist aus den dreien geworden?

Andreas sah ich zuletzt auf einer Bank am See, wo er des Öfteren gesessen hatte. Völlig zu, er erkannte mich nicht mehr. Stander war wegen Diebstahl und Körperverletzung im Knast gelandet. Und Marx wurde im Winter tot auf einer Straße gefunden.

Bitter.

Scheiße! In der Vereinzelung geht Gemeinsinn verloren. Mir kommt jetzt wieder das Wort Aufklärung in die Quere. Wenn ich schreibe: Aufklärung für wen? Ich selber brauch's nicht mehr. Also: Für wen? Baldus hatte wahrscheinlich recht: Man muss erst ganz unten sein. Da muss man also warten, bis einer ganz unten ist. Aber hoffentlich nicht so lange, bis der Mensch zwei Meter unter der Erde liegt.

Neulich – alle Beete ausgetrocknet, der Boden wie Beton – goss ich hier im Garten meine Knoblauchzwiebeln. Groß und kräftig die einen, mickrig, unterentwickelt die anderen. Und was mache ich? Den Großen und Kräftigen gebe ich das Wasser, nicht den Bedürftigen. Ganz instinktiv. Ein Reflex des Eigennutzes: Den Nährstoff leitete ich dorthin, wo reicher Ertrag zu erwarten war. Hinterher fiel mir ein: He, Scherzer, du hast bei deinem Knoblauch im Garten genau das getan, was Praxis in der Gesellschaft ist und was du so gar nicht magst – dem Starken wird geholfen, nicht dem Schwachen. Vor allem meine kleinen, schwachen Zwiebeln hätten Wasser gebraucht. Sie bekamen nur die letzten Tropfen. In Krisen werden die Konzerne und Banken gerettet, nicht unbedingt die kleinen Existenzen.

Du hast nicht das erste Mal versucht, Herumirrenden Arbeit zu besorgen. Und du sagst, Menschen am schmutzigen Grund der Verhältnisse seien leider nicht unbedingt auf den Gemeinsinn, auf Solidarität aus. Du hast in Eisenach bei der Lebensmittelversorgung, bei der Tafel, mitgearbeitet. Und dann dein Satz: Ich bin gegen die Tafel.

Dieser Satz klingt, als würde ich kalt gegen den Einzelnen argumentieren, der doch nicht irgendwann später, sondern jetzt und heute Hilfe braucht. Auch meine Hilfe. Natürlich muss es diese Hilfe geben. Ich will nur das Problem benennen: Tafeln sind ein Armutszeugnis für die Gesellschaft; sie trösten, statt Gegenwehr zu erzeugen; sie verhindern den Kampf gegen den Hunger. Tafeln sättigen. Und sie beruhigen. Das ist gut und schlecht zugleich. In Afrika sah ich die bitteren gesellschaftlichen Verhältnisse, gegen die so schnell nichts zu machen war. Hier bei uns sehe ich, wie die Scheinchen durch die Luft fliegen und immer bei den Falschen landen. Bei Bad Berka liegt Blankenhain. In dem Dorf war die größte Thüringer Tafel, sie haben dort auch eine der ersten Kinder-Tafeln im Bundesland gegründet: ein kostenloses Frühstück für Kinder, denen die Mütter kein Pausenbrot mitgaben. Ich hatte zu dem Thema ein Gespräch mit der Leiterin der Diakonie in Ilmenau, einer Seel- und Leibsorgerin aus Berufung. Und trotzdem harte Worte von ihr: Jede Mutter, auch die, die sich Lebensmittel regelmäßig bei der Tafel hole, könne ihrem Kind frühmorgens eine Stulle schmieren, »man muss dem Kind zuliebe nur den Hintern aus dem Bett heben«. Sie sprach von einer Welt der »versorgten Bedürftigkeit«, ihre Großmutter habe immer gesagt: Aus der Kinderstube werde die Welt regiert. Mich hat das erschüttert, ich wehrte mich gegen diese Worte, wegen der Härte, aber auch wegen des mulmigen Gefühls, eine Wahrheit einsehen zu müssen, die ich, vom Herzen her, nicht einsehen wollte. Sie sagte mir, dass ein Kind sehr schnell verwahrlost, wenn es ohne Liebe aufwächst, aber wer zu viel bekommt, wird inwendig nicht erwachsen. Ein elender Widerspruch.

Die Kinder-Tafel im Ort wurde gegen sehr viele Widerstände aufgebaut. Die Mitarbeiter fuhren in mehrere Schulen und verteilten Frühstück – aber nicht nur an bedürftige Schüler, das würde diese Kinder noch mehr ins öffentlich werdende Abseits stellen, sondern an alle. Und nicht Käse und Wurst, sondern Äpfel, Bananen, Apfelsinen, Weintrauben, Möhren, Tomaten, Paprika, Gurken. Die Schüler, die ohne Stulle kamen, waren nicht nur Kinder von Hartz-IV-Eltern, sondern auch von Müttern, die hundert Kilometer zur Arbeit fahren müssen, und Vätern, die auf Montage sind. Auch Kinder von Wohlhabenden, die ihren Kindern jeden Morgen ein paar Euro in die Hand drücken. Kaufen! Kaufen! Kaufen!

Die erste Bürgerpflicht, schon früh gelernt.

In Schulen gab es private Kioskbetreiber. Fritten, Schokoriegel, fettige Würste. In manchen Lehrgebäuden stank es durchgehend nach Pommes.

Wie war das für dich an der Ausgabestelle der Tafel, in Eisenach?

Jeden, der sich etwas holte, habe ich gefragt: Das oder das? Blicke waren mir wichtig. Aber die Kunden guckten nur auf die Waren in den Regalen. Nach zwei Stunden schaute auch ich nicht mehr in die Gesichter. Du merkst, wie dich eine Motorik packt. Alles kam mir vor wie ein nicht endender Kreislauf. Das Kommen und Gehen. Das Füllen der Regale und die Warenausgabe. Das Saubermachen, das Umherfahren, das Aussortieren. Am schlimmsten war es im Obstputzraum, wo ich vergammelte Apfelsinen aus Netzen und durchgesuppten Pappkartons aussortierte. Oder diese Unmengen schwarzer Bananen. Der süß-säuerliche Schimmelgeruch und die Fäulnis, das setzte mir elend zu. Es war Winter. Und dann das erste Weihnachten, an dem ich keine einzige Apfelsine runterkriegte.

In Waltersleben bei Erfurt hast du Grundstücksvermesser porträtiert, im Text der Satz: »Jedes Vermessen der Welt ist immer auch ein Vermessen des Lebens.« Es ist eine jener wenigen Reportagen, in denen du sehr persönlich wirst.

Ja, Vermesser zogen schon zu meinen Kinderzeiten durch die Orte. Die darfste nicht stören, sonst wird die Straße neben unserem Haus krumm, sagte mein Großvater. Mein Vater jagte damals einen Vermesser mit grober, großer Geste davon. Einer seiner Skatbrüder hatte eine Neubauwohnung erhalten und verkaufte sein baufälliges Häuschen samt Garten. Er war Gerichtsdiener und Genosse, er ließ das Haus, das er natürlich möglichst gewinnbringend los werden wollte, vorher vermessen. Darüber erregte sich mein Vater. Wozu müsse ein Genosse im Sozialismus, wo allen alles gehöre, so ein kapitalistisches Überbleibsel wie Privateigentum penibel vermessen lassen! Der anreisende Vermesser war ein kräftiger Kerl, der die Messgeräte wie leichtes Gepäck auf der Schulter trug, er entgegnete meinem Vater, der bei der Vermessung dabei war: Eigentum bleibt immer wertvoll! Mein Vater agitierte strafrichterlich: Wer heute noch dem Privateigentum huldigt, ist ein Diener der alten Ordnung, also troll dich gefälligst … Der große starke Mann drehte sich um und ging weg. Nach dem Ende der SED-Zeit sagte der Gerichtsdiener, nun nicht mehr Genosse, zu meinem Vater, der auch nicht mehr Genosse und Staatsanwalt war: Walter, mit dir werde ich kein Bier mehr trinken. Und er hat nie wieder ein Bier mit ihm getrunken. Die Vermesser, daher mein Reporterinteresse, wurden begehrte Dienstleister der Nachwendezeit.

Gerade jetzt komme ich auf diesen Text, weil in der Reportage steht: »Endlich stelle ich die Frage, die ich schon lange stellen wollte: Fühlt der Vermesser mit den Leuten, die nach der Vermessung eventuell das Grundstück, auf dem ihr Haus seit Jahrzehnten steht, verlieren, sich unverschuldet verschulden oder gar ausziehen müssen?« Es ist noch einmal die Frage an den Reporter: Mit wem fühlt er? Landolf, du hast von Marx, Andreas, Stander erzählt – mit wem fühlst du? Im Thüringer Dorf Steinbach sitzt du eines Tages in der Kirche, später schreibst du: »Mir läuft es kalt den Rücken herunter, als die Pastorin laut und innig betet: ›Herr, wir bitten dich, erbarme dich, erbarme dich unserer Arbeitslosen in Steinbach … erbarme dich!‹«

Bei meinen Reportagen habe ich Menschen kennengelernt, die ich bedauerte, deren Ohnmacht mir keine Ruhe ließ. Oft fühlte ich mich als Außenstehender unwohl, ich habe versucht, praktisch zu helfen: Mann, was soll ich denn sagen?! Mich wiederholen? Habe in keinem Moment gedacht, meine Energien vergeblich angestrengt zu haben. Ist also klar, mit wem ich fühle. Und doch: Ich kann nicht mehr, wie das früher der Fall war, pauschal die Armen, Ausgesetzten, Abgeschlagenen, Aussortierten, wie soll ich sagen: voraussetzungslos heiligsprechen. Ich denke anders als Baldus, mit dem ich darüber sprach. Aber das Gespräch mit ihm, zu diesem Thema, ging mir nie aus dem Kopf.

Ich merke, das Thema erregt dich ... Es gibt Fotos überfüllter Säle, als du aus dem Buch »Der Erste« gelesen hast. Auf welches Publikum traf nun »Der Zweite«?

Beim »Ersten« war ich beinahe sicher, dass Leute auf so einen Text warten. Dass sie darüber diskutieren. Beim »Zweiten« gab es diese Sicherheit und diese Erwartung nicht. Die Welt war eine andere geworden. Vier junge Musiker spielten, als ich zum ersten Mal aus dem »Zweiten« las, im Congress Centrum Suhl. Ein Shopping-Palast inzwischen, mit Erlebnis-Schwimmbad. Früher die Stadthalle. Der Saal Simson, in dem ich las, war mal der Plenarraum des Rates des Bezirkes. Ich war bei dieser Lesung unsicher, nervös. Die FAZ schrieb, man könne meinen, ich trete »auf feindlichem Territorium« auf; ein Mann im Publikum, »mit schweren Händen«, aha, Arbeiter!, habe angesichts der Musiker geknurrt: »Was die wohl jetzt spielen werden, wahrscheinlich die Internationale.«

Mark Siemons, der Berichterstatter der FAZ, zog aber ein aufschlussreiches Fazit: »Scherzer nimmt das traurige Flackern im Auge des Siegers wahr. Das ist vielleicht die neue Qualität, die in das Verhältnis des Ostens zum Westen hineingekommen ist: Mitleid.« Die erwähnten Musiker waren Sinfoniker.

Ihr Auftritt war ein Dank für meine Teilnahme am Hungerstreik zur Rettung der Thüringen Philharmonie, 1997. Dem war ein jahrelanger Polit-Poker vorausgegangen, in den nahezu alle Instanzen verwickelt waren. Und dann hingen auf der Rückfront des Kulturhauses schwarze Tücher, ein Spruchband verkündete: »Wir hungern für die Kultur«. Über siebzig Mitglieder hatte die Thüringen Philharmonie Suhl. Etwa zwanzig traten in den Hungerstreik, im Probenraum des Orchesters. Die Notenständer als Ablage für Handtücher und Taschen.

Über diesen Hungerstreik hat »Freies Wort« geschrieben: »Graue Gesichter, tief geränderte Augen, matte Bewegungen, müde und doch nimmermüde Diskussionen. Morgens wird zwecks Kontrolle zur Blutentnahme aufgerufen. Ein akut gefährdeter Musiker musste aufgeben. ›112‹, der ärztliche Notruf, ist groß plakatiert, das Klinikum Suhl in Alarmbereitschaft. Eine Rentnerin aus dem benachbarten Zella-Mehlis hat 100 Mark gestiftet. Reaktion vom Matratzenlager: ›Da müssten sich die Politiker vor Scham einen Strick nehmen.‹«

In den Gottesdiensten in der Stadt wurde für das Orchester gepredigt, die Pfarrämter legten Unterschriftenlisten aus. Eine Bürgerinitiative entstand. Auch Prominente sprachen Mut zu, Schauspieler Klaus Maria Brandauer, Schriftsteller Erich Loest, Dirigent Claudio Abbado.

Hungerstreik. Also die Standardfrage: Was gab's zu essen?

Essen? Tee und Gemüsebrühe. Die ersten fünf Tage sind am schlimmsten, du baust naturgemäß ab. Dann gewöhnt sich der Körper. Wenn alles vorbei ist, musst du dich zurückhalten, darfst nicht sofort ins große Fressen übergehen. Ich habe, als ich wieder zu Hause war, zaghaft mit Äpfeln begonnen.

Hattest du während des Streiks Angst?

Wegen Schmerzen und so? Nein. Ich hatte Angst, dass wir zu früh aufgeben.

Wie ging das Ganze aus?

Das Land Thüringen kündigte alle Verträge, bereits gebuchte Tourneen in die USA und nach China wurden storniert. Staats- und Sponsorengeld, in der Alarmierung losgeeist, reichten nicht. Am Ende teilte Suhls Oberbürgermeister Kummer dem Dienststellenleiter des Staatsorchesters mit, dass der »sogenannte« Hungerstreik »in den vom Freistaat angemieteten Räumen« der Stadt zu beenden sei. Falls nicht, drohten Polizeieinsatz und Strafantrag wegen Hausfriedensbruch. Das Orchester wurde dann weitergeführt als Gothaer Philharmonie, Suhl hat kein Geld mehr gegeben. Nach einer Woche Hungerstreik hatte ich im Suhler Buchhaus die vertraglich vereinbarte Buchpremiere für meinen Reportageband »Mitleid ist umsonst, Neid musst du dir erarbeiten«. Der Doktor spritzte mich aktionsfähig, Mitglieder des Orchesters begleiteten die Lesung musikalisch. Das besonders hat mich gerührt. Es wurde Tradition bei meinen Suhler Buchpremieren.

War Bodo Ramelow, der Ministerpräsident, als du ihn Jahre später begleitet hast, ebenso »freigiebig« wie Stefan Baldus? Bei der Erlaubnis, dir Einblicke zu gewähren?

Nein. An Kabinettssitzungen durfte ich nicht teilnehmen. Auch bei Besprechungen mit Betriebsmanagern, Investoren und anderen Finanzmächtigen war ich nicht dabei.

Du warst sauer?

Nee … Na ja … Jahre zuvor plädierte Ramelow noch laut für einen »gläsernen Landtag«, bis ganz nach oben. Lange her. Mir blieben, sehr grob gesagt, Gespräche beim Friseur. Einem Friseur, der den »amerikanischen« Haarschnitt beherrschte, auf den Ramelow so bestand. Ich erlebte also auch, wie das Amt den Menschen verpanzert.

Politiker haben ihr Leben in der Jackentasche: Da nämlich steckt das Handy mit dem Terminkalender, und das wichtigste Wort der wichtigsten Leute ist: Zeitfenster. Von da stürzen sie sich ins Leben, von dem sie denken, dass es das Leben sei. Fenster auf, aber was sehen sie denn noch?

Ramelow ist ein Umsetzer, ein Nachhaltigkeitskämpfer.

Einer, der sich gut kontrolliert. Aber einmal hat er einfach nur von seiner Lieblingsstelle in Thüringen erzählt: Paska über der Hohenwarte, oberhalb von Ziegenrück. Der Weg führt zu einer Fähre, es gibt da eine Stelle, die »Fernsicht« heißt. »Auf der anderen Seite der Saale steht das Mooshäuschen. Es braucht keine Fenster, alles ist offen. Die Wände sind mit Moos eingehaust. Du nimmst einen Apfel und schneidest ihn in Stückchen. Da kommen die Siebenschläfer und fressen dir die Apfelstückchen aus der Hand.« Ramelow lässt sich in der Öffentlichkeit selten ins Herz schauen, er ist dort Christ, Genosse, Staatsmann. Je nach Situation. In der »Zeit« las ich: »Sie haben was gegen Ramelow? Dann wird er Sie umarmen.« Und: Er kann wirklich einen Redestrom entfesseln, in dem es von Fakten nur so sprudelt.

Zum Glück hattest du bei der Recherche zum Buch einen Helfer in eigener Sache, einen seltsamen Mann namens Frieder. Arbeiter in deiner Baggergrube in Dietzhausen, wo gerade eine Leitung zu reparieren war. Luftgeist und Schaufelknecht auf deinem Grundstück. Was der alles weiß! Wie gut der den Ramelow kennt, wo der überall hin- und durchblickt. Steht da und parliert als unverzichtbarer Hintergrundwisser. »Dichter« wirst du ironisch von Ramelow genannt. Der ahnte doch gar nicht, wie recht er damit hatte: Frieder ist eine erfundene Gestalt. Die Reportage mit einem Hauch Roman. Das war neu in deinem Werk.

Na ja, nicht ganz. In meinem ersten Sowjetunion-Buch gab es ein märchenhaftes Element: Um über industrielle Verschmutzungen im Baikalsee zu informieren, habe ich ein Gespräch mit einem Fettfisch »geführt«. Ein etwas kindischer Trick, um ein bitteres Thema anschlagen zu können.

Aber wie das war mit diesem Frieder im »Roten«? Es gab Informationen, die hatte ich nicht von Ramelow selbst, obwohl sie ihn persönlich betrafen. Eine fiktive Gestalt einzuführen, war gewissermaßen Quellenschutz. Es war zudem ein Versuch, Fakten an eine Erlebnisebene zu binden, sie nicht nur blank zu liefern. Und so habe ich diesen redseligen Arbeiter, diesen Baggerfahrer erfunden, der manchmal wie eine wandelnde Zeitung – auch Boulevardzeitung! – durch mein Grundstück läuft und mich mit interessanten Dingen über Ramelow versorgt. Zum Beispiel, dass eine Schaufensterpuppe im Schlafzimmer der Ramelows steht. Gewerkschafter eines hessischen Kaufhauses, die er beim Insolvenzstreit vertrat, haben sie ihm zum Dank geschenkt, seitdem nimmt er sie überallhin mit. Ich habe diese Puppe nie gesehen, aber Frieder.

III.

»GERN ZÄHLE ICH DIE GRASHALME: WIE VIELE WACHSEN DURCH BETON?«

Wenige Schritte hinter dem Kiosk liegt der Hafen von Nea Moudania. Als ehemaliger Hochseefischer suche ich in allen Städten am Meer immer zuerst den Hafen. … Ein junger Mann, der die Kapuze seiner hellen Trainingsjacke frierend über den Kopf gezogen hat, wäscht am Kai Sardinen, die er von den Fischern geschenkt bekommen hat. … Es riecht nach Fisch, Salz und den Dieselabgasen. … Ich möchte mir auch Sardinen geben lassen und, statt mittags im »Oceania Club« zu schlemmen, die Fische in Olivenöl mit Zitronensalz braten und dazu Weißbrot essen und Wasser trinken! Aber als ich die fünf Männer, die an Bord im Halbkreis auf Kisten sitzen, beim Frühstück sehe, Kaffee aus Plastebechern und gelben Paprika mit Brot, traue ich mich nicht einmal zu fragen: »Nehmt ihr mich heute Nacht mit hinaus aufs Meer?« Wahrscheinlich ahnen sie: Tourist, »all inclusive«. Ich gehe still vorbei. Sie könnten mich vielleicht fragen: Weshalb ihr Deutschen in Griechenland, aber wir Griechen nicht in Deutschland?

Landolf Scherzer, aus »Stürzt die Götter vom Olymp«, 2014

Landolf, mehrere Reportagen hast du über den Niederwurf des Kaliwerkes Bischofferode geschrieben. Die Grube wurde Ende 1993 geschlossen. Den Kumpeln wurde im wahrsten Sinne des Wortes der Kampf erklärt. Die Kali- und Salzwerke der alten Bundesrepublik gingen daran, mit Bischofferode eine Konkurrenz zu beseitigen. Einen anderen Grund gab es nicht, denn das Kali ließ sich gut abbauen und war bislang mit Gewinn nach Skandinavien und in andere Länder verkauft worden. Die Treuhandanstalt leistete größte Hilfe bei dieser Standortvernichtung. Neben Bischofferode war knapp ein halbes Dutzend weiterer ostdeutscher Kalistandorte betroffen.

Die Bergleute in Thüringen entschlossen sich, für den Erhalt ihrer Arbeitsplätze sogar in den Hungerstreik zu treten. Am 1. Juli 1993. An diesem Tag hatte der Treuhandausschuss des Bundestages dem Fusionsvertrag zwischen der Kali und Salz AG Kassel, einer BASF-Tochter, der Mitteldeutschen Kali AG und der Treuhandanstalt zugestimmt. Hungerstreik – etwa achtzig Tage, das hatte es bislang noch nirgends gegeben.

Deine Reportagen gehören zum Gedächtnis dieses verzweifelten Kampfes. Sie legen den Grundcharakter deiner Menschensicht offen. Volker Braun nannte die Arbeiterschaft der DDR »eine herrschende wie angeherrschte Klasse, die umsorgt lebte und zugleich frech sorgenlos«. Im Westen dann sei Leben für viele zu einer Existenz ohne Arbeit geworden, also vielfach zu einem Unglück, und vielen Betroffenen sei es somit schwer gemacht worden, zu begreifen und zu genießen, was sie durch die Freiheit vielleicht auch gewonnen hätten. »So taumeln sie«, hatte Volker Braun geschrieben.

Das Joch der neuen Zeit: Werkschließung und Abwicklung, Abfindung und Arbeitsamt. Die ans Widerstehen geglaubt hatten, am Ende saßen sie im Dreck der sauberen bürokratischen Lösung.

Du warst zur Lesung in Bischofferode. Blöde Frage: Was und wie liest man vor Hungerstreikenden?

Blöd ist die Frage überhaupt nicht. Ich kam im Organisationsbüro der Bischofferöder an, zwei Tage zuvor hatten Stefan Heym und Ulrich Plenzdorf in der Kantine vor den Streikenden gesprochen. Auch Klaus Schlesinger sollte lesen, aber einer der Hungernden war zusammengebrochen, er musste ins Krankenhaus, und Schlesinger sagte, jetzt sei nicht Vorlesen am Platz, sondern Schweigen. Solidarisches Schweigen. Ich war verunsichert, aber es war ja nicht so, dass die Streikenden apathisch auf ihren Pritschen lagen.

Im Arbeiterwohnheim, wo ich über Nacht unterkam, lebten übrigens viele Aussiedler, Wolgadeutsche. Es muss für sie schockierend gewesen sein: Da kamen sie nun aus der Hoffnungslosigkeit Russlands ins vermeintliche Paradies Deutschland und sahen hier, dass selbst die Deutschen keine Arbeit mehr haben, man war also gemeinsam hilflos. Wahrscheinlich rührte daher eine besondere Zusammengehörigkeit zwischen den Ausländern und den Kumpeln, so ganz anders als im übrigen Deutschland.

Wir standen vor nicht allzu langer Zeit gemeinsam vor der Halde in Bischofferode, wir sahen, wie sich die Natur den aufgetürmten Boden zurückholt, im Abraum Wurzeln ausbildet – du spürst den Anhauch der Zeit, die als Gras über uns wächst.

Aber es ist nicht, wie man so häufig sagt, das Gras des Vergessens. Die Halde, gestorben und doch nicht tot.

Die Namen der Orte, die verloren sind, ragen wie Warnschilder in unser Gewissen. Als Volker Braun 2000 den Büchner-Preis erhielt, führte er in seiner Rede zwei Menschenzüge zusammen: jenen schönen Zug, nämlich die Masse des 4. November 1989 auf dem Berliner Alexanderplatz, die keine Gewalt ausübte, und andererseits jenen traurigen Zug der Neunzehn, der 1993 losgezogen war von Thüringen bis vor die Tore der Treuhandanstalt, ein kleines Häuf-

1 Landolf Scherzer: »Nicht immer nur geradeaus«

2 Die Eltern, etwa 1970

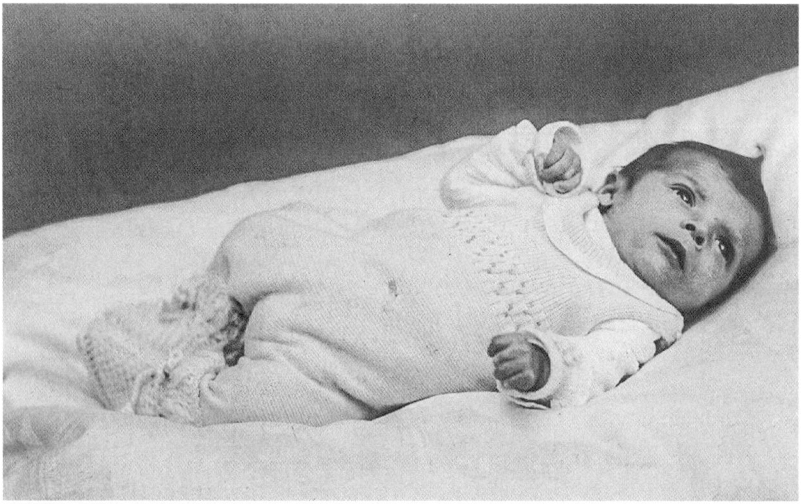

3 Das erste Foto

4 / 5 Bleibende Tierliebe, wechselnde Tiere: erst die Ziegen, später die Schafe

6 / 7 / 8 / 9 Der Reporter im Wandel der Zeiten

10 Buchbasar 1988 in Rostock mit dem Bestseller »Der Erste«

11 Heinrich-Heine-Preis 1986. Links neben Landolf Scherzer Klaus Höpcke, rechts der Schriftsteller Peter Gosse

12 Landolf Scherzer: ein Blick ins Manuskript – zwei in die Weite

13 Grenz-Gänger zwischen Ost und West, 2003

14 Dietzhausen: der Autor als Bauer, links Ehefrau Ellen

15 Als Seemann auf Zeit, vor Labrador, 1978

16 Mit Hans-Dieter Fritschler, dem »Ersten«, 1986

17 Der alte Mann in Matundo, 1980 – für Landolf Scherzer »o meu pai«: mein Vater

18 Das Baby vom Sambesi – 22 Jahre später kommt ein Brief …

19 Kamyschin, die Schilfstadt, 1989

20 In Peking, 2010

21 Unterwegs mit Günter Wallraff, 2003

lein wacker wütender Bischofferöder. Eine »dürftige Prozession mit ihren weißen Fahnen im Regen [...], ein Rinnsal des Aufbegehrens« (Braun). 2500 Unterschriften im Gepäck.

Eine einzige der Gruben in der Region wurde nicht geschlossen. Glaubst du, deren Arbeiter gingen mit zur Demonstration für die anderen? Nein, gingen sie nicht.

Die Bischofferöder hatten sich auf den Weg nach Berlin gemacht und waren doch, trotz ihres Kampfes: auf der Strecke Gebliebene. Die »Helden des Abraums« bilanzierten: »Wir sind selber der Abraum.« Armseligkeit einer Demokratie, die Arbeit nimmt, dies sei »die Wunde, die bleibt«.

Hochseefischer hatten den Bischofferödern Kisten von Räucherfisch mitgebracht, natürlich merkten sie schnell, dass das für Hungerstreikende nicht gerade das passende Solidaritätsgeschenk ist. Den Fisch bekamen die Aussiedler, und sie freuten sich. Es war wie Arbeits-, wie Schicksalsteilung. So paradox es klang, es war Teil der Gemeinsamkeit: Wir essen für euch! Und als Spender aus Berlin den Kindern der Hungerstreikenden eine Fahrt nach Berlin organisierten, aber der bestellte Bus nicht ausgelastet war, lud man natürlich auch die Kinder der Aussiedler ein.

Vorgelesen habe ich übrigens aus dem Buch »Fänger & Gefangene«. Und auch, wie ich bei meiner letzten Reise in die Sowjetunion, in Saratow, mit dem Präsidenten der Gesellschaft zum Kampf gegen den Alkoholismus eine Flasche grusinischen Kognak, eine Flasche deutschen »Blauen Würger« und eine Flasche portugiesischen Portwein vernichtete. Ich hatte ein richtig gutes Gefühl beim Lachen der Kumpel. Sie bewiesen überhaupt Witz in ihrem Kampf. Bei den Hungerstreikenden waren Schilder angebracht: »Füttern verboten!«, und angesichts der großen Medienaufmerksamkeit passte treffend das Transparent: »Auch Journalisten dürfen spenden!« Einige Bischofferöder fuhren zum Wolfgangsee, an den Urlaubsort von Helmut Kohl, dort beschilderten sie die Wanderwege des Kanzlers neu, auf allen Wegweisern der Gegend, egal in welche Richtung sie zeigten, stand plötzlich: »Bischofferode«.

Du hast das in deinem Leben oft erlebt: Aufbruch, der in neuer Zwangslage endet. Arbeit, die greifen möchte, aber leider angegriffen wird.

He, übertreib nicht.

Wieso? Wir sind da wieder in deiner Biographie, bei den Anfängen – mit entscheidenden Folgen … Nimm den Mauerbau 1961 – ein Schreck, und doch verstrickte er Künstler in Hoffnung: Arbeit endlich frei von westlicher Störung, die Mauer würde die innerstaatlichen Zementierungen mildern. Ulbricht wollte die Wirtschaft entbürokratisieren, das Leben leistungsbezogener gestalten. Eine neue Chance für das Geistesleben. Auch der Journalismus wagte sich damals ins Offene. Der Schweizer Reporter Marcel Brun, der durch die Welt gezogen war, der mit Schweizer Pass 1961 in die DDR übersiedelte und unter dem Namen Jean Villain schrieb, strebte eine neue Zeitschrift an, Schwerpunkt Reportage – in Zusammenarbeit mit dem redlichen, tapferen Chefredakteur der NBI, Hans Otten. Die DDR-Berichterstattung sollte endlich offener, sachlicher werden.

Ja, Marcel sprach von jener Zeit als einem »guten Stück minenfreien Fahrwassers«.

Bis das Plenum von 1965 das Klima auf klirrenden Frost drehte. Im November des Jahres hatte Breschnew der DDR einen überraschenden Staatsbesuch abgestattet. Es war wohl die Vergatterung: Tauwetter beendet. Anfang Dezember 1965 erschoss sich der hohe SED-Wirtschaftsfunktionär Erich Apel in seinem Büro. Es war vor der Unterzeichnung eines neuen Handelsabkommens mit der Sowjetunion. So wurde das geplante Wirtschaftsplenum der Partei in eine Veranstaltung umgewandelt, die Moskau-Treue widerspiegeln sollte. Ausgesucht als Exempel hatte man sich die Kultur. Man hieb mit der Axt hinein. Das ND startete eine erste Kampagne gegen Wolf Biermann, die Berliner Zeitung attackierte Stefan Heym und die Zeitschrift »neue deutsche literatur«. Und deine Diplomarbeit an der journalistischen Fakultät der Leipziger Karl-Marx-Universität geriet ebenfalls ins Visier. Ein Außengutachten stellte fest, dass sich »der Parteilichkeitsbegriff des Verfassers als unzulänglich« erweise. Du wolltest, so die Behauptung, »dem Beruf des Reporters möglichst jede politisch-weltanschauliche Konzeption beim Herangehen an die Wirklichkeit als ›Voreingenommenheit‹ verwehren«. Das durfte nicht durchgehen.

Das Detail im Verhältnis zur Aussage, das war das Thema meiner Diplomarbeit. Gern zähle ich die Grashalme *(lacht)*: Wie viele wachsen durch Beton?

Wie hieß das Thema genau?

»Sozialistische Gestaltungsprinzipien in der Reportage. Untersuchungen über den Zusammenhang von Detail und Aussageabsicht«. März 1966.

Aus dem Sportreporter-Traum würde nichts werden, du hast dich für die Reportage begeistert.

Mir fiel nichts ein, mir fiel was auf. Und nicht von außen wollte ich verbessern, sondern im Inneren mitarbeiten. Nicht Abstand, sondern Teilnahme. Beim Studium saß ich ständig in der Deutschen Bücherei und las Freud, Nietzsche. Ich schaufelte Geist in mich. Mich beflügelte alles, was mich gewissermaßen erweiterte.

Im Negativbescheid des Dekans über deine Diplomarbeit hieß es, du hättest »grundsätzliche Fragen der sozialistischen Parteilichkeit, die für einen Diplomjournalisten die Voraussetzung für seine Tätigkeit als Parteifunktionär sind, noch nicht verstanden … Wenn ein Porträt nicht lebendig ist, unterstellt Scherzer fatalerweise, dann werde manipuliert.«

Zitiert wird dazu meine Aussage: »Einer kann beispielsweise ein Sozialist sein und ein Sexualneurotiker, Lehrer, Volkskammerabgeordneter, Haustyrann – alles in einer Person.« Ja, ich war der Meinung: In Zeitungsreportagen in der DDR werde der Mensch stets zu einer Art Homunculus, es werde bei Porträts nämlich ein Bild konstruiert, das bestimmten Interessen diene und nur auf gesellschaftliche Teilbereiche zugeschnitten sei. Nie komme der ganze Mensch zum Vorschein, er werde instrumentalisiert, alles bleibe entweder diffus, oder man beschneide das Bild. Wir sind ja in uns eine Sammlung von Charakterfragmenten, aber unbelichtet blieb in den Zeitungen, dass ein maßgeblicher Funktionär auch Kleinbürger, ein gesellschaftliches Vorbild auch Egoist sein könne. Ich fragte: Was hat das für Konsequenzen, wenn man ihn porträtiert?

Das Bekenntnis zur Widersprüchlichkeit als das entscheidende Bekenntnis zur Wirklichkeit.

Genau. Und deshalb prasselten die Schlagworte gegen mich. »Unreife ... intellektuell-unverbindlich ... nicht annehmbar«. Harsch wandte sich der Dekan auch gegen Jean Villain, der protestiert hatte, wie ich behandelt wurde. Villain wurde zurechtgewiesen: Mich zu verteidigen sei »von der erzieherischen Seite her zu verurteilen, weil der Student Scherzer dadurch in seinem Erkenntnisprozess gehemmt wird«.

Das Brutale, Makabre ist ja, dass deine Arbeit zunächst mit »Sehr gut« beurteilt worden war.

Plötzlich aber wurde danach gefragt, mit welcher Wachsamkeit die Fakultät auf sozialismusschädliche Erscheinungen reagiere. Das 11. Plenum vom Dezember 1965 warf seine schweren Schatten. Liberaler Geist wurde abgewürgt. Jede höhere Leitung hatte nun gleichsam eine Prüfung abzulegen: Wie schnell, wie konsequent entlarvt sie Gegner des Sozialismus?

Stimmt, der Betreuer lobte meine Arbeit zunächst, überschwänglich sogar, ich wurde gebeten, als Diskussionsgrundlage für eine bevorstehende Tagung mit Reportern zentraler Medien Thesen und Ergebnisse der Diplomarbeit vorzulegen. Einige Tage später wurde ich zum Prodekan bestellt, er eröffnete mir, meine Arbeit weise eine parteilich falsche Grundlinie auf, sie werde zurückgewiesen. Es gab keine Benotung, und da die Arbeit gewissermaßen über Nacht nicht mehr anerkannt wurde, war ich auch zu den mündlichen Prüfungen nicht zugelassen. Also: kein Diplom, kein Staatsexamen, sondern Exmatrikulation. Und der Betreuer musste knirschend eingestehen, die Arbeit »nur flüchtig« gelesen zu haben. Vom Hauptabteilungsleiter Gesellschaftswissenschaften erhielt ich noch diesen Rat: »Vor allem sollten Sie sich einen richtigen Standpunkt vom sozialistischen Menschen erarbeiten ...«

Im Zusammenhang mit den Plänen von Jean Villain, eine neue Zeitschrift zu etablieren, hatte in deinem letzten Studienjahr ein besonderes Praktikum stattgefunden, es gab bei Villain einen Förderkurs. Ein kleines Kapitel Pressegeschichte der DDR – das traurig endete.

Wir wollten zurück zu Egon Erwin Kisch. Das heißt, wir haben vor Ort recherchiert und daraus eine Gliederung entwickelt und nicht bloß aus den Beschlüssen der letzten Sitzung des ZK der SED. Wir haben versucht, Klartext zu reden und zu schreiben. Kisch war ja auch ein Meister des erzählenden Kolorits. Er beschreibt Fernleitungen in Sibirien, wie auf den langen Drähten die Vogelschwärme sitzen. In schier unendlicher Weite unter hohen Himmeln. Und dann Kischs Frage: Wo saßen die Vögel, bevor die Leitungen gelegt, die Schneisen durch die Landschaft geschlagen wurden? Ein Bild genügt, um die Spannung aufzureißen zwischen Elektrifizierung und Natur, zwischen gewachsener Welt und technischem Eingriff.

Jean Villain hatte an die Universität geschrieben, er bat um Studenten, mit denen er, zum Beispiel für die »Neue Berliner Illustrierte«, Reportagen solch modernen Stils erarbeiten wollte.

Gewissermaßen als Vorstufe zur Gründung jener neuen Zeitschrift. »Profil« sollte sie heißen. So eine Art DDR-»Spiegel«, das Blatt wollte die geplanten Reformen Ulbrichts, das »Neue Ökonomische System der Planung und Leitung der Volkswirtschaft«, publizistisch unterstützen. Sozialismus, Marktwirtschaft und Demokratisierung als Einheit, hochinteressant für einen besseren Journalismus. Von der Fakultät wurden Axel Kaspar und ich ausgewählt, hinzu kamen aus Berlin Anne Dessau, Gert Prokop, Klaus Schlesinger. Wir trafen uns regelmäßig in der Wohnung von Marcel in Berlin.

Für dich bleibt Jean Villain: Marcel.

Ja. Wir lasen die Reportage-Klassiker, und Marcel brachte aus Westberlin Bücher mit, er durfte ja den Checkpoint Charlie in der Friedrichstraße passieren. Und natürlich wurden bei den Treffen unsere eigenen Texte diskutiert, für die er Themen vorgegeben hatte. Wobei das Peinigende darin bestand, dass der jeweilige Autor erst ganz am Ende der Diskussionen was sagen durfte, das fiel einem manchmal sehr, sehr schwer, man musste nämlich die Ungerechtigkeiten im Urteil erst mal still über sich ergehen lassen und hatte phasenweise das unschöne Gefühl der Wehrlosigkeit. Es wurde dazu gequalmt wie verrückt, ich war der einzige Nichtraucher. Eine Tortur. Klaus Schlesinger hat sich übrigens politisch heftig mit Marcel gestritten. Einmal ging es um ein Biermann-Lied gegen die Mauer. Marcel fand es nicht gut. Klaus sprang auf den Tisch, markierte einen wild um sich schießenden DDR-Grenzsoldaten und knallte Marcel entgegen: »Bin ich etwa kein Schwein, wenn ich so was mache!« Mit dem 11. Plenum des ZK der SED endeten unsere Träume. Das Zeitschriftenprojekt, angestoßen von einem Kommunisten und international renommierten Reporter, war gestorben. Zu offen, zu wahrhaftig.

Es gab aber eine Probenummer der geplanten neuen Illustrierten.

1800 Exemplare wurden an verschiedene Stellen zur Begutachtung versandt. Titelthema war das Fremdsprachendefizit in der DDR. Das griff tief in die Problematik von fehlender Weltoffenheit. Willi Stoph schickte einen Glückwunsch. Wer weiß, ob er wusste, was er tat. *(Lacht.)* Denn ansonsten: eisiges Schweigen und schließlich das Verbot. Auch in der NBI hatten sich die Fronten sehr schnell verhärtet. Man stichelte gegen den Reporter-Kurs, diffamierte uns Teilnehmer auf teils sehr bösartige Weise, unsere Methodik des Gewissenhaften, also auch Zeitaufwendigen, wurde als eitel und uneffizient, als angeberisch abgetan.

Klaus Schlesinger wurde Schriftsteller, Axel Kaspar erlangte Popularität im kritischen TV-Magazin »Prisma«. Waltraud Hannig, obwohl sie sehr talentiert war, konnte nicht mehr Fuß fassen im Journalismus, sie arbeitete als Bürokraft.

Sie hat mal in unserem Kurs ein Zitat eingebracht, das mir unvergesslich ist. Georg Herwegh: »Doch wenn einmal ein Löwe vor Euch steht, / Sollt Ihr nicht das Insekt auf ihm besingen.« Ein Aufruf zum Mut. Theodor Fontane hatte darauf in einem Brief an seine Frau Bezug genommen: »Gut. Ich bin danach Lausedichter, zum Teil sogar aus Passion; aber doch auch wegen Abwesenheit des Löwen.« Anne Dessau schrieb noch eine Weile für die NBI, flog aber bald wegen »Verächtlichmachung der DDR« raus. Sie ging zur »Weltbühne«, wurde eine erfolgreiche Fernsehautorin. Gert Prokop schrieb utopische Krimis.

In seinen Erinnerungen schreibt Villain: »Zunächst am schlimmsten erging es Landolf Scherzer. Wie Klaus Schlesinger hatte er für den Kurs eine Lippe riskiert. Und wie Klaus hatte er unsere Arbeit verteidigt und gegen die Zerschlagung unseres Kollektivs protestiert. Leider jedoch vor einem denkbar ungeeigneten Gremium, das gerade die Sachlichkeit, mit der er seine Argumente vorbrachte, als strafverschärfend wertete. Statt ihn, wie vorgesehen, bei Bewährung als festen Freien bei der NBI zu übernehmen, wurde er bald nach dem 11. Plenum und nach einem für mich so undurchschaubaren wie unaufhaltsamen Hin und Her zwischen diversen zentralen Berliner Instanzen und der Leipziger Journalistischen Fakultät nach Suhl verbannt.«

Marcel war jemand, der alles erklären konnte, alles erklären wollte. Als ich ihn kennenlernte, hatte ich meine Lauschphase. Hinhören, hinhören, hinhören. Ich scheute zunächst noch das Selberdenken, das Fragen. Ich hörte. Und im Hören lag auch etwas Höriges. Den Gedanken zum Beispiel, Afrika würde die Speerspitze des künftigen Sozialismus sein, hatte ich von Marcel. Und gläubig nickte ich. Ich hatte mich zwar in der Deutschen Bücherei in so viele Schriften wie möglich hineingegraben, aber dennoch: Ich fragte damals noch nicht, wie viel Wahrheit ein Standpunkt ausblenden darf, nur weil man ihm treu bleiben möchte. Und Marcel sprach damals nicht über die bitteren Seiten des Sozialismus; jeden Abend schaute er die »Tagesschau«, und kaum waren die Bilder und Berichte vorübergerauscht, hatte er schon glasklar analysiert, es stand ein Zusammenhang im Raum, der dich ideologisch kräftigte. Marcel war süchtig nach Einordnung, nach Eindeutigkeit. Das faszinierte mich, ich sah noch nicht, dass Einordnung immer auch Begradigung bedeutet. Lernen war für mich schöne Hingabe. Was an ihm so begeisterte, war eine Theorie, die alles Unwägbare ausschied, alles Fragwürdige, Relative, Unerwartete und Zufällige.

Villain wird dir später bescheinigen, »äußerst komplizierte Sachverhalte scheinbar mühelos in einfache und doch genaue Bilder« setzen zu können.

Na ja … Ich besuchte ihn oft zu Hause, in seinem Dreescher Bauerngehöft bei Prenzlau. Umgebaut zum Haus fürs Schreiben, Wohnen und für Begegnungen. Ich sollte, als er schon auf dem Sterbebett lag, seine Autobiographie »Reise ohne Rückfahrkarte. Ein Reporterleben« zu Ende schreiben. Ich habe es nicht tun müssen, er schaffte es noch selbst.

Die Treffen mit Jean Villain – was prägte sie?

Tee, Reportageanalysen, ernste Gespräche. Diese Gespräche waren schön, weil sie im Nu, im wunderbaren Überschwang, die Welt veränderten – die natürlich die gleiche geblieben war, wenn ich wieder ernüchtert zu Hause ankam. Wir haben aber nicht nur miteinander geredet, es ging auch sehr praktisch zu. Als Marcel mit seiner Schweizer Sturheit begann, den alten uckermärkischen Hof nach seinem Bilde umzubauen, habe ich ihm eine Woche lang geholfen, habe Türen braun gestrichen und Wände gekalkt. Eines Tages hatte er Dielenbretter organisiert, um im großen Arbeitszimmer eine Holzdecke anzubringen. Wir stiegen auf Stühle und nagelten die Bretter kopfüber. Was mir schwerer als ihm fiel, denn er hatte, so erzählte er oft, in einem israelischen Kibbuz als Tischler gearbeitet. Ich verstand immer: Sargtischler. Wenn wir später unter dieser Decke saßen, kam er, selbst im Beisein von Dritten, regelmäßig auf meine Beihilfe zu sprechen: »Jede Reihe Bretter, die du da oben angebracht hast, ist deutlich zu erkennen: alles kreuz und quer genagelt.« Ich darauf jedes Mal: »Warst du Sargtischler in einem Kibbuz oder ich?« Er jedes Mal empört: »Ich war im Kibbuz kein Sargtischler, sondern habe Kinderbetten gebaut. Merk dir als Reporter endlich: Auch wenn du eine Lüge hundertmal wiederholst, wird sie keine Wahrheit.«

In einem Text über Villain hast du geschrieben: »Bei unseren letzten Ritualgesprächen zum Thema Deckenbretternageln philosophierten wir dann noch, wie schwer es heute ist, die Lügen, die dem Kommerz und Konsum dienen und Auflagen und Einschaltquoten erhöhen sollen, noch als Lügen zu erkennen.«

Einmal besuchte mich Marcel in meinem Thüringer Häuschen. Und obwohl es mitten im Wald steht, gab er Ratschläge wie an einer Küste: »Du musst das Haus zu deinem Heimathafen machen. Von hoher See zurück, kannst du hier die Netze und die Takelage flicken. Proviant auffüllen. Kraft tanken, um zur nächsten Reise in See stechen zu können.« Sein Vorschlag: Ich solle den kleinen Seßlesbach im Tal vor dem Haus zu einem See anstauen. Marcel war da gerade auf der Durchreise, er musste weiter, ihm fehlte also die Zeit, sonst hätte er wahrscheinlich gleich angefangen mit dem Dammbau.

Du bist nie mit ihm auf Reisen gegangen?

Doch, einmal. Na ja, Reise ist zu viel gesagt. Wir fuhren in seinem alten Škoda nach Rostock. In den Überseehafen durften wir nicht. DDR-Sperrgebiet. Aber in Warnemünde standen wir am Leuchtturm, schauten minutenlang auf das Meer und schwiegen. Bis ich leise sagte: »Immer wenn ich auf das Meer schaue, möchte ich wissen, was dahinter ist. Immer möchte ich das.« Marcel versuchte, es mir »psychologisch« zu erklären: »Du stehst am Meer, aber meinst nicht das Meer. Es ist die Neugier, die du meinst. Die Neugier, die uns als Reportern hoffentlich bis zum Tode erhalten bleibt. Die Sehnsucht nach Geschichten und Gedanken fremder Menschen. Neugier auf die unbekannten Häuser, um zu hören, ob die Leute sich dort in den Treppengängen noch unterhalten oder wortlos aneinander vorübergehen. Neugier auf Chefetagen der Konzernbosse. Auf die Goldminen, in denen südafrikanische Sklaven schuften. Auf Ämter, in denen deutsche Arbeitslose Schlange stehen. Auf die Träume der Kinder und die Weisheiten der Alten. Das Meer ist nur ein Synonym für unsere Neugier: Wenn du die je verlierst, bist du kein Reporter mehr.«

Seitdem stehe ich, sooft ich in den Norden fahre, am Meer und schaue immer wieder, wie bei einem Ritual, sehr lange hinaus.

Wegen Marcel.

Hin zu ihm. Sein Grab ist das Meer. Er wurde beigesetzt wie ein Seemann.

Ein Satz von dir: »Wenn ich aufs Meer blicke, erscheint mir alles Leben so zauberhaft wie nie.«

Zur Ehrlichkeit gehört: Noch heute werde ich seekrank. Und damals, als ich für »Fänger & Gefangene« auf dem Fangschiff arbeitete, wurde mir auf spezielle Weise schlecht: Ich konnte nicht kotzen, und mir half nicht, mich auf die Planken zu werfen. Der Druck löste sich nicht, er ging nach innen, es war, als explodierte ich. Brot habe ich gekaut wie ein Irrer. Nur langsam kam ich zu mir. Trotzdem: »Der alte Mann und das Meer« von Hemingway ist mein Lieblingsbuch. Der Mensch in seiner Größe und in seiner Schwäche. In seinem Überwindungsdrang und in seinen Grenzen. Nicht im Mittelmaß, in dem wir anderen alle leben.

In Bergtälern endet die Welt, an Stränden beginnt sie. Ist das auch dein Empfinden?

Ich bin kein Raucher geworden, aber am Strand stecke ich mir nach wie vor gern ein Pfeifchen an. Am Horizont entzündet sich die Vorstellungskraft. Man denkt als Schreibender ja auch an Beginn und Schluss einer Geschichte, am Meer verliert sich diese Bemessung. Den Abstand zwischen Ursprung und Ende des Raums, den gibt es plötzlich nicht mehr. Weißt du, ich lebe gern hier in Thüringen, aber mit den Jahren ist mir auch bewusst geworden: Nach jedem Aufstieg ein Abstieg, dann der nächste Berg, der nächste Hügel, du bist umstellt, die Aussicht bleibt immer eine begrenzte. Ja, die Sehnsucht sitzt tief, ein Häuschen am Meer – das hätte ich mir bauen sollen.

Nicht kaufen, sondern bauen?

Unbedingt bauen. Was ich nicht selber baue, ist mir kein Zuhause. Ich will leben, nicht nur wohnen, und leben geht von den Händen aus, die zupacken. Vielleicht eine Mitgift aus der Kindheit. Wieder ein früher Protest gegen den Vater. Denn obwohl er Mühlenbautischler war, schlug er daheim nicht einen einzigen Nagel in die Wand, drehte keine Schraube ins Holz. Lieber ließ er sich von seiner Frau beschimpfen. Deswegen entwickelte ich Ehrgeiz beim Basteln und Bauen. Meine Mutter sprach, wenn ich loslegte, von »Baddelbau«; alles, was ich anpackte, wackelte ein wenig, aber es hielt, und es erhob mich über meinen trägen Vater.

Jean Villain war Teil deiner – zerriebenen – Hoffnung auf eine kräftig erneuerte Reportageliteratur. Du bist nach deiner Exmatrikulation vom Studium an die Zeitung »Freies Wort« in Suhl gekommen.

Ich wusste inzwischen, dass ich schreiben kann. Also war ich selbstbewusst genug, ohne Studienabschluss zur Zeitung zu gehen, ja, nach Suhl.

Ein Vermittlungszufall?

Ja, vielleicht auch »Strafvollzug«. *(Lacht.)* Schön weit weg schicken wir den Kerl. Ich kannte Thüringen nicht, ging aber frei von Beklemmungen dorthin. Vorbereitet hatte ich mich auf anderes: die NBI in Berlin. Das war damals was! Pro forma gab es sogar schon einen Arbeitsvertrag.

Die landläufige Zeitungshierarchie damals ließ ahnen: In Suhl würdest du erst mal Jugendredakteur sein.

Logisch. Das habe ich als Durchgangsstadium hingenommen, ich habe mich freigeschrieben, zur Reportage hin. Den propagandistischen Rest redete ich mir schön. Mitunter stöberte ich in einer eigens dafür geschaffenen kleinen Kolumne Alltagsprobleme auf oder lobte im Namen der Zeitung besonders rührige Leute in der Region – die Pseudonyme waren Pit Stöber und Grit Dufte. *(Lacht.)* Und was die NBI betraf – recht bald sagte ich mir mit gewisser Arroganz: lieber in Thüringen ein Beachteter als in Berlin vielleicht nur achtbar.

Der Schauspieler Klaus Piontek vom Deutschen Theater, stets sehr vorsichtig im Ehrgeiz, nicht erpicht auf Hauptrollen, zufrieden mit dem Hintergrund, sagte gern: Lieber Erster in Verona als nur Zweiter in Rom.

Oder der Erste in der Provinz.

In einer Tageszeitung der SED zu arbeiten, von 1965 an, immerhin fast zehn Jahre, das bedeutete: Parteijournalist zu sein.

Da war viel illusionistisches Hochgefühl, da war viel Vorgefühl von Zukunft, aber nicht wirklich Erkenntnis der Lage. *(Lacht.)*

Du hast politisch gedient.

Nein, ich musste nicht dienen. Ich habe aus eigenem Antrieb geschrieben. Und dabei lange Zeit Unterschiede zwischen politischer Einsicht und persönlichem Gefühl gemacht. Hab das getrennt. Mir fehlte das Selbstbewusstsein, mich zu meinen Zweifeln zu bekennen. Ich unterdrückte mich selber. Wenn ich zweifelte, unterbrach ich mich mit der Frage: Wem nützt das? Und wer war ich denn, mich selber zum Maßstab für die Erklärung der Dinge zu nehmen. Also versuchte ich, bildhaft und mit einem eigenen Stil, Details und Erlebnisse zu vermitteln. Wenn möglich, keine vordergründige, allgemeine Agitation. Das honorierten die Zeitungsleser, gerade auch wegen des Unterschieds meiner Texte zum Parteijargon rundum. Ich freute mich über die Resonanz. Und betrog mich damit.

Zeitung – oft genug, auch im übertragenen Sinne: Einwickelpapier.

Nicht erst die von gestern, sondern schon die von heute. Bis ich mir sagte: He, Scherzer, lass nach, lass ab!

Immerhin, du hast eine Konsequenz gezogen, du wurdest freischaffend.

Am Anfang hatte ich schreibend bekräftigen wollen, was ich bereits kannte, ich wollte »nur« einen neuen Ausdruck. Was mich zunächst umtrieb, war also die Frage: Könnte ich es noch genauer fassen? So entstand mein erstes Buch, »Südthüringer Panorama«.

»Spreewaldfahrten« hieß dein zweiter Reportagenband. Mit Beobachtungen zur Dreckschleuder des Kraftwerks Lübbenau bekamst du wahrscheinlich zum ersten Mal eine Ahnung davon, was ein Text an Nervosität auslösen kann.

Ja. Und jetzt interessierten mich tiefer liegende Wahrheiten. Jetzt wollte ich schreibend Dinge erfahren, die auch mich überraschen könnten. Die Parteileitung des Kraftwerks Lübbenau schrieb damals einen Brief an den Schriftstellerverband, an das Zentralkomitee in Berlin und an den 1. Sekretär der Bezirksleitung Cottbus, ich hätte mit meinem Buch den Spreewald in den Schmutz getreten und würde devisenbringende westliche Touristen verprellen. Natürlich sprach man nicht persönlich mit mir, der Brief fand sich nach der Wende, als das Archiv des Schriftstellerverbandes ausgeräumt und aufgelöst wurde. In der Reportage hatte ich über Arbeitsbedingungen und Umweltprobleme geschrieben, und dafür nannte man mich einen Nihilisten und Fatalisten, dessen Texte furchtbar schädlich seien. Am Ende des Briefes stand die Forderung, im Greifenverlag alle Verantwortlichen für die Veröffentlichung des Buches zu bestrafen.

Eine weitere Verbreitung der Reportagen im Bezirk Cottbus wurde durch den 1. Sekretär der SED-Bezirksleitung verboten. Die organisierte auch eine öffentliche Beschwerde eines leitenden sorbischen Redakteurs der »Nowy Casnik«. Ich würde grundsätzlich alles »herabmindern«, und dann hagelte es Beispiele, was ich geschrieben hatte: »mickriger Hahn«, »nackter Cottbuser Ziegelbau«, »verdrecktes Cottbuser Wasser«, »langweilig gleichbleibende Architektur«. Skandalös, dass da stünde, »die Feuerwehr treffe sich regelmäßiger als die Dorfparteigruppe«. Sorbische Bräuche würden beschrieben, schön, schön, aber solche Feststellungen wie »Und die Burschen trinken ohne Pause, einige schlafen schon um zehn Uhr auf oder unter den Holzbänken« seien nicht dazu angetan, »den positiven Inhalt dieses Festes zu verdeutlichen«. Die Beleidigung der Arbeiterklasse und das »Dekadente« kämen allein schon dadurch zum Ausdruck, dass der Autor schreibe, »dem Kunstflugtraining der Vögel um die Schornsteine herum zuzusehen, sei am interessantesten«.

Umweltschutz war notgedrungen eine Domäne christlicher Gruppen. Hattest du Kontakt?

Nein, ich hatte keinen Blick für wahre Verbündete. Ich hätte sehen und erkennen müssen: Wenn Christen von Schöpfung sprachen, steckte dahinter doch die gleiche Sorge, die auch ich angesichts der Kraftwerke und schmutzigen Flüsse empfand. Viele ihrer Informationen und Materialien hatten die Kirchenleute aus dem Westen bezogen. Schon standen sie für mich in Verdacht.

Mich diesen Menschen anzuschließen, bei ihnen aus meinen Texten zu lesen – es kam mir vor wie Beifallssuche auf der falschen Seite. Im Herbst 1988 wollte ich über die Verschmutzung der Werra schreiben. Ich wusste, das ist heikel. Trotzdem ging ich auf Wanderschaft, von der Werraquelle bis zur Mündung. Von Ort zu Ort füllte ich Flusswasser in kleine Schnapsflaschen.

Die du alle vorher ausgetrunken hattest?

Ja. Miniflaschen. Und auf mehrere Tage verteilt. *(Lacht.)* Ich wollte am Ende meiner Tour den Geschmack der Proben vergleichen. In Hildburghausen stieg ich die Uferböschung hinunter, die Werra stank, man konnte es nicht anders sagen. Ein Volkspolizist hatte mich gesehen, er kam mir nach und sagte fürsorglich, ich könne das Wasser auf keinen Fall trinken. Als ich ihm zustimmte, ja, das wisse ich, war natürlich sein Misstrauen geweckt. Was ich denn dann hier wolle. Ich stotterte etwas von Probenentnahme, Buchprojekt, Umweltschutz. Da ich keine amtliche Erlaubnis besaß und private Messungen verboten waren, wurde ich aufs Revier gebracht. Meine Erklärung dort war feige, ich sprach von »unserer Gruppe«, was die Sache nur verschärfte, denn es wurden nun mehrere Täter vermutet. Warum dieses »Wir«?

Es war der Versuch, sich zu verstecken.

Ein Schutzreflex. Die Gewohnheitsform, sich wegzuducken. Wie oft habe ich dieses »Wir« missbraucht? Ich vermute, zu oft.

Im Gespräch mit dir kriegt man schnell mit, du möchtest dein Schreiben nicht als Kritik benannt wissen.

Ich weiß, das ist ein wenig spitzfindig. Aber Kritik, das ist für mich nah an Opposition und Dissidenz. Davon war ich weit entfernt. Kritik ist Abkehr und Gegenwehr, ich aber kehrte mich nicht ab, ich wehrte mich nicht gegen die Gesellschaft. Ich opponierte nicht, und ich wollte das auch gar nicht. Ich habe nicht mehr getan, als Tatsachen aufzuschreiben, die von anderen verschwiegen wurden. Tatsachen zu benennen ist keine Kritik. Es ist notwendige Ergänzung. Meine Reportagen wollten – Fürsprache sein.

Wirklich, Landolf: etwas spitzfindig. Du hast die Sowjetunion bereist. Daraus entstand das Buch »Nahaufnahmen. Aus Sibirien und dem sowjetischen Orient«. Das knüpft an das Ergänzende an, von dem du eben sprachst. Das Buch sollte nämlich zunächst den Titel tragen »Ergänzung zu einem Wunder«. Dies nahm Bezug auf einen zweiteiligen Dokumentarfilm über die Geschichte der Sowjetunion von Annelie und Andrew Thorndike, der in den Sechzigern hochgejubelt wurde, er hieß »Das russische Wunder«. Eine groß propagierte Hymne auf jenen sowjetischen Erfolgsweg, der aus Bauernkaten bis in den Weltraum geführt hatte.

Den Film bejahte ich zutiefst. Mit meinen Reportagen wollte ich »nur« kleine, noch mal das Wort: Ergänzungen zu diesem Wunder liefern. Der Titel wurde abgelehnt. Zum Beispiel hatte ich geschrieben, dass in Kaluga Betrunkene an den Straßenrändern liegen und es dort keine ordentliche Kanalisation gibt. Aufgeschrieben nicht, um die Sowjetunion zu verleumden, sondern um jener Ehrlichkeit willen, die zu einer Freundschaft gehört. Holzbaracken, Betrunkene im Straßengraben, faulige Abwässer? Alles Lüge, wurde mir entgegengehalten. Jahre später,1988, dienten genau diese Beobachtungen dem SED-Funktionär, der eine Kulturdelegation nach Kaluga leitete, plötzlich als Beleg, welcher Abstand zwischen Sowjetunion und DDR bestehe und warum wir also nichts von der sowjetischen Reformpolitik Gorbatschows zu übernehmen brauchten.

Einige der Kaluga-Texte waren im »Freien Wort« vorab gedruckt worden.

Bis es eine Parteistrafe gab. Zum Beispiel: Das Wasserkraftwerk Bratsk galt als Modell der wagemutigen, wissenschaftlich grandiosen, ingenieurtechnisch wuchtigen Gestaltungskraft des sowjetischen Genossen Prometheus, und ich hatte es gewagt, von einem der verantwortlichen Erbauer zu erzählen, er leide an Liebeskummer. Gefühlsverwirrung? Lebensschmerz? Gemütschaos? Und das bei einem Helden? Ging gar nicht! Heute lacht man, auch ich lache. Damals aber hieß es: Scherzer sei ein »Feind der Sowjetunion«. Du gucktest bei so einer Parteiversammlung in Gesichter, die Überzeugung ausstrahlten, nicht Denken.

Der Zwang zu journalistischen Beschönigungen nahm zu, ich spürte, das hielte ich auf Dauer nicht aus. Dazu kam die Geschichte mit dem »Bauernhotel« auf dem Suhler Ringberg. Für den Thüringer Wald ein Hotel wie das »Neptun« in Warnemünde. Den Bau hatte Erich Honecker 1973 versprochen, und der Ministerrat hatte den außerplanmäßigen »Schwarzbau« im März 1974 beschlossen, gewissermaßen mit Bückling vorm Generalsekretär, der nur mit den Fingern zu schnipsen brauchte. Gegen allen Realismus. Der Berg war Landschaftsschutzgebiet. Und die für einen Hotelbau nötige Infrastruktur fehlte. Kein Strom, keine Wasserleitung – das musste alles erst da hochgeleitet werden. Die Folge waren enorme Kosten für das Prestigeobjekt. Und Zerstörung der Natur. Die Kapazitäten reichten nicht vorn und nicht hinten. Dennoch wurde gebaut. Von unten, vom Tal aus, sahen die Suhler das alles, aber kein Wort durfte in der Zeitung stehen. Ich habe trotzdem darüber geschrieben. Nicht in der Zeitung, sondern im Jahreskalender des Greifenverlages. Die Parteiversammlung im »Freien Wort« wurde einberufen, weil Georg Menchén, der Kulturredakteur der »Thüringer Landeszeitung«, ein ausgezeichneter Theaterkritiker, meinen Text über das Ringberghaus im »Greifenkalender«-Buch gelesen und ihn in seinem Blatt, das auch in Suhl erschien, in Fortsetzungen abgedruckt hatte. Er wusste gewiss ums Verbot, versteckte sich aber – er war auch ein Schlitzohr – hinter dem Argument, der Buchtext sei doch garantiert »von oben« genehmigt worden und ein Nachdruck in seiner Blockpartei-Zeitung also kein Problem. Es wurde sehr wohl ein Problem. Obwohl ich nicht verantwortlich war für den Abdruck, statuierte die SED-Bezirksleitung das Exempel: strenge Rüge! Damals habe ich mitbekommen, dass man in einem Buch mehr sagen konnte als in einer Parteizeitung. Mit meiner Kündigung bin ich weiteren Bedrängungen zuvorgekommen. Nach der Parteistrafe bin ich also halb gegangen und halb gegangen worden und begann 1975, als freier Autor literarische Reportagen zu schreiben, wie ich es bei Jean Villain gelernt hatte.

Weggegangen aus der Redaktion bist du, weil du deine Themen in stärkerem Maße selbst bestimmen wolltest. An eine Posten-Karriere hattest du nie gedacht?

Nein. Ich war ja schon so etwas wie der Chefreporter. Bekam Sonderaufträge von der Chefredaktion. Oder beschaffte sie mir in Eigenregie. Einmal warfen Eis und Schnee die Stadt Suhl auf katastrophale Weise nieder, nichts ging und lief mehr. Die gesamte Nacht über blieb ich draußen in der zufrierenden Welt, schrieb ohne Auftrag eine ganze Seite für die Zeitung. Natürlich wurde die gedruckt; unvergesslich neben dem eigentlichen Erlebnis: die Blicke mancher Kollegen über so viel Eigenmächtigkeit und Übereifer.

Was trieb dich bei der Themensuche?

Bleiben wir beim Frost: Ich musste ins Fiebern kommen. Als die Schneemassen das Land überfielen und die Natur fast einen Sieg errungen hätte, da fand sich eine ganze Republik zusammen, jeder packte an, der etwas verstand von Hilfe, von Reparatur, von Handwerk – und für einen Moment war die Gesellschaft regelrecht stolz auf sich. Und von so was musste doch erzählt werden! Der Osten war doch überhaupt ein Landstrich, den fortwährend Reparaturarbeiten banden, immer wieder dieses Instandsetzen, Ersetzen, Ausgleichen, Nachfüllen, Improvisieren. So entstanden Reparatur- und Havariebewältigungsgenies, ein Ingenieurtyp, der im Grunde alles reparieren konnte. Leider wurde auf dem Weltmarkt genau für diese großartige Gabe nichts gezahlt. *(Lacht.)*

Fühlte man sich besonders, wenn man gleichsam rausgedrängt wurde aus einer Redaktion?

Deine Frage klingt wieder nach dem Dissidenten-Bonus. Unsinn! Ich wollte raus, ja, allerdings nicht so. Es war für mich keine Heldengeschichte – aber auch keine Tragödie. Ich wusste, dass ich nicht verhungern würde. Punkt. Ich hatte nie in meinem Leben Existenzangst.

Wie hast du in Suhl gewohnt?

Erst mal gar nicht in Suhl, sondern in der Nachbarstadt Zella-Mehlis. Man gab mir dort ein Zimmer in einer ehemaligen Fleischerei, im Schlachthaus, neben der Räucherkammer, noch immer roch es nach Wurst. Toilette auf dem Hof. Es war, als sollte mich alles an besagte Strafversetzung erinnern, man wollte wohl vorsorgen, dass in mir kein Wohn-Wohlgefühl aufkam. Aber mir war die Unterkunft gleichgültig. Ich nahm sie an, wie man etwas Unabänderliches hinnimmt. Mit Behausung straft man mich nicht. Wo meine Matratze liegt, ist mir egal. Irgendwann wurde die Kreisredaktion in Suhl verkleinert, die zwei frei werdenden Zimmerchen im Erdgeschoss erhielten meine damalige Frau und ich. Somit hatte ich eine Unterkunft direkt am Arbeitsplatz. Bis ich mit meiner Familie eine Zweizimmerwohnung in einem Siedlungshaus in Suhl beziehen konnte.

Der Bezirk Suhl wurde in der DDR gern die »autonome Gebirgsrepublik« genannt. Die einen sagten es arrogant, so wie man etwas Abgeschriebenes, wahrlich Hinterwäldlerisches bezeichnet, andere beneideten euch ein bisschen.

Beides hatte seine Wahrheit. Um ein Beispiel aus meiner Hochseefischer-Zeit zu nehmen: Das Fischfilet kam immer nur bis Erfurt, der Rennsteig war für Fischfilet undurchlässig. Wir vom Rande kriegten die Fischschnitzel, mehr nicht. Ja, wir waren weit weg von Berlin. Das wärmte, das sorgte für ein Zusammengehörigkeits- und Heimatgefühl, das gab uns etwas Provinzielles, aus dem wir zum Beispiel Lust und Laune auf Volkstänze und Chöre bezogen. Rundum Berge, im Winter tiefer Schnee, man setzte sich gemeinsam hin, erzählte und sang. So eine Lebensweise lässt ganz andere Energien entstehen als in Großstädten oder auf dem flacheren Land. Hier war es, als würden die Kräfte aus der Erde wachsen.

»Der Baum wächst durchs Gebirge« heißt es beim Dichter Walter Werner.

Und das Gebirge wächst durch den Menschen. Die Enge schuf seltsame Reflexe. Auf der einen Seite genoss man das Abgeschiedene, das gewisse Unbehelligtbleiben, andererseits aber war man in den regionalen Parteiführungen extrem folgsam, wenn Weisungen aus Berlin kamen.

Obrigkeitsferne befördert eine spezielle Form von Obrigkeitseifer.

Man war nicht so abgeklärt wie in der Hauptstadt. Es war doch bezeichnend, dass Albrecht in Suhl und Müller in Erfurt die schlimmsten SED-Bezirksparteichefs waren. Fühlten und verhielten sich wie Fürsten, fuchtelten mit ihrer Macht herum, agierten autoritär, aber zugleich waren sie hörig und lauerten, bloß keinen Fehler zu begehen.

Galt euch Thüringern »hinterm Berg« Berlin als Einkaufsparadies?

Als Vorsitzender des Suhler Schriftstellerverbandes musste ich oft zu Sitzungen in die Hauptstadt. Jedes Mal, wenn mich die Kollegen sahen, haben sie gelacht: Da, der Thüringer aus dem Wald, wie immer mit dem großen Rucksack. Leer her, voll zurück! Literatur hin oder her – Berlins Markthalle war ebenso wichtig: ungarischer Paprika, polnische eingeweckte saure Gurken, kubanische Orangen.

Landolf, im Jahre 2002 erschien: »Die Fremden. Unerwünschte Begegnungen und verbotene Protokolle«. Es sind Geschichten von Freundschaft und Fürsorge, aber auch von Vorurteilen und schleichender Diskriminierung. Berichte von jungen Männern aus Moçambique, die Anfang der achtziger Jahre nach Suhl gekommen waren, um hier zu arbeiten. Du hast einige von ihnen, sozusagen die Letzten der Moçambiquaner in Suhl, um die Jahrhundertwende herum befragt. Kombiniert sind diese Erkundungen mit Gesprächen von 1982, die in der DDR nicht erscheinen durften: Auskünfte von DDR-Bürgern über die Afrikaner, die da plötzlich in Thüringen angelandet waren. Du hattest diese Protokolle zunächst für dein Buch »Bom dia, weißer Bruder« vorgesehen, das 1984 herauskam. »Die Fremden«, achtzehn Jahre später, bildete nun den traurigen Abschluss deiner intensiven Beschäftigung mit Afrika.

Anfang der achtziger Jahre hatte ich in Moçambique gearbeitet, wo FDJ-Freundschaftsbrigadisten aus der DDR im Bergbaugebiet von Moatize Klempner, Maurer, Landwirte und Tischler ausbildeten. Für die Kumpel dort bauten wir kleine Steinhäuser. Als ich zurückkam, erfuhr ich, dass man 180 Moçambiquaner nach Suhl gebracht hatte, sozusagen ans Ende der kleinen DDR-Welt. Sie wurden als Kfz-Monteure angelernt und bei der Mopedproduktion eingesetzt. Wenn man die Zeitung aufschlug, war von den »Klassenbrüdern« die Rede, von »internationaler Solidarität«, aber kein Wort von den Fronten zwischen Schwarz und Weiß. Natürlich gab es Gutes, Positives: Die Moçambiquaner wurden nicht mit Billiglöhnen, sondern nach Tarif bezahlt, die Sprachschwierigkeiten waren keine unüberbrückbare Barriere für die Qualifizierung, und es gab deutsche Familien, die ein Herz hatten und äußerst zugewandte Gastgeber waren. Aber schon, dass »Schwarze« sofort Neubauwohnungen mit Fernheizung bekamen, worauf DDR-Bürger jahrelang warten mussten, entfachte Groll. Dieser Groll wurde gedeckelt, während all das hochgejubelt wurde, was ich als sozialistische Selbstverständlichkeit betrachtete.

Ich befragte daraufhin Leute aus Suhl über ihr Verhältnis zu den Fremden. Wollte – um es mal so zu sagen – die gewohnten Schönfärbereien mit Lebensfarbe versehen. Ich lernte Mädchen in Suhl kennen, die Freunde unter den Fremden hatten, mit Moçambiquanern verlobt waren; ich sprach mit deutschen Männern, die sich Brigadefeiern verweigerten, weil die jungen Frauen ihre afrikanischen Jungs mitbrachten. Ich kam in Gespräche hinein, die mich erschütterten. Aber so ist es eben: Wenn man nichts weiß über Fremde, wenn man nicht wirklich mit ihnen lebt, so hat das böse Folgen für das eigene Bewusstsein. Das kam zutage.

Namen deiner Gesprächspartner hast du teilweise geändert.

Aber erst für die Veröffentlichung 2002. Als ich 1981/82 mit den Leuten sprach, waren sie noch damit einverstanden, ihren Namen anzugeben. Der Kraftfahrer K. M. zum Beispiel, der damals 46 Jahre alt war und unmittelbar in der Nähe des Wohnheims sein Haus hatte, erzählte frank und frei, hier Seite 16 im Buch: »Wie sie hier ankamen, die Moçambiquaner, das waren noch ängstliche Menschen. Wirklich, die hatten Angst vor den Weißen. … Bis auf die Mischrassen, wo eine Weiße sich mal mit 'nem Schwarzen eingelassen hatte, die waren ja nun schon ein klein bisschen anders wie der Urschwarze. Die Mischlinge wussten, wie sie sich verhalten mussten. … Man müsste sie wirklich separat halten, die Schwarzen. Oder in anderen Ländern ausbilden, wo die Leute auch so sind. In Bulgarien vielleicht. … Der deutsche Heimleiter ist den ersten Tag mit ihnen spazieren gegangen im Wald, vierzehn Tage später hat er vier Mann mitgenommen und hat sie seine Kohlen reintragen lassen. … Wie oft werden sie nicht verstanden, auch wegen der Sprache. Was macht man dann, man trinkt. Im Suff verstehen sich alle. Aber keiner weiß, was sie für Sorgen haben. Als der Paolo Geburtstag hatte, kam er am Morgen hierher und sagte: ›Ich kann euch heute nicht einladen, hab ein Telegramm bekommen, der Bruder und der Onkel verunglückt – tot.‹ Da dachte ich, guck einer an, also sippenmäßig wie bei uns, wenn so was ist, wird alles fallengelassen. Eines Abends saß hier einer beim Nachbarn unter dem Zaun auf der Bank. Und da weint er. Sag ich: ›Na, Marcel, warum weinst du?‹ – ›Ich habe Heimweh, Sehnsucht nach meiner Mama.‹ Da hab' ich ihn eben mal 'ne halbe Stunde in den Arm genommen – es war nachts halb eins, ein herrlicher Sommerabend – na, und da war er zufrieden. Manchmal kommen auch Frauen rüber ins Heim. Eine Vierzigjährige aus Jüchsen. Die ist geschieden und zieht hier mit 'nem zwanzigjährigen Schwarzen los. Also dass die anderen Frauen hier nicht gut reden über so was, ist doch klar. Der Deutsche sagt: Sippe zu Sippe. Deutsch zu deutsch. Der Schwarze soll zu Schwarzen gehen, wo er hingehört.«

Oder E. S., er war Direktor für Kader und Ausbildung im Fahrzeug- und Jagdwaffenwerk, 60 Jahre alt, er sprach über die wachsende Normalität im Verhältnis der Geschlechter und dass Internationalismus auch in den persönlichen Bindungen gelte. Aber als das Tonband ausgeschaltet war, kam von ihm der Satz: Noch mal zu den Frauen: Also wenn meine Tochter mit einem Schwarzen ankäme, würde ich sie rausschmeißen.

Und so ging das weiter, in allen Protokollen: »Die Schwarzen, du siehst ja nicht mal, ob die rot werden, wenn sie schwindeln.« Oder: »Du schwarzes Schwein, mach, dass du an deine Arbeit kommst.« Wenn ein Moçambiquaner aus Versehen den Ball über den Gartenzaun in die Blumen schoss, was passierte? Er bekam den Ball selbstredend und in bester erzieherischer Absicht vom deutschen Nachbarn weggenommen. Und musste sich sagen lassen, wer Pflanzen nicht liebe, liebe auch nicht die Menschen. Und was den Ball betreffe, den bekomme er wieder, wenn er in zwei Jahren wieder nach Afrika zurückkehre. Das historisch gewachsene deutsche Strafkommando.

Es gab Verlagsgutachten, die keinen Zweifel daran ließen, dass die Protokolle nicht ins Buch »Bom dia …« gehören. Es hieß in der Ablehnung: »Da werden unterschwellig rassistische Positionen artikuliert, ohne dass ihnen der Autor aus Eigenem etwas entgegenstellt. In Interviews dieser Art müssten Haltungen spürbar gemacht werden, die eine Überwindung alter Vorurteile zumindest in Aussicht stellen. Dass es in der DDR verhinderte Rassisten gibt, ist ein alter Hut. Sie auch noch vors Mikrofon zu bitten ist eine verfehlte Methode.«

Plötzlich stand ich vor der Wahl: ein Buch veröffentlichen zu dürfen, indem ich etwas verschweige, oder auf das Buch verzichten zu müssen, weil ich auf der ganzen Wahrheit bestehe. Ich wollte das Buch, unbedingt. Natürlich war ich bestürzt und beleidigt. Aber die Alternative wäre gewesen: kein Buch über Moçambique. Nur wegen dieser Protokolle? Ich hatte nicht das Empfinden, dass deren Streichung den übrigen Text zu einer Lüge degradierte. Über ein Land wollte ich aufklären, das Leuten in der DDR weitgehend unbekannt war. Dieses Ziel nun aufgeben? Nein. Ich dachte daran, dass ich auf dem Flug nach Maputo, hoch über der Küste, das erste Stück Afrika unter mir gesehen hatte und meinem Vordermann im Flugzeug, der vom Studium in der DDR nach Hause flog, auf die Schulter klopfte: »Afrika! Du bist wieder zu Hause!« Zu meiner Verwunderung: Es rührte ihn nicht. Bis ich mir vorstellte, ein Schwede flöge, von Afrika kommend, über Sizilien, und ich sagte ihm euphorisch: »Europa! Ihr seid wieder zu Hause!« Der Schwede würde ebenso unbewegt bleiben wie der Moçambiquaner.

Europa ist für uns von jeher Vielfalt, Afrika aber einfach nur der schwarze Erdteil. Afrika, ein alles umfassender Begriff. Hatte uns jemals eine Schule die Unterschiede zwischen Kongo und Sudan oder Marokko und Moçambique beigebracht? Die Protokolle übrigens, die nicht ins Buch durften, habe ich später Pfarrern gegeben, sie verwendeten sie in Predigten und Andachten.

Wie gesagt, die Protokolle erschienen erst 2002, gewissermaßen posthum. Und erwiesen sich als elend aktuell. Dass du dich nach dem Ende der DDR überhaupt noch einmal mit Afrika befasst hast, war einer eher zufälligen Wahrnehmung zu danken.

Ich ging durch Suhl, ich sah das weite Feld, vielleicht viermal so groß wie ein Fußballplatz, darauf winterbraunes Unkraut und in der Mitte eine einsame Blautanne. Fehlte nur noch fauchender Wind, und man hätte sich eine kalte Steppe vorstellen können. Rundum Maschendrahtzaun, festgemacht an verwitternden Betonpfeilern. Nie wäre ich hier stehen geblieben, hier gab es nicht mal Brennnesseln für die Frühjahrssuppe oder Beifuß für den Winterbraten. Ich blieb nur deshalb stehen, weil da ein Mann stand, im Februar 2002. Der Mann fror, ein Afrikaner in dünnem Jackett, und ich dachte: Sie wissen immer noch nicht, wie man sich im Winter in Deutschland anzieht. Er trug einen schwarzen Schlips zum weißen Hemd. Ich sprach ihn an, er erschrak wie ein Mensch, den man erwischt hatte, und dann erzählte er. Er wohne im Norden Moçambiques, 1980 sei er mit dem ersten Transport, ja, er sprach tatsächlich vom »ersten Transport«, nach Suhl gekommen. Fünf Jahre habe er Mopeds gebaut. Wenn er fünfzig werde – durchschnittlich würden moçambiquanische Männer nur vierzig Jahre alt –, habe er ein Zehntel seines Lebens in der DDR verbracht. Er arbeite jetzt im Erziehungsministerium von Maputo, nehme derzeit an einer Tagung in Stuttgart teil, habe aber einen Umweg über Suhl gemacht. »Ich wollte mein klein Leben noch einmal sehen.« Eine Plastetüte trug er bei sich, er wolle Steine und Erde mit nach Hause nehmen, für das Steingrab eines Arbeiters, der nach seiner Rückkehr aus der DDR von den Bandidos erschlagen wurde. Steine und Erde »von seiner Wohnung in Deutschland«. Caetano, dieser Mann aus Tete, blickte über die umzäunte Ödnis, hier standen einst die zwei Wohnheime für die Moçambiquaner: »Warum alles weg?«

Der ehemalige Kraftfahrer, mit dem ich 1982 gesprochen hatte und der mich jetzt nicht mehr reinlassen wollte für ein nochmaliges Gespräch, warf mir kurze Zeit später vom Fenster im ersten Stockwerk seines Hauses knapp und hart die Antwort herunter: »Sonst hätten sie uns vielleicht noch Asylanten reingesetzt. Hier, mitten ins Wohngebiet!«

Als der Herbst 1989 wahrhaftig in Winter übergegangen war, in die Kälte ganz aus Ökonomie, und die Moçambiquaner sich selbst überlassen wurden und blieben, gab es aber auch Menschen, die sich um die Afrikaner kümmerten, etwa die Pfarrersfamilie Vater aus Viernau.

Ein paar der Arbeiter blieben in Suhl, die meisten kauften sich Kühlschränke, Radios und Fahrräder und machten sich auf die Rückreise. Unter denen, die zurückmussten, waren auch Männer, die inzwischen Väter geworden waren. Noch einmal schlossen sie ihre Kinder in die Arme. Heulendes Elend.

Christina Vater, die Frau des erwähnten Pfarrers, hatte auf einer der Kundgebungen, die nun zum Herbst-Alltag der DDR gehörten, über »versteckten Rassismus« gesprochen. Darüber, wie sie als Sozialarbeiterin nicht ins Wohnheim der Mädchen aus Namibia durfte, die in Oberhof in Hotels arbeiteten. Darüber, wie die Mädchen um Unterstützung geradezu flehten und die Pfarrersfrau auf allen vieren unter dem Pförtnerfenster hindurch ins Heim kroch, um unbemerkt zu bleiben. Wie man ihr am Runden Tisch der Demokratie offen gesagt hatte: »Bevor wir unsere Arbeiter entlassen, schmeißen wir Ausländer raus, denn die Verträge mit denen haben die Kommunisten abgeschlossen.« Die Leitung des Suhler Fahrzeugwerkes bestellte die Frau ein (woher die Anmaßung?!), sie solle widerrufen. Sie tat es nicht.

Ich muss noch mal und immer wieder auf Volker Braun kommen, er reagierte vor Jahren in einem Text, »Die Leute von Hoywoy«, auf die fremdenfeindlichen Ausschreitungen in Hoyerswerda nach dem Ende der DDR, er beschwor noch einmal die Erbauer von einst, berühmte Pioniere, mit denen er als junger Dichter selber, in die Produktion verbannt, gearbeitet hatte, »im mitteldeutschen Loch« – und nun? »Was für eine Rasse, fragte ich mich, hatte sich hier eingenistet, in den banalen Neubauten, auf den rohen Maschinen. Was hatte sich ausgebildet in dem faulen Frieden, in der Langeweile des Staats. In dem Schreberland zwischen Losung und Leben. Sie waren sesshaft geworden. Sie waren nicht weitergereist in die Zukunft, nicht in die Welt. Sie hatten sich eingerichtet in ihrem billigen Eigentum. *[…] Unwissend und argwöhnisch betrachteten sie die Fremden … und sie ruhten nicht und ließen randalieren, bis das Pack auf Transport ging.« Wieder dieses Wort: Transport!*

Das ist, neben berührenden Beispielen wirklicher Völkerfreund-

schaft, auch dein Grundton, deine Enttäuschung. Hat man das Buch »Die Fremden« gelesen, staut sich Unmut an, macht sich Zorn bemerkbar, kommt ein unglückliches Gefühl in Richtung eigener Leute, ja Genossen auf. »Die Politbürokraten fühlen sich zunehmend den Stammtischen verpflichtet«, schreibt Günter Wallraff im Nachwort und sagt »ansonsten fortschrittlichen Politikern« nach, sie machten »ihre Aufwartung den letzten Traditionalisten, Schützen-Trachten-Spießer-Vereinen und einen großen Bogen um das Roma- und Flüchtlingselend vor der eigenen Haustür«.

An diesem Punkt bewegen mich nach wie vor Unsicherheit und Ratlosigkeit. Gibt es heute eine Lösung des dringlichen Problems der Integration, der multikulturellen Gesellschaft, ohne dass neben dem Verständnis für Fremde zugleich auch Gehör für jene aufgebracht wird, die sich von Migration überfordert fühlen?

Übrigens endete Braun seinen Text über die »verächtlichen Wesen«, diese verhassten, zuschlagenden Hoywoyer: »Ich gehörte noch zu ihnen.« – Deinen Erlebnissen als FDJ-Brigadist in Moçambique hast du 1986 ein Tagebuch speziell über dieses Baustellenleben hinzugefügt, »Das Camp von Matundo«. Während der Arbeit am Buch ging ein Brief von dir an die Leitung des FDJ-Verlages Neues Leben, geradezu verzweifelt, auch zornig.

Im Verlag erschien zur gleichen Zeit, da ich an meinem Text schrieb, das Reportagebuch eines anderen Autors, »Lieder vom Sambesi«, ich las es, mir blieb die Luft weg, ich musste unbedingt reagieren. Ich schrieb dem Verleger, dies sei »ein seichtes Märchen darüber, wie wir uns das Neue in Afrika vorstellen, nämlich so, wie wir es uns selber wünschen«. Ich war der Ansicht, ein Verlag könne nicht zwei so entgegengesetzt beschreibende Bücher veröffentlichen, und schon gar nicht würde ich mich darauf einlassen, den Ton des anderen Buches auch nur ansatzweise zu übernehmen.

Ein Auszug aus dem Brief:

»Der Autor beschreibt den Springbrunnen im Gebäude der FDJ-Brigade euphorisch als Symbol für den Fortschritt, als Beweis, wie der Sozialismus sich entwickelt in Moçambique, aber kein Wort, dass das lediglich ein Privileg für die DDR-Leute ist, dass bei ihnen zwar ununterbrochen der Springbrunnen läuft, aber die Mütter der Kinder, die da freudig durch den Zaun lugen, das Wasser kilometerweit durch die Savanne tragen müssen, ja selbst die Bergleute in Moatize sich nur sparsam waschen können, weil das Wasser meist abgestellt wird. Nein, das sind nicht nur Details, das ist das rosarote Grundprinzip! Die moçambiquanischen Arbeiter, die aus der DDR zurückkommen, haben angeblich nur einen Wunsch: ihrem Land und der Revolution zu dienen? Ja ja, und überall, wo noch Probleme sind, gibt es die potenziellen Heinzelmännchen, Heinzelmänner, Heinzelgenossen aus Kuba, der UdSSR und der DDR. Mit deren Hilfe kriegt man alles in den Griff? Herrgott, warum denn dann der Vertrag mit Südafrika, weshalb dann die 400 000 Verhungerten 1983, und wieso können die Banditen noch immer fast alle Verbindungswege im Landesinneren kontrollieren? Weshalb die Versuche des Staates, sich ökonomisch stärker an den Westen zu binden? Warum, wenn die sozialistischen Länder angeblich so stark sind und überzeugend wirken? Und angeblich überall ein sozialistisches Bewusstsein wächst? Alles Lüge. So ein Buch schadet, weil es unwahr ist. Ich darf Sie deshalb fragen, ob Sie noch Wert auf mein Buch ›Das Camp‹ legen. Ich schreibe auch über die tapferen Kämpfer der Revolution, es gibt leider sehr wenige, aber ich schreibe eben auch über die Deserteure, Privilegierten, Fatalisten, Unwissenden, Abwartenden, Karrieristen, über den Hunger, die Banden, das Elend des Kolonialismus – und unseren Versuch (!) zu helfen.«

Deinen schlimmsten Tag in Afrika habe ich anfangs unserer Gespräche angedeutet …

Der Maistopf, die Toten, verhungert … Matundo schien auf den ersten Blick schön und exotisch. Ich sah den träge fließenden Sambesi. Auf Sandbänken sonnten sich Krokodile. Flusspferde trieben im Strom, behäbig und bewegungslos wie dicke schwarze Stämme. Savanne, dürres braunes Gras. Dornige Büsche, Akazien wie Schirmpilze und überall die »Wächter Afrikas«, diese dickstämmigen Affenbrotbäume.

Aber, ja: In Afrika erlebte ich, nach einer schrecklichen Dürrezeit, meine furchtbarsten Lehrstunden, was Würde und Menschenrechte bedeuten. Mütter hörte ich schreien, und ihre verhungernden Kinder hielten sie in ihren Armen. Wie Opfergaben. Aber Gaben, deren Opferwert sie nicht verstanden, gegen den sie anschrien, ohne etwas ändern zu können. Mein Bildgedächtnis gibt diese Frauen, diese Kinder nicht wieder her, auch die alten Männer nicht, deren eiternde Wunden den Tod ankündigten, nicht den Tod schlechthin, sondern das, was an Bitterkeit vor der Erlösung liegen würde und schon sichtbar war: das qualvolle Sterben. Überall lagen Tierkadaver, verdurstet vor ausgetrockneten Tümpeln. Wasser, überall die letzte Hoffnung, die im Sand, im Staub versickert war.

Das Lebensrecht der Menschen und das Lebensrecht der Tiere: Wie beide Rechte zusammengehören, das Recht jeder lebenden Kreatur – das offenbarte sich dir in seiner schlimmsten Form, nämlich in der ähnlich elenden Art von Mensch und Tier, zugrunde zu gehen.

Pinto, einer der jungen afrikanischen Arbeiter, lief jedes Wochenende Dutzende Kilometer durch die Savanne, um seinen Geschwistern und seiner Mutter sechs Handvoll Maiskörner zu bringen, die er von seiner Ration aufgespart hatte. An einem Montag kam er zu spät zur Arbeit zurück. Seine Mutter und seine jüngste Schwester waren verhungert, er hatte sie begraben müssen. Für die Holzsärge und das Totenmahl war das letzte Geld draufgegangen. Seit zwei Tagen hatte er nichts mehr gegessen außer Schmerztabletten, die er im Camp kostenlos bekam. Damit versuchte er, den Hunger zu betäuben. Er machte es wie viele andere, er ging frühmorgens zum posto médico, klagte über Kopfschmerzen und schluckte die Tabletten.

Ich sah diesen erbarmungswürdigen Menschen, ging in die Küche und holte Brot. Wir Weißen besaßen eine eigene Küche, aber das Brot musste ich unter dem Hemd verstecken. Verstecken vor meinen Landsleuten aus der DDR, die den Afrikanern Häuser bauten! Die aber immer warnten: Wenn wir einem der Schwarzen Brot geben, kommen morgen viele, und übermorgen wird uns das Brot selber fehlen. Was dann? »Willst du selber irgendwann auch nur Blätter fressen?«

Ich schwieg. Ich schrieb es in mein Tagebuch. Und brachte Pinto das Brot.

Wie sagt Brechts »Heilige Johanna der Schlachthöfe«: »Oh, folgenlose Güte! / [...] Ich habe nichts geändert. / Schnell verschwindend aus dieser Welt ohne Furcht / Sage ich euch: / Sorgt doch, dass ihr die Welt verlassend / Nicht nur gut wart, sondern verlasst / Eine gute Welt!«

Ich schämte mich. Dafür, dass es nötig war, dieses Brot unterm Hemd zu verstecken, aber auch dafür, dass ich es verbarg. Dafür, dass ich gewissermaßen Einverständnis zeigte mit den herrschenden Verhältnissen. Dafür, dass man so ohnmächtig war. In meiner Gruppe arbeitete auch ein alter Afrikaner, ich nannte ihn ehrfurchtsvoll »o meu pai«, mein Vater. Er war so alt, dass er sein Alter vergessen hatte. Es war ihm anzumerken, dass die Arbeit zu schwer für ihn war, ich versuchte, ihm die Plackerei abzunehmen. Wir wuchteten große Hohlblocksteine auf einen Laster, der Mann ächzte wie ein Gewichtheber, der seine Gewichtsklasse total überschätzt hatte. Als ich ihm diese Arbeit verbot, ging er auf die andere Seite des Lkws und mühte sich heimlich, einen Stein hochzuhieven. Ich habe ihn regelrecht angeschrien und ihm geholfen, sich auf einen Sandhaufen zu setzen, damit er sich ausruhte. Aber er wehrte sich, Pinto übersetzte: »Chef, du sollst ihn, bitte, nicht wegjagen. Ohne seinen Arbeitslohn wird seine Familie verhungern müssen.« Ich schluckte, ich wusste nicht, was ich sagen sollte, ich habe den steinalten Mann umarmt.

Die Bauakademie der DDR lieferte das Beispiel einer geradezu arroganten »Solidarität«.

Ja, die Bauakademie dachte sich zum Beispiel für die Gegend, in der wir waren, Bebauungspläne aus, die im Grunde nichts anderes waren als die Übertragung von DDR-Reißbrettstädten auf die Verhältnisse in Moçambique. Eisenhüttenstadt übersteigert! Man hatte auf den Reißbrettern die afrikanischen »Jahrhundertwächter«, die Affenbrotbäume, bereits gerodet und die freien Flächen für vierspurige Autobahnen vorgezeichnet. Ich habe mich dreimal an die vorgesehene Strecke von Tete nach Moatize gestellt, gegen 16 Uhr, und habe die Fahrzeuge gezählt. Der Rekord waren 58 Autos und 9 Radfahrer in einer Stunde. Vierspurig, die Autobahn! Und in den Dörfern verhungerten die Menschen.

Auch gegen dein Tagebuch-Manuskript wurde Einspruch erhoben. Die Abteilung Jugend beim ZK der SED fuhr hanebüchene Argumente auf: »Auf der Seite 11 wird über einen Boy geschrieben, der in der Brigade abwaschen, die Küche ausfegen und den Aufenthaltsraum sauberhalten muss. Da wir prinzipiell gegen den Einsatz von Afrikanern als Boys sind, sollte diese Aussage herausgenommen werden. FDJ-Brigadisten sind so erzogen, dass sie alle Arbeiten, auch die einfachsten und unangenehmsten, selber verrichten ... Auf Seite 111 schlagen wir vor, den Satz zu streichen: ›Die vertreiben die bettelnden Kinder mit einem Katapult.‹ Ein solches Verhalten ist unwürdig für DDR-Bürger und sollte nicht noch popularisiert werden.«

Den Begriff »Westklamotten« – streichen! Von »zwei Teilen Deutschland« hatte ich geschrieben – streichen! Ich hatte auch erwähnt, wie vergeblich ich mal um ein Gespräch mit dem Parteichef von Suhl gebeten hatte – streichen!

Ihr habt Hohlblocksteine produziert.

Grundsätzlich: Ich bin kein Handwerker, ich kann nur malochen. Nun sollte ich Ausbilder sein? Ich blieb der Malocher. Das war aber schwierig, als Chef der Produktion von Hohlblocksteinen geriet ich in einen ungeahnten Konflikt. Es mussten morgens große Haufen Sand und Zement gemischt werden, natürlich schippte ich mit. Die Sonne brannte. Mir lief der Schweiß.

O meu pai hatte mich beobachtet, er nahm mir die Schaufel aus der Hand: Ich sei der Chef, kein Arbeiter. Das war für Einheimische ein schrecklicher Anblick. Ein »chefe« arbeitet nicht mit! Plötzlich war ich Angriffen ausgesetzt. Die Arbeiter prügelten mich beinahe, nur weil ich mit anpackte. Trotzdem arbeitete ich weiter, aber dosiert und vorsichtig. Drei Wochen dauerte es, ehe sie mich ohne Murren mitarbeiten ließen und also akzeptiert hatten, dass ich kein portugiesischer Kolonialherr war.

Ihr wohntet mit Klimaanlage und, gemessen an der allgemeinen Lage, im Komfort.

Aber Privilegien sind wie Krankheitsherde, sie machen überheblich. Vom Brot habe ich schon erzählt. Wenn die Afrikaner Pause machten, konnte man aus unseren Reihen hören: »Wieso hocken die Briketts schon wieder auf den Bäumen?« Die Deutschen fuhren wegen der Solidarität nach Afrika, aber den Rassismus nahmen sie mit. Beides war Realität. Wir sind nicht hingefahren, um auszubeuten, um Ressourcen herauszuholen, nein, die Solidarität war echt, der Rassismus allerdings auch.

In deinem Arbeitszimmer hier in Dietzhausen hängt ein Maurerlot. Aus Afrika?

Ja. Bevor ich 1982 nach meinem Jahr in Moçambique heimflog, schenkte mir o meu pai dieses alte afrikanische Maurerlot. Ein Kupferpendel an einer langen Schnur, die an einer Holzrolle befestigt ist. Eines Morgens zeigte er einem seiner neun Söhne die neuen Steinhäuser. Der Sohn, er mag dreißig Jahre alt gewesen sein, trug in seinen großen, schaufelförmigen Händen ein winziges Mädchen. Seine Hände wirkten wie das traditionelle schützende Tragetuch. Nie wieder danach habe ich in Afrika einen solch behutsamen Vater mit seinem Kind gesehen, denn in der Regel werden die Kleinen nur von den Müttern oder den älteren Geschwistern getragen. Das Foto von Vater und Kind wurde Titelbild meines Moçambique-Buches »Bom dia, weißer Bruder«. Etwa zwanzig Jahre später erhielt ich Post von einer 21-jährigen Josine aus einem kleinen Dorf am Sambesi. 22 Monate war ihr Brief unterwegs gewesen. Sie schickte mir den Schutzumschlag jenes Buches, das ich 1984 jemandem für »meine« Blocos-Arbeiter vom Sambesi mitgegeben hatte, und sie schrieb, sie sei das Kind, das ihr Vater auf dem Foto so sicher in seinen großen Händen hält. Sie hat überlebt. Ihr Vater auch. Allerdings nur als Krüppel. Eine Mine zerfetzte ihm beim Roden eines Feldes das rechte Bein. O meu pai war inzwischen gestorben. Genau wie sechs der zwölf Geschwister von Josine. Verhungert. Typhus. Malaria. Zwei verbrannten, als die Bandidos den Busch um das Dorf herum anzündeten. Josine war Lehrerin geworden, sie verlor die linke Hand, »zum Glück schreibe ich mit der rechten«. Sie schrieb, sie unterrichte Sechs- bis Achtzehnjährige in einer einzigen Klasse in Mahulana. Die meisten laufen bis zur »Schule« zehn bis fünfzehn Kilometer barfuß durch die Dornensavanne. Der »Schulraum« ist der Schatten eines mächtigen Affenbrotbaumes.

Josine bat in dem Brief um Hilfe. Es fehlten Hefte und Stifte. Ich hatte eine Idee, wie man den Kindern helfen könnte. Mitgebracht hatte ich 1982 auch »Schwarze Weisheiten«, an die hundert afrikanische Sprichwörter. So zum Beispiel: Ein großer Regen kann ein Land mehr verändern als ein großer Häuptling. Oder: Im Haus des Mutigen gibt es Tränen, im Haus des Feiglings wird nicht geweint. Oder: Es ist besser, man hat Staub an den Füßen als Blasen am Hintern. Oder: Ein weiser Häuptling hat es nicht nötig, seinen Namen immer wieder ausrufen zu lassen. Oder: Nur wer den Weg verliert, lernt ihn kennen. Oder: Man kann das Herz nicht beugen wie das Knie.

Für die Moçambique-Hilfe stellte ich diese Sprichwörter zu einem Minibuch zusammen. Ein Künstler in Moçambique, Manqueu Valente Mahumana, hat es illustriert. Dann setzte ich eine Anzeige in die Zeitung und fragte Buchhändler um Rat, wie man solch ein Soli-Büchlein außerhalb des normalen Buchgeschäftes sozusagen für eine Spende in den Buchhandlungen verkaufen könne. Nur 1000 Stück für je zwei Euro, das wären 5000 Hefte und Stifte. Es sei schwer, so ein Büchlein nebenbei zu verkaufen, meinten einige. Aber wie sagen die Afrikaner: Hoffnung ist die Stütze der Welthülle. Gemeinsam mit ehemaligen DDR-Vertragsarbeitern aus Moçambique, die heute noch in Thüringen leben, konnten wir so Pakete mit Papier und Bleistiften und sogar eine Geldspende schicken. Außerdem für Josine ein Foto des alten moçambiquanischen Maurerlotes – jenes Geschenks von o meu pai.

Die Grafiken in dem Buch zeigen die unendlichen Mühen der Bauern und Fischer, zeigen Not, Hunger und Überschwemmungen, aber auch Lebensglück und Stolz.

Ich hatte Manqueu Anfang der achtziger Jahre unter bizarren Umständen kennengelernt: als der Künstler in einer Art täglichen Doppelschicht ein riesiges Wandbild im Eingangsbereich der Kohlengrube von Moatize malte. Dem Künstler – er stellte schon in Rom und Moskau, in Lagos und Berlin aus – ging ich zunächst mehr als Lehrjunge zur Hand, bis ich unter dem starken Zeitdruck selbst die Farben mischen und zum Pinsel greifen durfte. Am Ende ging ganz und gar die Farbe schwarz aus – jene Farbe, aus der nach Ansicht Manqueus alles wächst. Kohle, Arbeit, Erde. Alles.

In deinem Buch »Bom dia, weißer Bruder«, hast du einen katholischen Bischof des Landes zitiert: »Die Gebildeten müssen jene, die weniger gebildet sind, von allen Illusionen über die Unabhängigkeit befreien.«

Das war ein Text aus dem Jahre 2 der Unabhängigkeit, von 1970. Der Bischof wollte die Dankbarkeit für die Segnungen der Kolonisierung bewahren. Deutlicher gesagt: Er hetzte gegen die neue Zeit.

In einem ganz anderen Sinne ging es aber wirklich um den Abbau von Illusionen. Jede Umwälzung löst Versprechen aus, jedes Versprechen entfacht Hoffnungen, und jede Hoffnung ist durchtränkt von Illusion. Willi, einer unserer Brigadisten, erzählte: »Als die einheimischen Arbeiter noch keine Schuhe hatten, arbeiteten sie fleißig, wir gaben ihnen Arbeitsschuhe, seitdem wienern sie diese stundenlang und gehen damit spazieren.«

Beim Häuserbau in Moçambique schafften wir mit der Zeit hundert Hohlblocksteine am Tag. Trotzdem zu wenig für einen zügigen Hausbau. Als ich vorschlug, fünf Arbeitsgruppen zu bilden und beim Herstellen der Hohlblocksteine zu wetteifern, schüttelte Pinto, der Wortführer, den Kopf: Sein Vater habe die Peitsche der Aufseher gespürt und sei so zur schnelleren Arbeit angetrieben worden. Vorbei. »Mit uns nicht!« Die anderen vierzehn schwiegen. Erst, als o meu pai sagte, sie alle seien zu schwach, um schneller zu arbeiten, nickten sie. Aber wir schafften an diesem Tag 138 Steine. Später gelang doch der Wettbewerb, und wir kamen auf 250 Steine pro Schicht.

Von Brecht ist eine Anekdote überliefert. Er schickt seine Assistenten aufs Land, es ist ostdeutsche Nachkriegszeit, die Assistenten sollen Zeichen des Neuen ausfindig machen. Sie kommen enttäuscht zurück: Sie haben nichts Neues gesehen. Brecht glaubt das nicht, er geht selber mit auf die Felder. Da sitzen die Leute faul herum, die Pflüge stehen reglos im Acker, erster Rost zeigt sich. Brecht freut sich. Ja, er freut sich über rostende Arbeitsgeräte und sagt: Seht ihr, die Bauern und Landarbeiter haben keine Angst mehr, das Wohlbefinden ist ihnen wichtiger als die Arbeit. Sie sind ganz gelassen, denn es wird ihnen keine Leistung mehr abgepresst. Verteufelte Dialektik: Der Einzelne leidet keine Not mehr, aber das vergrößert plötzlich die gesellschaftliche Notlage, denn: Die Verantwortungsbereitschaft sinkt.

Eine meiner Reportagen nach dem Ende der Sowjetunion hieß: »Drei Versuche, das Verschwinden von Brot zu begreifen«. Wir fuhren zu einem Pächter, der dreihundert Farmer – ja, so hieß das jetzt dort – zwischen Brjansk und Moskau vertrat. Dieser promovierte Präsident des Farmerverbandes wohnte mit seiner Familie – ich traute meinen Augen kaum – in einem aufgebockten Wohnwagen im Wald. Er sagte, Baumaterial, Dünger, Maschinen, alles bekämen die Kolchosen, die aber faul und behäbig seien. »Niemand hat heute Interesse, Getreide anzubauen, das ihm nicht gehört, und einen Boden zu beackern, der ihm nicht gehört. Man sät und erntet nur das, was man für sich braucht, mästet lieber ein Schwein und eine Kuh zusätzlich. Früher wurde das Staatsgetreide von den Kolchosbauern mit der Peitsche, der Angst, dem Wodka und dem Pass-System erzwungen. Ich habe noch erlebt, wie ein Kolchosaufseher meine Schwester, die fiebernd unter einem Pelz in der Hütte lag, mit der Peitsche zur Arbeit treiben wollte. Sie sprang auf, nackt, wie sie war, nahm die Balalaika und zerschlug sie auf dem Kopf dieses Teufels. Seitdem spielt man in ihrem Haus nie mehr Balalaika. Von diesem Zwang sind wir nun befreit. Und noch mehr: Dank Gorbatschow kann jetzt jeder Kolchosbauer faulenzen, das ist sein demokratisches Recht. Das hat hier jeder sehr schnell begriffen.« Ein Lehrstück, wie Freiheit und Egoismus sich zusammentun, eine uralte Kumpanei.

Das war letztlich auch deine Afrika-Erfahrung? Mit Zuversicht hin und in Erschütterung wieder nach Hause?

Gegen die von den Göttern geschickten Masern, die das Kind töten, ist der Mensch ohnmächtig. Gegen die von den Göttern geschickte Dürre, die den Mais verbrennt, ist der Mensch ohnmächtig. Gegen das von den Göttern geschickte Hochwasser, das die Felder überschwemmt, ist der Mensch ohnmächtig. Gegen den von den Göttern geschickten Sturm, der die Hütten zerstört, ist der Mensch ohnmächtig. – Das ist nicht Urzeit, das ist nicht Antike, das ist nicht die Zeit der alten Sagen, das war Afrika, wie ich es vor vier Jahrzehnten erlebte.

Und vier Tote lagen in der Dürre Moçambiques, vor der Hütte …

Ein Afrikaner hat es mir erklärt: Diese Maiskörner, die im Topf unangetastet blieben, waren das Saatgut. Es war verboten, sie anzurühren. Das Gebot lautete: eher verhungern, als sich am Saatgut vergreifen! Denn irgendwann würde der Regen kommen, und dann bräuchte man diese Körner. Eine furchtbare Situation, weil ihr eine grausame Art von Hoffnung zugrunde lag.

Weißt du, es hat mir oft das Herz zerrissen. Moatize, das war Kohlenstaub auf den Hüttendächern, Kohlenstaub auf den Wegen, Kohlenstaub auf den stachligen Gehölzen. Aber im Villenviertel: ein blitzsauberes Schwimmbad. Es wurde einst für die Portugiesen gebaut, für die Oberschicht, für die Kohlenbosse. Jetzt diente es auch uns aus der DDR. Aus einer großen Muschel sprudelte an der Stirnseite Wasser ins Becken. Gepflegte Liegewiesen. Einzelkabinen. Schattige Veranda. Schwarze Kinder, zerlumpt und mit geblähten Bäuchen, saßen draußen auf den weiß getünchten Mauern des Bades. Sie winkten, sie lachten, sie bettelten um Kuchen. Ein schwarzer Angestellter jagte sie weg. Nach fünf Minuten waren sie wieder da. Wir aßen Kartoffelsalat mit Bulette. Das Stadion war Eigentum der Eisenbahner. Die Kinder aus Moatize und den umliegenden Buschdörfern schauten uns auf die Teller und schauten aufs Schwimmbad. Sie besaßen das Notwendige nicht: eine Klubkarte. Genauso wenig wie die moçambiquanischen Maurer und Kohlearbeiter.

Willi sah meine Blicke und sagte, das Wasser sei zu kalt für die Kinder. Man sah ihm an, wie peinlich ihm die Lüge war. Willi kam aus Berlstedt bei Weimar. Der Vater gehörte zu denen, die nach dem Krieg über Land fuhren, um für die kollektive Landwirtschaft zu agitieren, abends mit eingeschlagenen Zähnen oder geschwollenen Augen nach Hause kamen und nachts wieder in der Kneipe sangen und sich besoffen, um für ein paar Stunden den Klassenkampf zu vergessen. Willi sagte: Komm, Lemmi, wir gehen spazieren.

Die FDJ-Brigadisten nannten dich Lemmi?

Den Namen Landolf konnte man den Moçambiquanern nicht zumuten, also nannten sie mich, den Schreiber, Lemmi, ein Büchernarr in einer BRD-Fernsehserie. Auch nicht sehr klassenbewusst. *(Lacht.)* Wir gingen spazieren, besser: stapften durch Kohlenstaub. Beißender Geruch von Abfällen. Kinder, die im Müll saßen wie unsere Kinder, wenn sie am Strand Sandburgen bauen.

Ich wurde nicht fertig mit der Tatsache, dass die Befreiung von den Kolonialisten nicht mal zur Folge hatte, dass die Kinder baden können. Ich hörte mir die Erklärung unserer Leute an: »Dass ihr Künstler euch immer aufregt, dass die oben mehr Rechte habe als die unten. Für die Afrikaner ist das kein Problem, Lemmi. Und stell dir vor, ein geöffnetes Bad. Vor Menschenleibern würdest du keinen Tropfen Wasser mehr sehen. Die Frauen würden in so einem Schwimmbad Geschirr und Hemden waschen. In einer einzigen Woche wäre das Bad ein Seuchentümpel.«

Ebenso absurd war, dass in Blicknähe unserer Baustelle, wo wir mühsam Hohlblocksteine »bastelten«, ein panzerähnliches Gebilde stand, eine Maschine aus der DDR zur Produktion von solchen Steinen. Unvergleichlich mehr hätte die geschafft! Aber sie verrottete, sie hätte eine Betonbahn benötigt. Lose Kabel, abgeschraubte Teile, verbogenes Rüttelsieb. Wir Deutsche hätten sie reparieren, hätten Strom legen können, aber leider erst frühestens in einem Jahr, die Planwirtschaft daheim ließ Hauruck-Aktionen bei der Materiallieferung nicht zu.

Bei deinen Afrika-Erlebnissen denke ich an eine Losung der FDJ: »Mein Arbeitsplatz ist mein Kampfplatz für den Frieden.« In der Abstraktion mochte die These akzeptabel sein. Aber junge Menschen schauten nach Nicaragua, nach Kuba, nach Afrika, nach Asien. Angela Davis, Fidel Castro, Ernesto Che Guevara, Nelson Mandela, Ho Chi Minh, Daniel Ortega – klangvolle Namen, sie standen für Mut, für außergewöhnliche Taten. Die Biographien standen für Abenteuer und Front. Den täglichen Arbeitsplatz als Kampfplatz für den Frieden zu betrachten, war eine Aufforderung an den Kopf. Was aber ist mit dem jungen Herzen, das keinen Kampf ohne Romantik führen will? Ein Herz, das hinauswill ins Außergewöhnliche?

Herzenssache eben, auch so ein Wort, das wir oft im Munde führten. Um dann zur Routine zu bitten. Mit dem Lehrling, der an seiner Werkbank auf den Millimeter genau seine Metallstücke feilte, gewann man vielleicht einen guten Facharbeiter mehr, aber ob man auf diese Weise einen herzkräftigen Sozialisten mehr gewonnen hat, ist doch sehr fraglich.

Vielleicht war das die neue Tragik in einem neuen Gesellschaftssystem: der Konflikt zwischen beruhigender Sicherheit und Langeweile. Heldentum und Propaganda, der Drang zu Avantgarde und der Wunsch nach Nischen schlossen seltsame Verträge. Du bist der Liaison nachgegangen, »Letzte Helden« heißt das Buch von 2011. Du porträtierst darin Leute, die in der DDR »Helden der Arbeit« geworden waren.

Mir hatte ein Mann aus Bayern, Peter Breth aus Grüntegernbach, die Kopie einer Seite aus dem »Neuen Deutschland« geschickt. Sie stammte vom April 1987. Dort war ein langer Brief an Erich Honecker veröffentlicht, ein Versprechen: »Höchste Leistungen zum Weltfriedenstag 1987!« Gemeint war der 1. September, alljährlich wurde an diesem Tag in der DDR mahnend des faschistischen Überfalls auf Polen gedacht. Den Brief hatten 51 »Helden der Arbeit« unterzeichnet, für diese Auszeichnung vorgeschlagen von der FDJ. Der Briefschreiber aus Bayern teilte mir mit, er sei seit Langem in der FDP, wirke als Kreisrat, in seiner Bibliothek befänden sich über 800 Titel von DDR-Autoren. Ihn interessiere, »warum dieser Staat, den ich 89 zum ersten Mal betrat, so lange gehalten hat. Es muss doch einen ideologischen Unterbau gegeben haben.« Er wolle gar zu gern wissen, »wie diese Helden der sozialistischen Arbeit nun im Kapitalismus zurechtkommen. Wie viele von ihnen sind verzweifelt?« Er traf meinen Reporternerv, ich ging auf Suche.

Es entstanden Reportagen unter anderem aus Tangerhütte, Berlin, Mühlhausen, Schwarza, Unterwellenborn.

Was ich kannte, waren die Namen der Helden und der einstigen Betriebe, mehr nicht, alles war sehr lange her, zur Neugier am Stoff kam der detektivische Reiz. Von 51 ehemaligen Helden waren lediglich sieben bereit, mit mir zu reden. Die anderen lehnten ab. Telefoniert habe ich, mit Engelszungen geredet, ihnen vorgelegt, was ich bisher an Büchern geschrieben hatte, es führte bei den meisten kein Weg zum Gespräch.

Ein ehemaliger Ingenieur, der im verkleinerten und nun einem hessischen Unternehmer gehörenden Metallbetrieb als Meister wieder in Brot und Lohn steht, entschuldigte seine Ablehnung mit der Feststellung, dass doch einzig die Behauptung, man sei in der DDR ein Regimegegner gewesen, für die Karriere nützlich sei. Es wäre seiner Stellung im Betrieb nicht sehr dienlich, wenn er eingestünde, dass er trotz kritischer Einwände doch an die Idee des Sozialismus geglaubt, in der DDR fleißig gearbeitet habe und »Held der Arbeit« geworden sei.

Eine Textilarbeiterin aus Mühlhausen: »Mein Fehler ist: Ich kann nie Nein sagen. Auch nicht, als sie im Betrieb ein Paradepferd suchten. Ich hätte einfach nur Nein sagen sollen. ... Es wurde fast jede Woche was über mich geschrieben. Und wenn du die Zeitung aufschlägst und jedes Mal die gleiche Scheiße liest ...« Der Bauarbeiter aus Suhl, der in Berlin arbeitete: »Jeden Donnerstag gab es in der Betriebskantine in Hellersdorf für uns eine Extra-Einkaufsmöglichkeit. Alles, was meine Frau als Verkäuferin in ihrem Dorfkonsum nicht anbieten konnte, lag dort in den Regalen: ungarische Salami, polnische Champignons, bulgarische Paprika, kubanische Apfelsinen, Radeberger Bier. Aber oft schaufelten wir auch nach Feierabend in den Sammelkanälen, wenn die Berliner Bauarbeiter schon in der S-Bahn nach Hause fuhren und uns einen Vogel zeigten.«

Ein ehemaliger Armeepsychologe in einem Ort bei Suhl sagte mir, viele Ostdeutsche seien, nachdem sie begriffen hätten, dass sie statt des alten Glaubens einen neuen brauchten, sehr schweigsam geworden. Er selbst habe nach einer Krebsdiagnose begonnen, einzelne Abschnitte der Bibel zu lesen. Manchmal diskutiere er mit einem Zeugen Jehovas, dessen Schrottauto er repariert hatte und der es ihm dann für zweihundert Euro verkaufte. Man rede gemeinsam über Gott und die Materie, und er könne dem Gläubigen sogar aus dem Kopf aufsagen: Materiebegriff bei Lenin, Band 14, Seite 147.

Ein Baumaschinist, delegiert als Erdgas-Trassenfahrer nach Krementschug, sagte: »An meiner Arbeit ist der Sozialismus garantiert nicht kaputtgegangen!« – und schloss die Tür vor meiner Nase …

»Auch das Nichtsagen kann vielsagend sein«, notierst du im Nachwort.

Die Redakteurin einer Betriebszeitung in Halle-Leuna hatte mir geholfen, einen »Helden der Arbeit« in ihrem Chemiebetrieb ausfindig zu machen. Weil auch er nicht über seine Biographie sprechen wollte, machte ich der Journalistin den Vorschlag, ihre eigene Geschichte aufzuschreiben. Sie schüttelte den Kopf: Es müssten noch viele Jahre vergehen, bis es möglich wäre, ehrlich und ohne Furcht vor ungerechtfertigter Verurteilung mit einem Schriftsteller über das eigene Leben in der DDR zu reden. »Kommen Sie in zehn Jahren wieder, dann erzähle ich Ihnen, wie und weshalb ich Redakteurin der SED-Betriebszeitung geworden bin.«

So, wie nur die gemischten Gefühle die echten sind, so ist das Gemisch der Seelen, die eine Bevölkerung ausmachen, farbiger als jede festschreibende Tendenz. Eine Gesellschaft stirbt in den Einzelnen viel langsamer ab, als es die äußeren Vorgänge einer Staatsabwicklung vermuten lassen.

Die offizielle Geschichtsschreibung gibt heute vielen Menschen aus der DDR das Gefühl, sie hätten zwei Leben: jenes, an das sie sich erinnern, und jenes, das sie nach dem harten Urteilsspruch der bundesdeutsch geschriebenen Geschichte gelebt haben sollen. Wer nicht direkter Regimegegner war, geriet in Verdacht, charakterlos gewesen zu sein.

Der anmaßende Duktus schnitt im Osten, nach dem Ende des Systems, viele Wege zur ehrlichen Selbstkritik ab.

Ja, diese Frage: Wie konnte man nur in diesem Lande leben!? Die Frage schon eine Antwort.

Ist so eine Frage erst mal im Raum, weiß man, dass ein Gespräch nicht mehr möglich ist. Auch wenn es in jenem untergegangenen Staat eine Knute gab, auch wenn die Doppelzüngigkeit, speziell in der Propaganda, krank machen konnte oder präziser: schon die Krankheit war – so »befragt« zu werden, hat zur Folge, dass man plötzlich nur in lauter unschuldige Gesichter schaut. Alles ist Unschuld, nur du bist es nicht. Das kommt einer Vernichtung gleich. Und weil du dir jetzt ein wenig leidtust, sickert Selbstgerechtigkeit in dich ein, und darauf reagiert die Unschuld ringsum allergisch: Aha, ein Verstockter.

Schnell bist du das Gegenteil dessen, was man doch eigentlich sein will: gesprächsbereit.

Dabei gäbe es wirklich Fragen: Wann hat man im gesellschaftlichen Gefüge, in das man verstrickt war, eigentlich aufgehört, den inneren Einwänden zu folgen? Wann habe ich aufgegeben, fremde Einflüsterungen auch wirklich als solche zu empfinden? Wann habe ich begonnen, unter Verweis aufs Große und Ganze eigene Beschädigungsspuren und solche am Großen und Ganzen schönzureden? In der »Zeit« schrieb Jana Hensel von ostdeutschen »Kränkungs- und Entwertungserfahrungen«, aber sie sieht auch Hoffnung: Vielleicht könne endlich eine »Aufarbeitung durch die Unbefangenen beginnen«. Unbefangenheit meint wohl: tendenzfreie Neugier und wundenfreie Elastizität beim Blick auf ostdeutsche Existenz.

Am Bild, das man sich macht, bleibt immer eines entscheidend: die Korrektur. Aber auch die Frage: Wie sehr erlaube ich meinem Wissen von heute, die Bilder der Vergangenheit zu übermalen? Je prinzipieller ich heute etwas verurteile, was ich früher geglaubt habe, umso größer ist die Gefahr, dass ich eine nachträgliche Selbstreinigung betreibe. Ich möchte das für mich nicht, ich bleibe ein bisschen das Schmuddelkind.

Man könnte bildlich sagen: Im Westen geht die Sonne nicht auf, aber im Osten geht sie auch nicht unter.

Wobei ich mich natürlich nach wie vor gegen jede Schönfärberei wende. Bei meiner Wanderung für das Buch »Der Grenz-Gänger«, 2005, vierhundert Kilometer entlang der ehemaligen

DDR-Grenze zur Bundesrepublik, begleitete mich auf der letzten Etappe Günter Wallraff, ungefähr vierzig Kilometer. Darf ich vorlesen, was er schrieb? Es geht um jene unbequemen Fragen, die bleiben: »Hätten die Grenzer nicht einfach daneben oder in die Luft schießen können, wenn einer flüchtete? Sie wären nicht eingesperrt worden, wenn sie ihn nicht getroffen hätten. Mussten sie Befehlen gehorchen? Nein. In Wirklichkeit war es Feigheit vor dem kleinen Risiko oder Beförderungssucht, die Bange, sich bei den Vorgesetzten unbeliebt zu machen ... Denn der Staat belobigte Unmenschlichkeit an der Grenze. Was sind nicht schon alles für Verbrechen mit Befehlsnotstand gerechtfertigt worden. Und was werden ›unsere‹ Grenzschützer machen, wenn sie auf die Ärmsten der Armen, die aus Afrika und Asien über die Grenze in unsere ›Wohlstandsländer‹ fliehen wollen, schießen sollen?« Und: »Nur die besten deutschen Schäferhunde überlebten die schreckliche Tortur, jahrelang bei Hitze und Frost angebunden an der Grenze entlangzulaufen. Von diesen wählten die Züchter wiederum nur die härtesten für die nächste Generation aus. Ausgerechnet diese widerstandsfähigsten und schärfsten Grenzhunde kauften nach der Wende amerikanische Züchter. Wo werden die deutsch-amerikanischen Schäferhunde heute eingesetzt? Vielleicht an der mexikanischen Grenze?«

Wallraff hat dich gefragt: Weshalb hast du Reportagen über Afrika, Sibirien und die Fischgründe vor Labrador geschrieben, aber nicht eine über das Leben in der BRD?

Die einfache Antwort, die ich ihm gab, war eine Gegenfrage: Wie sollte ich eine Reiseerlaubnis bekommen und woher die Westmark? Genauso gut hätte ich ihm vorschlagen können, sich als SED-Funktionär oder als Mitarbeiter eines Kombinatsleiters in der DDR zu verkleiden und »undercover« zu recherchieren. Das wäre ebenso unmöglich gewesen. In einem Brief an ihn, es war 2009, habe ich über den tieferen Grund nachgedacht: Wahrscheinlich waren mir die Menschen in Nowosibirsk, ihre politischen Ansichten, ihre Lebensweise und ihre wirtschaftlichen Probleme – also das, worüber ich schreiben wollte –, damals näher und vertrauter als die Akkordarbeit von türkischen Fremdarbeitern in den Rüsselsheimer Opel-Werken oder die Finanzmanipulationen von Bankern an der Frankfurter Börse.

Du hast Wallraff in einem anderen Brief geschrieben, und es klang trauriger Sarkasmus durch: »Wir haben nun die Einheit. In jeder Beziehung.«

Das war noch einmal eine Replik darauf, warum ich im Osten, er im Westen so unterschiedlich auf Recherche gegangen sind. Aber nunmehr – das schrieb ich ihm – müsse er nicht mehr, wie gewohnt, als Obdachloser in Köln und Hannover untertauchen, er könnte das mit den gleichen Resultaten auch in Eisenach betreiben. Und ich müsse nicht in einer ostdeutschen Lebensmitteltafel Brot und Gemüse ausgeben, ich könnte das genauso in Köln oder Hannover tun. Ich hab auch mal den Satz gesagt: Die Einheit ist endgültig vollzogen, denn heute bin ich von einem Ostdeutschen über den Tisch gezogen worden.

Günter Wallraff – wie hast du ihn kennengelernt?

Bei einer Lesung in Suhl vor etwa sechshundert Leuten verwies er darauf, dass die ungeschminkte Reportage im Osten aus bekannten Gründen nicht sehr verbreitet sei. Da stand im Publikum jemand auf und widersprach: Wir in der DDR hätten sehr wohl Reporter, die solche Texte schrieben, und einer säße sogar im Saal, Landolf Scherzer. Mir war das peinlich, aber hinterher machten Wallraff und ich einander bekannt. Günter ist ein großer Autor, er hat das Genre erweitert und bereichert. Und er ist ein Extremist. Er schleppt Steine, um sich zu kräftigen. Er besitzt einen Wohnpalast auf Lanzarote, frühmorgens schwimmt er kilometerweit hinaus und sei das Meer noch so stürmisch. Ledern, zäh, rücksichtslos gegen sich selbst. Bei einer Überschwemmungskatastrophe paddelte er mit seinem Kajak unbekümmert in die Fluten des Rheins hinein, bis ihn die Wasserpolizei herausfischte. Immer auf Steigerung aus. Als ich ihm vorschlug, gemeinsam Industriereportagen zu schreiben, lehnte er ab. Das hätte Rückkehr zu seinen Anfängen bedeutet – Rückkehr gibt es für ihn nicht. Wiederholung ist ihm langweilig. Anknüpfung ist bieder. Bewährtes aufzugreifen ist phantasielos. Nur immer höher, immer weiter! Immer unterwegs zum nächsten Kick! So landet man denn eines Tages auch bei RTL.

In einer Laudatio zum »Deutschen Fernsehpreis« hast du über ihn ein wahres Feuerwerk der Attribute gezündet: »Heimlicher Anarcho, Kriegsdienstverweigerer, moderner Eulenspiegel, Verräter am westlichen Kapitalismus, fünffacher Töchtermacher, Auflagenmillionär, Marketinggenie, BND-Verwanzter, Meskalin-Tester, DDR-Propagandist, Versuchslyriker, begnadeter Selbstdarsteller, Ramazotti-Trinker.«

Das war gegen gängige rufmörderische Attribute, wie etwa »Untergrundkommunist« von Franz Josef Strauß gerichtet. Schon im Reportagekurs von Jean Villain hieß es: »So müsst ihr auch mal schreiben.« Da war Wallraff 23, ich 24. Heinrich Böll hat den Undercover-Reporter mit den Worten verteidigt: »Die Aufgabe eines Autors ist es, das darzustellen, was offiziell nicht dargestellt wird.«

Wie sagt man? Es genügt nicht die einfache Wahrheit.

Doch, schon die blanke Wiederspiegelung kann Sprengkraft besitzen. Günter ist mir übrigens auch als ein leidenschaftlicher Spieler begegnet. Noch nachts um eins, in seiner Wohnung, bestand er darauf, dass wir gegeneinander »shufflen«. Es galt, auf einem zwei Meter langen Brett die Holzsteine mit Gewalt und Geschick durch Ziellöcher zu schießen. Günter war fanatisch, auch beim Tischtennis und beim Langlauf. Bei mir zu Hause spielten wir »Mensch ärgere dich nicht«, er war nicht zu bremsen, und natürlich ärgerte er sich, wenn er verlor, er spielte nicht, er sprach auch hier von »Kampf«, und entsprechend angespannt saß er am Tisch. Ich wollte ihm die Schönheit des Wiesentals hier zeigen, er aber stampfte los, ohne Blick für Buchen und Bach, Fichten und Flora, er rannte, rannte, rannte und hechelte, als müsse er sich rechtfertigen: »Morgen bin ich schneller!«

Für die damals noch existierende »Wochenpost« hast du ein langes Gespräch mit ihm geführt.

Da überraschte er mich mit einem Idealismus, der dem Kollaps der beiden politischen Blöcke entsprang, er sagte: »Durch den Zusammenbruch des Sozialismus ist auch der Kapitalismus an seine Grenzen gekommen, völlig unvorbereitet. Und nun kann weder die Politologie noch die Ökonomie weiterhelfen, vielleicht nur noch die Wetter-, die Karstforschung. Sie lehrt: In instabilen Systemen können die kleinsten Impulse die größten Wirkungen erzielen. Oder mit einem schönen Bild: Der Flügelschlag eines Schmetterlings kann bei extremsten Bedingungen in zweitausend Kilometer Entfernung einen Hurrican auslösen. Es ist die Zeit der Schwachen, der Nichtorganisierten! Aber die meisten von denen wissen noch nichts von ihrer Kraft, sie sitzen wie gelähmt …«

Auf der letzten Etappe deiner »Grenz-Gänger«-Tour seid ihr gemeinsam über die Werra-Brücke von Philippsthal nach Vacha gegangen.

Ja, und ich habe zu Günter gesagt: »Der erste Fußgänger, der uns auf der Brücke entgegenkommt, wird der letzte der Grenzgängertour sein.« Es war ein junges blondes Mädchen, das in Vacha (Ost) zum Gymnasium ging und davon träumte, »nach dem Abi in New York Partys zu feiern«. Sie wollte Psychologie studieren und hatte offenbar gute Anlagen, sie erkannte in unserem Fotografen den Ostdeutschen und identifizierte Wallraff als Westdeutschen.

Na ja, bei dir hat sie sich gewaltig geirrt.

Sie sah in mir einen Ausländer. Ich sähe aus wie ein korsischer Kapitän, den ihre Familie mal im Urlaub kennengelernt habe. *(Lacht.)*

Du hast dich gefreut?

Meine Eitelkeit gehört mir. *(Lacht)*

Das Buch »Menschen im Grenzland« entstand in Partnerschaft mit dem Fotografen Michael Reichel und mit Gerd Schwinger, Chefredakteur beim »Freien Wort« Suhl. Es ergänzte die Reportage »Der Grenz-Gänger«. Die einstige Trennlinie zwischen Ost und West als ein Ort, an dem nunmehr offen aufeinandertraf, was zusammen-

kommen sollte. In wenigen Sätzen findet sich eine Ahnung von Lebens Traum und Lebens Lauf im vereinten Deutschland.

(Scherzer blättert und liest:)

»Die Gräfentaler leben noch immer unbewusst mit der Grenze. Man misstraut einander. Immer war ja einer der Judas, der Verräter«, sagt eine Pastorin. – »Wenn ich Politiker so reden höre, dann bin ich ein Saboteur des Aufschwungs. Denn ich repariere Schuhe und verhindere, dass die Leute sie wegschmeißen«, sagt ein Schuster in Sonneberg. – »Wir hatten einen Ostdeutschen, der in der DDR gesessen hatte. Als der erfuhr, dass einer der Neueingestellten ein Oberleutnant an der Grenze war, hat er nicht eher Ruhe gegeben, bis der Personalchef diesen Grenzer, einen ruhigen, fleißigen Mann mit vier Kindern, endlich wieder entlassen hat«, sagt ein Mann aus Rodach über seine Zeit bei Siemens. – »Das Wort Solidarität kennt heute keiner mehr. Weshalb gehen die, die Arbeit haben, mit uns, die keine mehr haben, nicht gemeinsam auf die Straße?«, sagt ein 27-Jähriger aus Rothausen. – »Ich dachte, die Welt verschluckt mich hier mit ihrer Einsamkeit«, sagt eine Frau aus dem Grenzgebiet um Völkershausen. – »In der DDR gab es die parteiliche Anordnung, religiöse Kunst zu vermeiden. Aber der Großhandel verlangte von uns ständig Engel und Krippen. Politik und Wirtschaft passten nicht zusammen«, sagt ein Holzbildhauer aus Empfertshausen. – »Wir Deutschen sollten ein wichtigeres Thema als die Wende nicht vergessen: das gemeinsam begangene Unrecht vor 1945«, sagt ein Ehepaar aus dem bayerischen Weimarschmieden. – »Nun sind die drüben fast so wie wir. Und das Schlimmste: Sie wollen noch besser sein!«, sagt ein Autohändler aus Hessen.

Die Grenze begründete eine deutsche Tragödie, aber in jeder Tragödie keimt auch eine Komödie.

Die Farce, sagt Marx.

Da war ein BRD-Bürger, ein alter Mann, er wollte seinem Sohn zur bestandenen Doktorprüfung ein besonderes Geschenk machen: ein DDR-Wappen von einem der Grenzsteine. Er schraubte das Ding ab, erlitt einen Herzinfarkt und war sofort tot. Der Mann lag genau auf dem Grenzstreifen. Der Kopf auf

DDR-Gebiet, die Beine im Westen. Der bayerische Chef des Grenzkommandos verweigerte die Annahme der Leiche, denn der Kopf läge im Osten, das sei entscheidend.

Der ehemalige Kommandeur der DDR-Grenztruppen bei Neuhaus-Schierschnitz erzählte, er hätte Dutzende Formulare ausfüllen und den Toten im Sarg dann offiziell im 35 Kilometer entfernten Eisfeld an die bundesdeutschen Behörden übergeben müssen. Nee! Also habe er den Bayern einen Moment abgelenkt – es ging gerade eine Signalrakete hoch – und habe dann mit aller Pietät den Toten über die Grenze auf das BRD-Gebiet gehoben. Das Letzte, was er beim Abgang sah, war das verdutzte Gesicht des Bayern. Er fügte noch hinzu, er habe von seinem Vorgesetzten für die »Abschiebung« weder Lob noch Tadel bekommen.

Deutsche im Zeitenwechsel. Willkommen und Abschied. Gräben zuschüttend, tiefe Klüfte aufreißend – nichts ist wahr ohne sein Gegenteil. Du erkundest Risse, leidest aber auch daran.

Der Beobachter hat ein Herz. *(Lacht.)*

Beim Lesen deiner Bücher entstand in mir der Eindruck, dass du an den Entwicklungen in der Sowjetunion mehr littest als an denen in Deutschland. Du schweigst?

Weiß nicht.

Zunächst »Auf Hoffnungssuche an der Wolga«, 1993 dann »Am Sarg der Sojus«. Der Untertitel: »Die Hoffnung stirbt als Letztes«. Die Hoffnungssuche führte – an den Sarg.

Der arge Weg der Erkenntnis.

Und eine indirekte Heimkehr. Gewohnt hast du für das Buch wieder in einem Holzhaus am Rande der Neubausiedlung. Es wird dir zum Ausgangspunkt ausgedehnter Reisen ins Wesensinnere eines umbrochenen Landes.

Ich wohnte bei einer betagten Verwandten meines Dolmetschers, Jelena Frolowa. Sie saß meist im Sessel, eine grau-weiße Katze auf dem Schoß. Tochter und Schwiegersohn hatten ihr dieses Häuschen geschenkt und dafür das eigene Auto verkauft.

Sie habe gute Kinder, sagte sie. Ihr Mann war der Sohn des höchsten zaristischen Schulverwalters im Kreis. Diese Herkunft musste er büßen, er starb in einem von Stalins Lagern. Glücklich sei sie, sagte die Babuschka, denn im Krieg seien ihr die zwei Kinder nicht verhungert, und beide hätten eine gute Bildung erhalten.

Im Frost habe ich die Fensterritzen mit Papierstreifen beklebt. Mir kam es dann vor, als würden sich Dach und Gemäuer des Holzhäuschens schutzsuchend aneinanderpressen. Und mitunter überkam mich die Sehnsucht nach »deutscher Zivilisation«: einfach ein Bier trinken gehen und ein Ei mit Speck braten.

Kaluga, der Partnerbezirk Suhls aus DDR-Zeiten.

Die Stadt des Raketenforschers Ziolkowski, zweihundert Kilometer südlich von Moskau. Die Zeitung »Freies Wort« war einer der Motoren, diese Partnerschaft am Laufen zu halten. Ich hatte wahrscheinlich die meisten Dienstreisen dorthin. Wir organisierten einen Jugend-Fernwettkampf Suhl – Kaluga in verschiedenen Sportarten, verglichen per Telefon die Ergebnisse. Von Klimmzügen bis zu Sprints. Das ging so lange, bis die Post sich bei der SED-Bezirksleitung beschwerte. Sie müsse gigantisch hohe Telefonkosten fürs »Freie Wort« berechnen, das sei nicht mehr tragbar.

Für mich hatte das auch private Konsequenzen – ich hatte die Telefonate in die Sowjetunion benutzt, um mich sehr oft und sehr ausgiebig mit einer Freundin zu unterhalten, die ich in Kaluga kennengelernt hatte. Ljudmilla, die Schwarzhaarige, die mir eine Nacht lang, als wir an der Oka spazieren gingen, Gedichte auf Russisch und Deutsch vortrug.

Deine neuerliche Reise 1993 fand Monate nach dem Verbot der KPdSU statt.

Ein Fotoreporter erzählte mir von Ljudmilla, jenem Mädchen, mit dem ich zwanzig Jahre zuvor nachts allein an der Oka spazieren gegangen war, mit Puschkin, Heine, Lermontow und Goethe. Ich staunte: Woher wusste er das? Eine KGB-Akte! Ljudmilla war inzwischen zweite Sekretärin der Kreisparteileitung in Malojaroslawez und »natürlich« abgesetzt worden. Hielt sich nur mühsam über Wasser.

Ich traf mich noch einmal mit ihr. Als wir uns später auf dem Bahnhof verabschiedeten, fauchte der Frost, es war bitterkalt. Der Zug hatte eine Stunde Verspätung, ich sagte zu ihr, bewusst ironisch: Vier Monate früher, und sie hätte gewiss nach einem Dienstwagen schicken können. – Ja, sie nickte, sie sei nunmehr eine ganz normale Bürgerin. Ich setzte noch einen drauf: Sie sei um alle Privilegien gebracht. Ljudmilla lächelte. »Glaubst du, die Chefs der neuen Demokratie ließen sich keinen Dienstwagen schicken, wenn sie frierend hier auf dem Bahnhof stünden?« Zeit wandelt sich zwar, aber die Zeiten ändern sich offenbar kaum. Oder nur sehr langsam.

Der erschütternde Tiefpunkt deiner Reisen heißt: Tschernobyl. Von Begräbnissen bist du nicht losgekommen: Die Reportage heißt »Sarggeld in Uljanowna«.

Bei einer Lesung hier in Deutschland sprach mich eine Frau aus der Ukraine an, sie zeigte mir ihr Buch, das sie über Tschernobyl geschrieben hatte. Das Atomunglück von Tschernobyl, sagte ich, sei seit über zwanzig Jahren Geschichte. Die Antwort: »Tschernobyl wird niemals Geschichte sein.«

Ja, das Plutonium 239, das damals in die Luft geschleudert wurde, hat eine Halbwertszeit von 24 000 Jahren. Im Jahr 25 986 wird es erst zur Hälfte zerfallen sein. Es liegt als Staub auf den Wiesen und Äckern der Ukraine und Weißrusslands. Die Kühe fressen verstrahltes Gras. Die tödlichen Partikel schwimmen in den Flüssen. Sie werden aus den Straßengräben aufgewirbelt.

Du riechst nichts, du siehst nichts, dir liegt nichts pelzig auf der Zunge, du hörst kein Sirren, kein Dröhnen. Du kannst nur beten. Die Fische sind plötzlich größer, der Klatschmohn röter, das Gras grüner. Die tödlichen Strahlen machen das Wachstum zu einer Perversität.

Die Frau erzählte mir von ihrer Freundin Nadeshda. Deren Mann war Hydrotechniker. Als die Ventile für das Kühlwasser des Kernkraftwerks geschlossen werden mussten, meldete sich Paschka und tauchte unter den Todesreaktor. Neun Monate nach der Katastrophe wurde er in eine Moskauer Klinik gebracht.

Seine Haut schälte sich ab, mehr und mehr löste sich das braun werdende Fleisch von den Knochen. Nadeshda schlief zwei Monate lange neben seinem Bett, auf dem Fußboden. Er lag unter einer Plastefolie. Kein Kuss, kein Streicheln – sie durfte ihn nicht berühren. Nie mehr. Sie waren erst sechs Monate verheiratet. Paschkas Körper zerfiel regelrecht. In einem Bleisarg wurde er begraben, auf einem Moskauer Friedhof. Nadeshda ließ sich von einem Moskauer Arzt illegal ihr vier Monate altes Ungeborenes abtreiben. Abtreibungen kosten. Als sie dem Arzt sagte, woher sie käme, nahm er kein Geld.

Nadeshda heißt Hoffnung.

Ja. Das Gespräch mit dieser Frau aus der Ukraine hat mich tief bewegt. Als ich sagte, ich wolle Tschernobyl sehen, schaute sie mich lange an. Selbst wenn ich in die verbotene Zone hineinkäme, was sehr fraglich sei, würde ich doch nichts begreifen. Im Atomkraftwerk Tschernobyl wurde am 26. April 1986 die 3000 Tonnen schwere stählerne Reaktordecke angehoben. Tausende Männer, Frauen und Kinder, die in keiner Statistik erfasst sind, wurden seitdem in der Ukraine und in Belorussland Opfer des „unsichtbaren schwarzen Todes«.

Nachdem der brennende Reaktor unter dem riesigen Stahlbetonsarkophag versiegelt war, hat ein Soldat auf dem höchsten Schornstein des Kraftwerkes die rote Fahne des Sieges über Tschernobyl gehisst. Wie 1945 auf dem Reichstagsgebäude, beim Sieg gegen Hitler. Die rote Fahne des Sieges, nun über Tschernobyl.

Es war kein Sieg. Es gab die sogenannten Liquidatoren. Japanische und deutsche Spezialroboter, sogar ein sowjetisches Mondmobil wurden auf die Dächer der umliegenden Reaktoren gehievt, sie sollten die dort gelandeten radioaktiven Trümmer beseitigen. Doch die Elektronik der Roboter versagte wegen der hohen Strahlenwerte. Da schickte die Einsatzleitung Menschen hinauf, freiwillige Liquidatoren. Auf ein Sirenenzeichen hin sprangen jeweils neun Männer aus ihrer Deckung und versuchten mit Schaufeln und Spaten, die Atomtrümmer vom Dach zu stoßen. Nicht länger als neunzig Sekunden. Dann heulte die Sirene, die nächsten sprangen aufs Dach. Für diese neunzig Sekunden ihres Lebens wurden sie mit einer Urkunde, einer Prämie und der vorzeitigen Entlassung aus der Armee belohnt. Menschenmaterial. Tausende dieser Liquidatoren starben an den Strahlenfolgen. Vergessene Tote.

Im Frühjahr 2007 hast du einen Hilfstransporter in die Ukraine begleitet. Eintausendsechshundert Kilometer in rund zwanzig Stunden. An den Seitenwänden des weißen Kleinbusses stand die Aufschrift »Weimar hilft Tschernobyl«. Im Auto, bis unters Wagendach, Plüschtiere, Shampooflaschen, Süßigkeiten, Jeans, Kinderrucksäcke.

Das war eine Aktion von einem früheren Statiklehrer an der Bauhaus-Universität Weimar. Er hatte für ukrainische Kinder schon Erholungsaufenthalte in Thüringen organisiert. Ein im besten Sinne sonderbarer Mensch. Er hat mir erzählt, er benötige am Tag nicht mehr als drei Euro, gönne sich nur selten ein warmes Mittagessen, dusche nie warm. Alles Geld spare er für seine, wie er sagte, »Tschernobyl-Kinderchen«. Einen alten VW-Bus hatte er gekauft, von Spendengeldern, den sollte das Waisenheim in Rakitnoje bekommen.

Ihr ladet in Berlin vor dem Haus eines Mitarbeiters vom Technischen Hilfswerk jene Dinge auf, die ihr mitnehmen wollt. Eine Parklücke findet sich nur gegenüber. Um nicht mehrmals über die Straße gehen zu müssen, bittest du einen Handwerker, die Parkposition direkt vor dem Haus zu tauschen. Er lehnt ab: »Bis nach Russland fahren, aber zu faul, um über die Straße zu gehen. Weshalb kutschiert ihr das Zeug dorthin? … In Berlin gibt es genug arme Kinder.« Willst du mit dem Schildern solcher Details Deutschland wehtun?

Wollen oder nicht. Gesagt ist gesagt. Solche Sätze tun weh. Punkt.

Um Tschernobyl zu begreifen, so heißt es im Buch, müsse man dort in die kranken Seelen der Menschen schauen.

Ein alter Mann erzählte mir, seine Frau und er wurden drei Tage nach der Katastrophe nach Kiew gebracht und bekamen drei Monate später eine Neubauwohnung. Nur einmal im Jahr durften sie noch zurück in ihr Dorf, in die 30-Kilometer-Zone, um Blumen aufs Grab der Eltern zu legen. Das verlassene Häuschen stand noch, das Dach noch dicht. Obwohl die beiden jeweils nur kurz blieben, hat die Frau den Garten umgegraben und sogar Kartoffeln gelegt. Und irgendwann hat es die »Alte«, so nannte er seine Frau, nicht mehr ausgehalten in der städtischen Arbeitslosigkeit und Langeweile, sie ging allein zurück in den verstrahlten Ort. Sie war fortan eine der Samosselzy, der von selbst Zurückgekehrten, sie dürfen von den Behörden nicht wieder weggeschickt werden.

Es sind Selbstmörder, sagte der Mann. Seine »Alte« läuft einmal in der Woche zwölf Kilometer, um außerhalb der gesperrten Zone Salz und Mehl und Zucker und die Rente zu holen. Sie fängt Fische, übergroße Exemplare wie die Rüben. Die »Alte« sei unbesorgt, ihre Haut sei wie Leder, und Leder schütze vor den Strahlen …

Wir sind eines Tages nach Naroditschi gefahren, unweit von Kiew. Häuser, Stein auf Stein gebaut. Die Treppenflure dunkel, kein Licht. Die Türen nacktes Eisen, einige außen notdürftig mit Kunstleder gepolstert. In einer der Wohnungen trafen wir eine Familie. Zwölfjährig der Junge. Im kleinen Wohnzimmer lag ein fünf Jahre altes Mädchen auf dem Sofa. Gekrümmte Hände, mit dem Kopf schlug sie unkontrolliert und wild hin und her, der Vater nahm seine Tochter behutsam in die Arme, trug sie umher.

Ich brauchte lange, um zu fragen: »Eine Spätfolge von Tschernobyl?« Die Ärztin nickte. Dann sagte sie: »Wir wissen es, untersuchen alle Kinder von Naroditschi regelmäßig. Aber was können wir gegen die Radionuklide tun? Die Flüsse hier sind noch verstrahlt, die Pilze und Beeren im Wald, die Krautköpfe im Garten …« Ab 200 Maßeinheiten sind die Radionuklide gefährlich, bei dem Jungen waren jüngst 400 gemessen worden. Vater und Mutter waren arbeitslos. Sie war Melkerin, er hat im Wald gearbeitet – wo die Strahlung am höchsten war. Arbeitslosenhilfe bekamen sie nicht, nur umgerechnet 25 Euro pro Monat für die Betreuung der Tochter. Es ist das Geld, das für die Miete draufgeht. Serjosha, der Zwölfjährige, holt Beeren und Pilze aus dem Wald. Er verkauft sie, davon hauptsächlich lebt die Familie (lebt?), denn im Neubaugebiet gibt es keine Gärten. Die Augen des Jungen sahen müde aus wie die eines alten abgearbeiteten Mannes.

Hinter dem Sofa hing ein bunter Wandteppich mit einer Art Schloss am Meer. Davor rote Rosen. Jalta auf der Krim? Ich fragte, wie man nach dem Foto an eine Urlaubserinnerung fragt. Sie wussten nicht, was das Bild zeigt. Sie waren noch nie am Meer. Aber schön sei das Bild, sagte der Mann.

Wir gaben Süßigkeiten, Kleidungsstücke. Äußerst verstohlen tat ich, was ich noch nie in meinem Leben gemacht hatte: Ich legte Geld unter die Geschenke.

Warum von dieser Reise ein Hörbuch?

Diese Aufnahme war eine Reaktion auf ein Misstrauen, auf ein ungutes Gefühl. Ich habe bei Deutschen wie bei Russen gesehen, dass Solidarität, so tief sie wurzeln möge, doch auch ein Geschäft in die eigene Tasche war. Gewinn, mal in kleinen, mal in größeren Dimensionen. Sei es ein lobender Aufmacher in den hiesigen Medien, sei es die komfortable Auslandsdienstreise, sei es irgendein Rabatt für den Eigenbedarf. Manchmal fließt, wo Not herrscht, auch der Sekt.

Auch die Erträge solidarischer Hilfe können in private Kanäle münden. Ich weiß, was ich sage, ich hab es erlebt. Aber ich sage das ohne konkrete Zurechtweisung, ich nenne nicht Ross und nicht Reiter.

Was meinst du konkret?

Nur so viel: Ich habe in Kiew erlebt, wie Menschen, die wenig haben, trotzdem eine geradezu beschämende Gastfreundschaft offenbarten. Ich habe aber auch erlebt, wie die Helfer aus Deutschland diese Ukrainer dann zum Abschiedsessen einluden und zwei Flaschen Wodka auf den nackten, ungedeckten Tisch stellten, Punkt, das war's – so nach dem Motto, hier, sauft, mehr braucht ihr doch nicht.

Ich habe mich so geschämt, ich habe noch mehr Wodka gekauft, Wurst und Käse dazugelegt und mich aus Wut und Scham betrunken wie nie.

Die Konsequenz: Ich habe mein Hörbuch gemacht, sieben

Euro hat es gekostet. Sechs Euro jeder CD kamen Kindern aus der Gegend um Tschernobyl zugute. Für einen dreiwöchigen Kuraufenthalt mit medizinischer Betreuung in strahlungsfreien Gebieten von Belorussland. Es waren rund 800 …

Aber bis nach Tschernobyl bist du nicht gekommen.

Etwa vierzig Kilometer vorher kamen wir an eine Kontrollstelle. Stopp! Kein Durchkommen. Der Uniformierte sagte, mit dem Auto dürften wir auf keinen Fall passieren, aber in ein paar Minuten käme ein Kleinbus mit einer Gruppe Touristen, da könnten wir vielleicht mitfahren.

Erst einmal kam ein Landrover aus Richtung Tschernobyl, an seinen Türen die bunte Werbung eines Kiewer Reiseunternehmens. Drei US-Amerikaner stiegen aus, dann ein Deutscher mit Bergstiefeln. Sie posierten für ein Foto, einer hielt über dem Kopf einen Geigerzähler wie eine Trophäe.

Der Bergsteiger erzählte freudig, sie wären in Tschernobyl gewesen und hätten von einer Aussichtsplattform direkt auf den Sarkophag des Katastrophenreaktors sehen können. In Pripjat waren sie auch, in der verstrahlten Stadt, wo nie wieder Menschen leben werden. Der Bergsteiger war begeistert: »Eine Geisterstadt, nur wir dort! Wahnsinn!« Er wollte mir auch Fotos vom Abschiedsessen in Tschernobyl zeigen, sauberes von weit her geholtes Gemüse, Brot, Knoblauch, Fleisch. Wieder sagte er: »Wahnsinn!«

Ja, das dachte ich auch, meinte es aber mit Sicherheit anders als er. Ich wollte die Fotos nicht sehen. So ein Ausflug kostete 150 bis 250 Euro pro Person, ohne Geigerzähler und Essen etwas weniger.

Inzwischen war auch der Kleinbus gekommen. Der Reiseleiter lud mich ein, für 130 Euro. Ich war hierhergefahren, um unbedingt Tschernobyl zu sehen. Aber nun schüttelte ich den Kopf. Ich ging zu unserem Kleinbus, wir fuhren zurück nach Kiew.

Zu Hause rief ich die Frau aus der Ukraine an, die gewissermaßen den Anstoß für meine Reise gegeben hatte. Sie fragte, ob ich den Atomsarg von Tschernobyl gesehen hätte. Nein. Ob ich in die Seele der Menschen in der verstrahlten Zone hätte sehen können. Nein, ich hätte ja nicht einmal in die Seelen der deutschen Tschernobyl-Helfer schauen können. Da sagte sie einen mir unvergesslichen Satz, zugespitzt, vereinfacht, aber wahr: »Das Herz von Helfern erkennt man ganz einfach: Wer still hilft, hilft anderen. Wer laut hilft, hilft sich selbst.«

IV.

»GEBEN WIR DEM UNBEKANNTEN SERBEN UNSEREN WOHNUNGSSCHLÜSSEL?«

Im bayrischen Restaurant des neuen Berliner Hauptbahnhofes sitze ich endlich warm. Ich genehmige mir, ohne dass ich zuvor auf die Karte gesehen habe, ein Glas Rotwein. Es kostet 7,20 Euro. Mit Trinkgeld bezahle ich 8 Euro. Dafür hätte ich drei Döner essen können. Heute ist wahrlich nicht mein Tag. Wegen eingefrorener Weichen hat der Zug 90 Minuten Verspätung. Doch zumindest das könnte ich auch positiv sehen. Denn so bleibt mir genügend Zeit, um im teuren Restaurant noch einmal billig auf die Toilette zu gehen. Die Toilettenfrau, eine dicke Mama aus Afrika, ist mit ihrer Familie aus Kamerun nach Deutschland gekommen. Im Moment wäre es für sie schrecklich hier. »Sehr, sehr kalt«, stöhnt sie. Sie sitzt vor der Toilette und liest die Bibel in englischer Sprache.

Landolf Scherzer, aus »Letzte Helden«, 2010

Landolf, wir haben über das Gehen gesprochen. Es gibt einen methodischen Unterschied zwischen dem »Grenz-Gänger« und einem deiner nächsten Bücher, »Immer geradeaus«. Letzteres ist ein Buch geworden, bei dem großenteils der Zufall Regie führte.

»Grenz-Gänger« erzählt von gezieltem Suchen, ich klingelte in jeder Ortschaft am ersten Haus links. »Immer geradeaus« ist ein Fußgängerbuch ganz anderer Art.

Eine Reise durch den Osten Europas. Geplant war eine Tour mit dem Traktor.

Und einem Wohnwagen, der Willi gehörte. Ja, Willi, den ich als Brigadisten in Moçambique kennengelernt hatte. Ich fuhr mit einem Reisebus voller Urlauber von Thüringen zum gemeinsamen Ausgangspunkt unserer Odyssee, dem südungarischen Badeort Harkány. Sieben osteuropäische Länder wollten wir durchfahren: Ungarn, Kroatien, Serbien, Rumänien, Moldawien, die Ukraine, Polen, und zurück, fünftausend Kilometer in vier bis fünf Monaten. Schon auf der Busfahrt nach Harkány erhielt ich eine SMS von Willi. In Österreich war der Traktor in ein Schlagloch gefahren, Achsbruch. Und überhaupt sei das fünfzig Jahre alte Gefährt – das ja auch noch einen DDR-Anhänger zu ziehen hatte – wohl doch zu altersschwach. Mein Kompagnon kehrte um.

Ich nicht. Ich dachte nur: Wenn es so nicht geht, muss es anders gehen. Allein durch Kroatien und Serbien? Man schlug in Harkány die Hände überm Kopf zusammen: Raub stünde mir bevor, Bedrohungen durch schnell gezückte Messer. »Und das in Ihrem Alter?«, hieß es. Ich hörte mir das an und lief los.

Im Nachhinein halte ich das für Glück. Traktor und Wohnwagen hätten die Reise und also das Buch verniedlicht, zivilisiert, geglättet. Die Not, täglich reagieren zu müssen, wäre nicht groß genug gewesen. Willi und ich wären doch nur in einem fahrbaren exotischen Hotel wahrgenommen worden. Dazu kam es aber nicht, das Scheitern im Geplanten ist eben oft ein Gewinn.

Statt Traktor und Wohnwagen nur die Kraxe. Was hattet ihr denn ursprünglich alles geladen?

Ohropax gegen Schnarch- und Traktorlärm, Pfefferspray gegen Überfälle, Fahnen aller Länder, durch die wir fahren würden, einen Benzinkocher, viele Fünfeuroscheine, falls man große Scheine nicht wechseln konnte, eine aufklebbare Picasso-Friedenstaube, einen handbetriebenen Dynamo zum Aufladen des Handys, Warnwesten, Zollgenehmigungen, Luftballons, Stifte und Kugelschreiber für die Kinder in den Dörfern, Wechselwäsche und ein zweites Paar Schuhe, Landkarten, Magnesium-Tabletten zur besseren Durchblutung, eine Waschschüssel, ein Behelfsklo, auf das wir uns, um uns keine Zecken einzufangen, in der freien Natur setzen könnten … In der Kraxe steckten nur mein Notizbuch, eine Flasche Wasser, Pass, Geld, frische Socken und ein paar Äpfel.

Beim Lesen bekam ich das Empfinden: Je weiter du durch Osteuropa läufst, um vielleicht Gründe für die Kriege zwischen Serben, Kroaten, Bosniern und Kosovo-Albanern zu verstehen, umso verwirrender und heftiger werden die gegenseitigen Beschuldigungen, der Hass und die Ängste, geschürt von Nationalisten und vom Westen.

Lebenserhaltend schien überall eine gewisse Gleichgültigkeit zu sein. Ein Eisenbahner in Kroatien nannte mir das Rezept für seinen Frieden im serbisch-kroatischen Krieg: »Ich habe die kroatischen Soldaten mit ihren Geschützen an die Front gefahren, und ich habe die serbischen Soldaten mit ihren Geschützen an die Front gefahren.«

Eine Ungarin im serbischen Bezdan zeigte mir ihre große Sammlung von Kunstblumen, an manchen Stielen hingen noch die Reste der abgeschossenen Zielhülsen aus Porzellan; auf jedem Jahrmarkt hatte ihr Mann ihr eine Blume geschossen. Er sei tot, sie zeigte auf eine Margerite mit gelben Blütenblättern: das sei die Letzte. »Er hat sie mir als Soldat aus – ich erinnere mich nicht mehr, woher – geschickt. Mein Lajos konnte sehr gut schießen, aber andere«, sie lachte böse, »wohl noch besser.«

In Bačka Topola, in Serbien, stand ich im heftigen Regen unter einem Nussbaum, am letzten Haus des Dorfes, der letzten Zuflucht vor der Straße und den schlammspritzenden Trucks, die im Dauertakt vorüberfuhren. Eine Frau zeigte einladend aufs Haus, denn der Blätterschirm des Nussbaums war inzwischen undicht geworden. Da kam ihr Mann heraus, er zog sein linkes Bein nach, umkreiste mich, sprach mich auf Serbisch und Ungarisch an. Ich sagte, ich sei Deutscher und froh, eine Unterstellmöglichkeit zu bekommen. Er sah plötzlich böse aus, zeigte zum Himmel. Ja, sagte ich auf Serbisch, Regen. Der Mann in hartem Ton: »Nije, nije kiša, kein Regen! Bomba! Nemačka bomba! NATO-bomba!« Er humpelte ins Haus und zog die Vorhänge zu. Die Frau machte mir verständlich, dass beider Sohn vor zehn Jahren von NATO-Bomben getötet worden sei.

Ich ging hinaus in den Regen, die Trucks bespritzen mich, ich sah bald aus wie ein schwarzes Schwein, ich ließ es geschehen.

Mehrere Hundert Kilometer unterwegs, jeden Morgen in Ungewissheit, wo und wie man die kommende Nacht verbringen wird.

Ich bin nicht in Städte hineingelaufen, sondern geradeaus. Ohne Kompass, aber mit einer Karte, die man mir in Harkány geschenkt hatte. Da denkst du: Alles muss doch mal an ein Ende kommen. Die Orientierung war notdürftig, aber ich wusste: Überall leben Menschen. Du findest allzeit jemanden, der dir hilft. Du denkst: Dir kann alles passieren, und du denkst zugleich: Dir wird nichts passieren.

»Immer geradeaus« ist ein entschiedener Buchtitel. Dann aber steht da der Satz: »Immer geradeaus zu gehen ist ermüdend langweilig.«

Du gewinnst gehend Abstand vom Alltag, die Sinne blühen sozusagen, aber Wandern ist auch Motorik, und die stumpft ab. Laufen heißt dann: Bring's hinter dich! Die Aufmerksamkeit gilt plötzlich den Kraft- und Energiereserven und immer wieder dem günstigsten Nachtquartier.

Ich habe in Bačka Topola in einem Verschlag auf einer Matratze geschlafen, neben einer Viehtränke, über der ein Wasserhahn tropfte, die Wände fleckig wie das schon ewig nicht mehr gewaschene Laken eines Bettnässers. In einem ungarisch-kroatischen Dorf übernachtete ich in einem Weinkeller mit Mäusen und Ratten, vor meiner Schlafhöhle pinkelten die Angetrunkenen. Du nimmst alle Müdigkeit mit in den nächsten Morgen.

Auf Wegen in Kroatien: eine endlose schmale Spur Weizen, heruntergefallen von den Erntewagen. Manchmal dick wie ein Teppich, schön weich, wenn man lange auf Asphalt gelaufen ist. Verrottendes Getreide, Vogelfutter. Dennoch ging ich immer einen Meter neben diesem verlorenen Weizen. Unbewusst lieber auf hartem Asphalt als auf weicher Weizenspur.

Das Titelfoto zeigt dich gehend zwischen Eisenbahnschienen …

Weil ich manchmal nicht auf Felder ausweichen konnte.

Ödnis der Fortbewegung. Die Betonschwellen werden zum Schrittmaß. Sie disziplinieren, ein Schritt wie der andere.

Du kannst darauf warten, wann die Beine krampfen. Du gehst unentwegt an Dörfern vorbei, die nicht vom Krieg, sondern von Wind und Regen zerstört wurden; unterm abgefallenen Putz liegen wie große Wunden Ziegelsteine und Holzgeflechte bloß; offene Giebel sind verhängt mit zerrissenen weißen Planen.

Die berühmte Langeweile des Raums.

Abgemähtes Brachland, totes Gras, die Traurigkeit und die Schwermut der Vergeblichkeit. Die Landschaft, von allgemeiner Ermattung befriedet. Irgendwann willst du nicht mehr mühsam nur immer Schlafgelegenheiten suchen. Musst es aber. Was solltest du sonst tun? Im serbischen Banat freute ich mich an den Hinweissteinen am Rand der Pappelalleen, jeder Kilometer akkurat ablesbar, bis mich dieses genaue Wissen, wie weit es noch bis zum nächsten Ort ist, elend nervte und zusätzlich schlapp machte. Du weißt nicht mehr, ob die Wege aus der Welt hinausführen oder hinein. Du benutzt die Wege, du gehst auf ihnen und denkst ganz andere Dinge. Die Wege sind nur Mittel zu einem Ziel. Aber es kommt der Punkt, da gewinnen sie Gewalt über dich. Sie haben einen Sinn, der sich nicht im Ziel erschöpft.

So, und jetzt sage ich dir: Von all dem, was du eben erzählt hast, bliebe in einer von dir aufgeschriebenen Reportage höchstens dieser nüchterne Satz: »Du kannst darauf warten, wann die Beine krampfen.« Das ist schon das Höchstmaß an Selbstauskunft, an emotionalem Geständnis.

Übertreib nicht. Aber es stimmt, fast.

Wie viel Geld nahmst du mit?

Tausend Euro. Einen kleinen Teil habe ich sogar wieder mitgebracht. Schon bei den Übernachtungen in Kirchen, auf dem Fußboden liegend, sparte ich eine Menge. Aber nicht nur deshalb suche ich gern nach möglichst billigen Absteigen – nein, dort ist das Erlebnis eher zu Hause als im Mittelklassehotel. Ränder, dunkle Ecken, komfortfreie Nischen bergen mehr Leben als helle, keimfreie Orte.

Wenn's nicht so seltsam klänge: Du bist ein Menschensammler. So viele Begegnungen, die wie der Einstieg in Romane wirken und es also wert wären, dass man über sie ein ganzes Buch schriebe. Aber da bist du bereits weitergezogen.

Ich denke an Hilda Banski in Kikinda, die einer feinen englischen Dame ähnelte. 1940 geboren, lebte sie seit ihrer Kindheit in Serbien. Nach dem Ende des Zweiten Weltkrieges musste sie büßen, dass sie Deutsche war. Der Vater war als deutscher Soldat gefallen, die Mutter wurde von den Russen zur Zwangsarbeit ins Kohlegebiet von Donezk verschleppt. Später kam die Mutter nach Deutschland, fand Hilda übers Rote Kreuz. Aber die blieb in Serbien. Erst 1993 bat sie um Aufnahme in Deutschland. Das Gesuch wurde abgelehnt. Müsste sie nicht ohne jede Schwierigkeit in das Land, dem ihre Familie entstammt, einreisen dürfen? Muss sie sich gar entschuldigen dafür, dass sie im sozialistischen Jugoslawien die serbische Großmutter, die sie in schwerster Zeit aufnahm, nicht allein lassen wollte, diese gute Familie, die ihr und ihrem Bruder einst geholfen hatte? Nun stand sie da mit dem serbischen Pass und sagte, sie fühle sich wie eine »Aussätzige«. Hilda Banski gab mir ihr Tagebuch: »Ich schenke Ihnen meine Kindheit.«

(Scherzer liest vor:)

»Haifeld (Lager), 1945. Grossi [Großmutter] schickte Hansi [den älteren Bruder] und mich aufs Feld, Klee zu zupfen, zum Spinatkochen. Es war ein sonniger Tag. Schmetterlinge flogen. Ich lief ihnen nach. Ich stolperte. Erstarrt fiel mein Blick auf zwei Leichen. Es waren zwei Buben, etwa 12 bis 13 Jahre alt. Sie lagen erschossen vor meinen Füßen. Der eine hatte etwas Erde in seiner verkrampften […] Hand. Ich konnte mich nicht rühren. Das erste Mal sah ich den Tod.

Gakovo (Lager), 1947. Otta, Hansi und ich liegen auf den Strohbetten. […] Ich wache auf. Mit meiner Hand suche ich Otta. Erschrocken ziehe ich sie zurück. Otta ist kalt. Eine Ratte springt von ihm runter. Er hat keine Ferse mehr. Otta ist in der Nacht neben mir gestorben. Er ist verhungert. Hansi zieht die Leiche in einem Karren zu dem Sammelgrab. Mein Otta wird hineingeworfen und mit Kalk übergossen.«

Du hast einen Nerv für Momente größeren Umbruchs. Irgendwie logisch, dass es dich eines Tages auch nach Griechenland zog. Das Land prüfte in den letzten Jahren wie kein anderes den Charakter der EU. Volker Braun schrieb anlässlich Griechenlands: »Zwei Mythen kämpfen seit alters, geglaubt von den Menschen. / So mächtig sind sie, dass wir sie göttergleich achten. / Das Recht des Volkes, seine ungeborene Freiheit / Die Macht des Marktes, unsterblich wie seine Gesetze.«

Immer hast du oder findest du oder zitierst du große Worte. Meine Neugier aber ist kleiner. Also: Was heißt größerer Umbruch? Tsipras war in Athen noch nicht an der Macht, als ich hinfuhr …

Aber die Tonangebenden und Finanzstarken Europas waren voll in Aktion.

Ja, um ein Land zu strangulieren. Trotzdem, ich scheue mich vor zu großen politischen Gedankenbögen, die dann sowieso nicht halten. Wobei Haltbarkeit überhaupt etwas ist, womit die Reportage kaum dienen kann.

»Strangulieren« – du selber greifst nach einem weit ausholenden Wort.

Was passiert beim Versuch, einem Land die Luft zu nehmen – ja, klar, das interessierte mich. Vierhundert Jahre Türkenherrschaft hatten den Griechen nichts anhaben können. Und jetzt kamen Merkel und Schäuble …

Griechenland. Sagenland. Die Heimat der Götter, die Wiege des Denkens, der Hybris und der Tragödie, der Garten des Mythos.

Immer kann man alles auch ganz anders erzählen. Vertrocknete Erde, Wellblechschuppen, Geruch nach Öl, Sandwind und Hitzestau, Athen ein Häusermeer in einer Mulde zwischen sonnenzerfressenen Bergen. *(Lacht.)*

Zwei Reisen umfasste deine Griechenland-Recherche. Die erste führte per Pauschalurlaub ins Fünf-Sterne-Hotel »Oceania Club« in Nea Moudania.

Als Pauschaltourist blieb ich Reporter. Auch über Deutsche, die in jener Zeit nach Griechenland fuhren, wollte ich schreiben. Wie reagieren in Krisenlagen Kulturen aufeinander? Man knallt sich die All-inclusive-Teller voll, aber beklagt die fehlende Bockwurst. Und zwei Häuserecken weiter leben Menschen, denen das Nötigste fehlt und die im Sommer manchmal kaum Wasser haben, weil das Hotel alles für sich verbraucht.

Die Reise hatte ich übrigens über Aldi gebucht, dort würden, so die landläufige Meinung, zumeist Leute verkehren, die aufs Billigangebot setzen, bei Waren und auch bei Reisen. Draußen dann schwillt man an zum großen Macker. Hier in Dietzhausen war ich am Dönerladen meines guten Bekannten Ercan mit einem – arbeitslosen – Computerspezialisten ins Gespräch gekommen, der verwies mich auf Urteile Deutscher über die Griechen im Netz: »wen kümmern überhaupt diese kleinen olivenbauern??? stehen ständig auf der straße rum und verbrennen deutsche fahnen anstatt zu arbeiten.« Oder: »Ich arbeite in einem Reisebüro und werde jedem Kunden abraten, in dieses Land zu fahren und das Volk damit zu unterstützen.« Zwei Tage später buchte ich den Flug nach Thessaloniki, sah mich – inmitten von Landsleuten – beim »undankbaren Pack« um.

Das Verfahren erinnert an deine Protokolle über die Moçambiquaner in Suhl.

Das Verfahren nicht, die Beobachtungen schon. Mit den deutschen Gästen des Hotels führte ich keine ausführlichen Gespräche, ich schrieb nur auf, was ich sah und hörte. Das war für mich schlimm genug. Mit Zynismus komme ich nicht klar. Aber auch in diesem Falle habe ich nicht kommentiert, ich habe keine politischen Einschätzungen und Prognosen gewagt, aber dass ich mich unter diesen Leuten nicht wohlfühlte, wird im Buch wohl deutlich. Hoffentlich.

Die wenigsten Kellner im Hotel waren Griechen. Sie kamen aus Rumänien, Litauen, Georgien, Lettland. Billiglohnarbeiter im Dienste einer Weltmacht: des deutschen Touristen. Der verlangt einen »Radler«, trifft auf einen ratlosen Kellner und schreit: »Wenn wir im Urlaub unser Geld herbringen, damit ihr eure Schulden bezahlen könnt, dann lernt wenigstens die Namen von deutschen Getränken.«

Und dann liest du anheizende Schlagzeilen bei Springer, etwa die Aufforderung, die Griechen sollten doch ihre Akropolis verkaufen. Einer saß am Restauranttisch im Hotel, schaute nach oben in die Wolken und schimpfte: »Diese faulen und knausrigen Griechen, jetzt sparen sie schon an der Sonne.«

Das waren diese Momente, in denen du an die Luft musst, raus in den Regen, raus ins Grau, du siehst die weiß-blaue griechische Fahne, wie sie als nasser Lappen zwischen den Eukalyptusbäumen hängt, du läufst durchs seichte Uferwasser, die Schwalben fliegen tief, du genießt den Duft der Kakteenblüten … Wieder frage ich mich, ob das wirklich so typisch deutsch oder nicht eher ein grundsätzlicher Reflex von Menschen ist.

Es gibt einen Volkszorn, der sich daran abarbeitet, dass die Welt unsere so sorgsam geplanten Illusionen oft im wahren Sinn des Wortes im Regen stehen lässt. Wir wollen im Urlaub Sonne und Licht, weil wir ein letztes Ghetto dessen brauchen, was uns erlebenswert, hell, ungetrübt scheint. Nach einem Lawinenunglück 1999 im Schweizer Wallis stürmten Touristen das örtliche Informationsbüro und verbrannten Werbematerial.

Es sieht fast so aus, als werde in dieser Sache die Schwelle für Wut immer niedriger.

Goethe lässt seine Iphigenie auf Tauris von der Sehnsucht sprechen, das Land der Griechen mit der Seele zu suchen. Nun, mit Hilfe des nächstgelegenen Reisebüros geht das weit schneller und ist auch weit weniger anstrengend. Aber das mit der Sehnsucht ist schon ein ernstes Problem unserer inneren Verfassung. Dieser tiefe, untilgbare Wunsch, immer woanders zu sein, stets ein anderer zu werden, das Schöne, Gute, Wahre ausdauernd dort zu vermuten, wo man gerade nicht ist.

Auch im Ausland, im Urlaub, siegt leider irgendwann das Kassler-Gen, die Mentalität der Erbsensuppe.

In Griechenland verbringen auch deine Frau und du gern Urlaub.

In Erfurt gibt es einen kleinen griechischen Laden. Dort kann man Produkte aus Kreta kaufen. Die griechische Besitzerin machte uns neugierig auf die Insel. Seitdem fahren wir in eines dieser Dörfer dort, in eine sehr beschauliche Pension mit drei Zimmern. Du gehst frühmorgens raus und siehst Schafe, und in der Küche stehen hausgemachter Raki und Olivenöl, die Flaschen werden stets – kostenlos – vom Pensionswirt nachgefüllt. Ich muss nicht noch unbedingt Bali oder Neuseeland sehen.

Überhaupt bedeutet mir Urlaub: Hinkehr zum Vertrauten. Als Reporter reisend, bin ich nirgends zu Hause. Urlaub aber heißt für mich: die Wege kennen, einer Aussicht wiederbegegnen, auf Kreta dem Fischer und dem Bäcker. Die Fremde: minimiert, das Unbekannte: reduziert. Und diese schöne Gewöhnung reicht bis hin zum kretischen Essen, etwa den mit Schafskäse und Honig überbackenen Auberginen.

Jene zweite Griechenland-Reise für dein Buch: eben noch fünf Hotel-Sterne, nun nicht mal mehr ein einziger. Thessaloniki.

Bei diesem Ort denke ich sofort wieder an die Ankunftshalle des Flughafens in Thessaloniki: Suchplakate mit Fotos von Kindern aus afrikanischen, orientalischen, asiatischen Ländern – Kinder von Flüchtlingen, sie waren in Griechenland entführt worden, die Eltern konnten sie nicht suchen, weil die als Flüchtende weiterziehen mussten.

Das Hotel, in dem ich unterkam, gehörte noch zum Zentrum, aber in den Seitenstraßen sah es elend aus. Aus den eingefallenen Dächern und glaslosen Fensterlöchern wuchsen Sträucher und kleine Bäume. Das waren früher mal Handelshäuser und Villen. Von manchen Erkern sah man nur noch die Eisenträger, an denen verbogene Drähte mit Betonklumpen hingen.

Ich wurde gewarnt: Infernalische Discomusik würde nachts die Straßenschlucht fluten. Von den dumpfen Bässen bekam ich später Herzschmerzen. Alles erschreckend baufällig. Ein Durchgangsort auch für Migranten. Statt Steckdosen gab es nur Verlängerungsschnüre mit Dreifachsteckern. Der Kühlschrank stand auf dem Gang. Meine Begleiter hatten mich geradezu angefleht, in eine andere Bleibe zu ziehen, ich aber bestand auf dieser Unterkunft. Sinnigerweise hieß das Hotel »Europa«.

Mit dem Patron des Hotels, Kostas Kostalakis, habe ich mich während meines Aufenthalts lang und oft unterhalten. Seine Eltern leben in Deutschland, in Stuttgart. Auch er hat einige Jahre dort gelebt. Seine Großmutter auf dem Dorf ist arm gewesen, kein Wasser, kein Strom. Am Wochenende habe sie ihr langes schwarzes Haar mit Wasser von einer nahegelegenen Quelle gewaschen und dabei gesungen. Kostas sagte, er werde dieses Bild und diese Lieder nie vergessen, in diesen Momenten sei seine Großmutter glücklich gewesen. Seitdem benötige er keine Philosophen mehr, um zu erfahren, was Glück sei.

Da, an der Wand neben meinem Schreibpult, hängt ein Zeitungsfoto: Kostas bei mir in Dietzhausen. Er hat mich besucht.

Für eine längere Reportage an politische Brandherde zu reisen birgt die Gefahr, dass so ein Thema schnell »durch« ist. Ein Buch ist dann lediglich das, was du schon über den »Ersten« geschrieben hast, was aber in der DDR noch Brisanz besaß: ein zu lang geratener Zeitungsartikel.

Das Aktuelle ist das eine, was akut bleibt, ist das andere: das Leben der Menschen. Alltag ist Alltag, vor, bei und nach Tsipras. Davon zu erzählen, kann eine winzige Chance dafür sein, dass das Verfallsdatum einer Reportage ein wenig – ein wenig! – hinausgezögert wird.

»Wer vor widersprüchlichen Nachrichten aus Griechenland nicht mehr weiß, was da wirklich vor sich geht, sollte Scherzer lesen«, urteilte die »taz«. Die Zeitung lobte dein Buch, schrieb aber auch: »Irgendwann im Laufe der 320 Seiten wünscht man sich mehr Weite im Blick. Ein Banker, eine Politikerin, ein Lobbyist – es wäre interessant gewesen, zu lesen, wie sie die Situation einschätzen.«

Wer wo hinfährt, sieht das Seine. Meins ist meins. Andere sehen anderes und sehen anders. Ein afrikanisches Sprichwort sagt: Wer alles erzählen will, lügt. Schreibend versuche ich, das Leben zu lesen, aber jeder hat sein eigenes Alphabet. Die Wahrheit beherrscht mehr Sprachen, als wir je lernen können. Tausend Wahrheiten, abertausend Bücher. Punkt. Gerührt hat es mich, dass Manolis Glezos nach Berlin kam und den Wunsch hatte, dass wir gemeinsam aus meinem Griechenland-Buch lesen. Der Mann, der die Hakenkreuzfahne von der Akropolis holte.

Ich weiß, dass du bei jeder Lesung – egal, aus welchem deiner Bücher – zum Schluss eine Geschichte aus dem Griechenland-Buch erzählst.

Kostas hat sie mir erzählt, am letzten Abend vor dem Heimflug, in der Taverne am Meer, wo ich so gern Gyros aß, wie ich ihn mag: ohne Ketchup und ohne Pommes, dazu roten Wein und Oliven. Ein älterer Mann kommt an einer Fischtaverne vorbei, davor das Schild: »Speisen und Getränke umsonst. Alles bezahlen die Enkel.« Er hält das für einen Scherz. Aber als das Schild auch am nächsten Tag noch hängt, lädt er seine Frau zum Abendessen ein. Champagner, Hummer, Langusten und lauter delikate Fische, dazu ein köstliches Dessert und den besten französischen Kognak. Als die beiden dankend gehen wollen, präsentiert ihnen der Kellner eine Rechnung: 850 Euro. Der Mann schluckt, dann empört er sich: »Wieso eine Rechnung?! Es hieß doch, alles sei umsonst! Bezahlen sollten die Enkel!« Das bestätigt der Kellner und erklärt lächelnd: »Aber diese Rechnung hier ist die Ihres Großvaters.«

Weißt du, was ich merkwürdig finde? Du wolltest immer auch nach China, hast mir aber erzählt, du hättest dich lange Zeit nicht getraut.

Ich hatte Bangigkeit, alles sei zu groß. Das Land zu groß, die Historie zu groß, die Zusammenhänge zu groß. Die Sprache am fremdesten. He, Scherzer, das schaffst du nicht! Dann fuhr ich doch. Ich erhielt nämlich einen seltsamen Brief.

(Liest vor:)

»Ich hatte vor acht Jahren, während einer 195 Tage langen Geiselhaft in Tschetschenien, als einzige geistige Nahrung Ihr Buch ›Neid ist umsonst, Mitleid musst du dir erarbeiten‹ dabei, das ich wohl ein Dutzend Mal gelesen habe. Was mich nach der Befreiung am meisten überraschte, war meine völlige Fehleinschätzung der Situation, denn während des Eingesperrtseins hatte ich gemeint, nach dem (stets ungewiss bleibenden) Tag der Freilassung würden nur noch eitel Sonnenschein und pure Freude folgen. Das erwies sich als gründlicher Irrtum. Mein vormaliger Chef kündigte mir sofort nach meiner Rückkehr, mit dem unausgesprochenen Vorwurf, die Firma ruiniert zu haben. Ich hatte in den Monaten der Qual wohl am meisten darunter gelitten, ein Nichts zu sein, keine Sympathie zu geben und ebenso wenig zu empfangen. Nach der Freilassung war ich zwar wieder Mensch zwischen meinen Verwandten und Freunden, aber trotzdem noch nicht zurück im Leben. Ich war körperlich und seelisch geschwächt, arbeitslos und mit meinem Selbstbewusstsein am Ende. Finanziell sowieso.

Nach meiner Rückkehr nach Berlin begannen polizeiliche Vernehmungen, die für mich schnell zu Verhören wurden, weil die Beamten Ungereimtheiten in meinen Darstellungen bemerkten. Das war nichts weiter als natürlich, denn ich erzählte ihnen die mir aufgetragene Legende der Geiselnehmer. Mein siebzigjähriger Mitgefangener, der serbische Direktor unseres Moskauer Büros, saß noch in Geiselhaft. Er war unter einem Vorwand am Tag meiner Übergabe von den Geiselnehmern zurückbehalten worden. Mithin war klar, dass Informationen, die den tatsächlichen Hergang der Dinge geschildert hätten, nur von mir sein könnten und – bei den Geiselnehmern angekommen – die ohnehin arg geschädigte Gesundheit meines Mitgefangenen weiter verschlechtert und eventuell sogar sein Leben gefährdet hätten. Die deutsche Polizei hingegen war der Ansicht, volles Vertrauen in ihre russischen Kollegen setzen zu können. Es hieß aus deutscher Sicht, mein Leben sei doch im Grunde nie in Gefahr gewesen, man argwöhnte sogar, ein Teil des gezahlten Lösegeldes könne an mich geflossen und ich also ein Mitorganisator der Entführung sein. Solche Verdächtigungen waren für mich angesichts diverser Prügel, des ständigen Psychoterrors und aller möglichen perverser Spielchen ungeheuerlich. Gelernt habe ich bei dieser Gelegenheit, wie leicht und unverschuldet man aus dem Lager der ordentlichen, wohlmeinenden Bürger auf die Seite der Verdächtigen, Anrüchigen und Aussätzigen der Gesellschaft gestoßen werden kann. Dann aber sagte ich mir: Was wiegt schon ein verletztes Ehrgefühl gegen die Rettung vor einem erbärmlichen und völlig sinnlosen Tod?

Wie ging es weiter? Beim Autofahren sah ich sehr oft in den Rückspiegel, merkte mir Fahrzeuge und Nummern, die mir häufiger begegneten. Meine Adresse ließ ich für behördliche Recherchen sperren. Ich versteckte mich, wo es nur ging, und war ständig auf der Flucht, auch wenn ich nur spazieren ging. Grund waren nicht nur die schmerzenden Erinnerungen, sondern auch Drohungen, die mir die Geiselnehmer mit auf den Weg gegeben hatten. Deren Phantasie aus einer merkwürdigen Mischung aus islamischem Fanatismus und Knast-Ideologie konnte Bilder produzieren, die mir davor nie in den Kopf gekommen wären. Vielleicht muss man dafür einen Krieg erlebt haben. Dass man unter solchen Umständen bei Vorstellungsgesprächen keine gute Figur macht, ist naheliegend.

Damit Sie überhaupt wissen, wer ich bin: Ich habe in Moskau ein außenpolitisches Studium mit dem Spezialgebiet China absolviert, seit 2000 lebe ich als Consulter für deutsche Firmen in Peking …«

Der Reporter Scherzer wurde nun natürlich neugierig …

Ja, das war der Brief – von Klaus Schmuck, er lud mich ein, er würde mich in Peking begleiten, er würde übersetzen. Gewissermaßen als Dank, dass mein Buch ihn abgelenkt hatte vom erlebten Grauen. Als es ans Ende der DDR ging, war er im Außenministerium derjenige gewesen, der sozusagen das Licht ausmachte. Aufgrund seiner perfekten Russischkenntnisse wurde er Geschäftsführer einer Joint-Venture-Firma, Sitz Westberlin. Sie betrieb Arzneimittel-Geschäfte mit Russland. Zu Vertragsverhandlungen mit dem abtrünnigen Tschetschenien flog Klaus im August 1997 nach Inguschetien, von dort sollte es nach Grosny gehen. Er war 41, gemeinsam mit einem älteren Serben wurde er auf dieser Fahrt durch den Nordkaukasus von Tschetschenen entführt. Die Lösegeldforderung: 3,5 Millionen Dollar. Nach 195 Tagen die Freilassung – die Eltern, ein Freundeskreis, die Firma hatten Geld gesammelt, eine Million Dollar und 63 000 DM; ein unbekannter Mann, der in Kolumbien in Geiselhaft geraten war und eine Stiftung für Entführungsopfer gegründet hatte, gab allein 700 000 Dollar! Der mitgefangene Serbe kam erst ein Jahr später frei.

Klaus hat mir von den Morddrohungen durch die Entführer erzählt, jeden Tag diese Ankündigung, morgen sei Schluss. Er sprach von einer Abmachung mit sich selbst: »Erst wenn ich einen Pistolenlauf am Kopf spüre, glaube ich, dass ich jetzt und hier sterben muss.« Die Erpresser kündigten an, sie würden eine russische Geisel aus den Bergen holen, und dann sollte der Deutsche oder der Serbe diesen Russen erschießen – oder sie würden selber getötet. Solche Sätze fielen: »Das könnt ihr euch doch nicht entgehen lassen, einen Menschen töten zu dürfen ist eine große Sache.«

Er erzählte, er habe immer öfter geglaubt, bald sterben zu müssen, und die Angst ließ ihn an Menschen denken, von denen er sich verabschieden wollte – ohne es zu können.

In den meisten Reportagen hast du im Kleinen das Große zu ertasten versucht, im Provinziellen das Prinzipielle. In China hingegen beobachtest du viele kleine Dinge, aber ahnst und spürst, dass du dich außerhalb des großen, prägenden Zusammenhangs bewegst. Ist das richtig interpretiert?

Ja. Über allem lag ein »Geist«, der mich nicht einließ. Der Taoismus etwa, die Politik des sozialistischen Kapitalismus oder kapitalistischen Sozialismus. Ich wusste: Es lenkt die Menschen etwas, zu dem ich keinen Zugang fand. Es würde diesmal nicht gelingen, vom einzelnen Schicksal auf etwas Ganzes zu schließen.

Etwas Grundsätzliches dämmerte mir freilich … wie soll ich es beschreiben … Vielleicht so: Wenn wir unser europäisches Leben mit einer Maschine vergleichen, dann starten wir die, fahren sie hoch, beschleunigen sie, solange es geht, bis dann die ersten Reparaturen nötig sind, aber noch immer wird Leistung versucht, bis der Anteil an Ersatzteilen größer und größer wird und der Verschleiß uns schließlich auf den Schrotthaufen führt. *(Lacht.)*

In China bekam ich ein anderes Empfinden: Der Mensch ist eine Maschine, ja, ihr ist eine feststehende Menge Energie gegeben, das bedenken die Leute in allem, was sie tun; das erste Gebot ist nicht: loslegen, sondern einteilen, haushalten. Schütze deine Energie, vermeide Chaos und Konflikt, mäßige dich in allem, was Energie kostet. Alles kommt zu dem, der warten kann. Dieser Geist steckt hinter Sinn und Pflege so vieler Rituale. Das legt aller Geschäftigkeit, aller Bewegung spürbare Zügel an. Lebensenergie sparen, damit sie länger reicht.

Dein China-Buch »verewigt« im Titel Madame Zhou, die sich in Peking um die Rechte der Wanderarbeiter kümmert. Ihre Geschichte umfasst aber nur wenige Seiten – sie teilt damit das »Schicksal« so vieler Menschen in deinen Reportagen. Ich komme wieder auf die Spot-Technik der Reportage zurück: Jetzt, da du für dieses Buch noch einmal Begegnungen aufrufst wie eine Galerie, durch die wir gemeinsam streifen – jetzt also offenbart sich, wie sehr in deinen Reportagen Novellen stecken, packende Existenzen, einmalige Biographien …

Reporter bin ich, und noch mit dem besten Willen machst du aus mir keinen Romancier. *(Lacht.)*

Dass einer wie du unter »Sachbuch« firmiert, ist so blöd wie die Schublade »Kleinkunst«, in der kabarettistische Größen wie Dieter Hildebrandt oder Peter Ensikat steckten.

Wobei: Deine Bemerkung mit den Novellen, das beschäftigt mich. Menschen bin ich begegnet, deren Leben in brennende Widersprüche getaucht war. Madame Zhou schleppte bei einem japanischen Unternehmer zentnerschwere Kartonagestapel. Diesem Mann waren Elektrokarren zu teuer, einer dieser Stapel zertrümmerte ihr den rechten Fuß. In den sechziger Jahren, als sie Kind war, kamen die jungen Leute der Roten Garden in ihr Dorf.

Diese Diener von Maos »Kulturrevolution« vertrieben die Eltern unter Knüppelschlägen und dem Gejohle der Bewohner – wie Verbrecher stolperten sie eine Schlucht hinunter, die Roten Garden verbrannten die Bücher der sogenannten Adelsknechte Puschkin und Tolstoi. Der Vater war Direktor der Schule gewesen, sie wurde geschlossen, nur die Reden von Mao wurden noch gelehrt.

Hua Zhou blieb bei den Großeltern. Ein Nachbarsjunge hatte eine Rakete gebastelt, sie zu Ehren des Sieges über die Konterrevolutionäre gezündet. Hua Zhou wollte ihren Bruder zurückhalten, durch die explodierende Rakete verlor sie ihre rechte Hand. Später bekam sie Gelegenheit, auf eine Schule für Verwaltungsrecht zu gehen, aber das nur, weil ein Rechtsberater Hilfe benötigte, er war der Ansicht, »Krüppel lernen am schnellsten und am fleißigsten«. Zu Hause bei Frau Zhou hängen an der Wand zwei Bilder: die Eltern und – Mao Zedong.

Auf Kuba warst du sechs Wochen. Ein Land, wie du über deine Reise im Jahr 2016 schreibst, »im Umbruch«.

Wieder das große Wort.

Umbruch, ja. Oder besser: Wartestand? Es gibt ein wunderbares Lied von Hans-Eckardt Wenzel: »Havanna wartet und schaut auf das Meer, / wer wird wohl kommen, und was bringt er her? / Kommt ein Schiff mit Melonen, / kommt ein Makler mit Geld? / Kommen Möwen oder Drohnen / hinterm Meer und der Welt?«

Ich erlebte diesen Wartestand, als wäre er bereits das Zipfelchen einer erfüllten Utopie: Leben geht! Trotz alledem! Nach Kuba zu fahren war für mich schon zu DDR-Zeiten ein Traum.

Neben Afrika.

Ja. Aber meine Neugier auf Afrika war damals eine völlig andere als die auf Kuba. Von Afrika war ich regelrecht besetzt. Dieser Erdteil war für mich der völlig unbekannte Kontinent. Auch von Marcels ökonomischen Lektionen beeinflusst, glaubte ich: Wenn Afrika sich vom Kolonialismus befreit und sich für eine Partnerschaft mit den sozialistischen Staaten entscheidet – dann wird das die Weltgeschichte enorm verändern. Das wollte ich unbedingt vor Ort erleben. Eine Expedition in die Zukunft wäre das.

Kuba dagegen, Jahrzehnte später, war die Reise in einen gesellschaftlichen Zustand, der mir bekannt war. Eine Bestandsaufnahme. Impressionismus mit Zuneigung. Kein Vergleich mit der Neugier auf Afrika. Ein Traum, den zu erfüllen für mich in der DDR aber aussichtslos schien. Unerfüllbare Träume quälen am meisten.

Und jetzt muss ich noch mal über die Stasi reden. In meiner Akte findet sich nämlich – ich hatte dir das ja schon angedeutet – auch ein »IM-Vorlauf«, 16 Blatt. Perspektive: Kundschafter in einem kapitalistischen europäischen Land. Deckadresse in – Afrika. Später dort ein Alibi-Aufenthalt, zum Kennenlernen dieser so ganz anderen Welt.

Wie haben sie dich angesprochen?

Eines Tages wurde ich zum Gespräch mit einem Mitarbeiter des Ministeriums für Staatssicherheit gebeten. Ich wunderte mich, ging aber hin. Wir trafen uns am Freigehege des Suhler Tierparks.

Ein blanker Zufall, aber dieses Gehege hatte durchaus mit mir zu tun. Denn eines Tages hatte Suhl ein Geschenk der sowjetischen Partnerstadt Kaluga bekommen – einen Bären. Das angeblich kleine, niedliche Tier kam in Berlin-Schönfeld an, ich wurde beauftragt, es gemeinsam mit einem Kollegen in einem Lieferwagen nach Thüringen zu bugsieren. Klein, niedlich? Es war ein beträchtliches Exemplar von Bär, angsteinflößend, er brüllte unterwegs, offenbar vor Hunger. Als ich an einer Raststätte um Grünzeug für einen Bären bat, erntete ich Spott, bekam aber sofort Hilfe, nachdem ich die Plane des Lkw hochgehoben hatte.

Der Bär kam ins Gehege in Suhl. Ausgerechnet dort also fragte mich nun der Mann aus Berlin, ob ich Kundschafter werden wolle. Sofort dachte ich an Ruth Werner oder Richard Sorge, der dem gottverdammt ungläubigen Stalin die Nachricht vom bevorstehenden Angriff der Deutschen auf die Sowjetunion geschickt hatte. Ich dachte also an Menschen, die an geheimen Fronten für den Frieden kämpften.

Die Literatur hat berühmte, ehrenwerte Spione hervorgebracht, und die stets gefährliche Weltlage machte solche Helden immer wieder nötig. Und dafür vertraute man nun ausgerechnet mir? Ich war einverstanden. Das Gespräch nahm ich als Anlass, um einen Wunsch zu äußern: Wenn ich schon einen Briefkasten in Afrika hätte, dann wäre es doch toll, könnte ich nach meiner Kundschafterzeit tatsächlich dorthin, vielleicht für ein Jahr oder länger, als Reporter an einem Brennpunkt der Weltenwende. Welch eine Weichenstellung meines Lebens, am Freigehege von Suhl! Der Mann vom Ministerium, der auf unerwartete Weise in mein Dasein eingreifen wollte, bestellte mich noch einmal zu einem Gespräch, und auch diesmal gab es eine unerwartete Eröffnung: Ich wäre nicht geeignet als Kundschafter, denn ich hätte mich »dekonspirativ« verhalten.

Ich wusste nicht, was er meinte, denn von der Sache, die mein Leben in ganz neue Bahnen lenken sollte, hatte ich nur meinem besten Freund erzählt, einem Sportreporter vom »Freien Wort«. Aber genau er war der Falsche. Er war IM. Mein »Vorlauf« wurde geschlossen. Was wäre wohl, wenn ich nicht geplappert hätte? Was wäre ich heute …

Was lehrt diese Geschichte?

Immer viel reden, das schützt! Auch heute noch.

Immerhin, nach Afrika kamst du doch noch – und auch, lange nach dem Ende der DDR, nach Kuba.

Bei meinen Recherchen dort, es war 2016, öffnete mir meine »Geschwätzigkeit« die Herzen. Reden sei Brot und Rum für die Seele, behaupten die habaneros. Mich interessierte, wie sie die Zeit nach 1989 durchgestanden haben. Sie hatten keinen großen politischen Bruder in Moskau mehr, keinen Westen, in den sie sich wie die Ostdeutschen retten konnten. Nur nach wie vor den unversöhnlichen Feind, die USA, vor der Tür.

Ich musste an den »Zweiten« in Bad Salzungen denken, Stefan Baldus, den Ex-Militär, er zitierte gern militärische Regeln. Eine davon: Ein Krieg sei erst dann gewonnen, wenn der letzte Gegner getötet oder übergelaufen sei. Das ist nach wie vor die Devise der USA. Sie halten das Land seit sechzig Jahren durch Blockade im Status-quo der Isolation.

Umbruch als ein Wort für den Bruch – auch mit einst sehr großen Hoffnungen. Kuba macht nicht traurig?

Mich nicht. Und was den Umbruch betrifft: Fast bei jeder Lesung aus meinem Kuba-Buch werde ich gefragt: Was wird aus dem Land? Wie wird es sich entwickeln? Ich sage dann immer: Wer heute Abend oder mit der Lektüre meines Buches eine verlässliche Prognose erwartet, der sollte besser gleich gehen und das Buch nicht kaufen.

Geschäftsschädigend.

Ich weiß. Aber ich habe in »Buenos días, Kuba« nur beschrieben, was ich gesehen und gehört und erlebt habe.

Erzähl mal.

Das fällt mir schwer. Was auswählen aus dem Sammelsurium von Momenten? Du erzählst zwei, drei Geschichten, und die Zuhörer schlussfolgern daraus: So ist Kuba! Nein, so ist Kuba nicht! So ist Kuba auch! Ich möchte über dieses Land kein verallgemeinerndes Urteil fällen.

Dann erzähl eben von diesem »So ist Kuba auch …«

Begegnungen. Joaquín, einen der neuen cuentapropistas, also Selbstständigen im Lande, traf ich schon am ersten Tag, auf dem Cementerio Cristóbal Colón, dem zweitgrößten Friedhof Amerikas. Er stellte frische Blumen auf die dicke Grabplatte, unter der sein Vater lag. Der Vater habe mit der Waffe für die Revolution gekämpft. Er sei den Ideen von Fidel – dass beispielsweise in einem von Ausbeutung befreiten Kuba alle Menschen gleich gut leben müssten – immer treu geblieben. Aber unter dieser Platte, so Joaquín, habe er auch die Ideale seines Vaters begraben – denn mit den Vätern sterbe langsam auch die revolutionäre Ideologie. Immer lebendiger dagegen würden sich die privaten Interessen regen. Er hätte im Ausland gesehen, dass der Kapitalismus für das Privatwohl einträglicher als der kubanische Staatssozialismus sei. Aber ob er auch für die Armen und für die Bedürftigen in Kuba gut sei, wisse er nicht.

Oder Jesuin, der als Tabakbauer arbeitet, in San Louis bei Pinar del Río. Dort, so schwärmte er, wachse der beste Tabak der

Welt. Tabak, den man nicht einfach pflanzen, sondern heiraten müsse. Den Tabak könnten sie nicht privat verkaufen, sondern müssten ihn an die Kooperative abliefern. Aus den besten Blättern würden die teuersten Zigarren der Welt gewickelt. Nur in den staatlichen Zigarrenfabriken. Eine kubanische »Cohiba« koste 40 Dollar. Andere Produkte wie schwarze Bohnen könnten sie inzwischen schon zur Hälfte privat verkaufen. Ja, es sei besser geworden mit dem privaten Handel. Aber die Regierung greife zu viel in dieses System ein. Für die Wirtschaft sei nicht gut, was in anderen Bereichen vielleicht nützlich ist. Es sei dafür gesorgt, so Jesuin, dass seine Kinder kostenlos die Schule und die Universität besuchen können. Er meinte, ich würde in Kuba niemanden finden, auch in schlimmsten Notzeiten nicht, der verhungert. Niemand müsse wie in Mexiko oder Kolumbien auf Müllkippen nach essbaren Resten suchen. Aber …

Albertico traf ich auf »meiner« Bank, auf der ich mich vom Umherlaufen ausruhte. Sie steht vor meinem Lieblingsdenkmal, einer filigranen Metallplastik: der ausgezehrte Don Quijote auf der klapprigen Rosinante. Havanna ist ja die Stadt der tausend Denkmäler. Skulpturen in Kompaniestärke: Ho Chi Minh, Marx, Lennon, Martí, Che, Allende, Gandhi, die Rosenbergs, Mandela, Lincoln, Neto, Nasser, Lumumba, Mutter Teresa, Trudeau, Arafat, Hemingway.

Albertico, ein vielleicht Sechzigjähriger, saß auf »meiner« Bank und begann plötzlich Karateübungen, ich sprach ihn an. Er fragte: »Deutschland?« – Ich: »Si.« – Er: »Dresden?« – Ich: »No«, ich sei nur in Dresden geboren. Er: »Na gucke ma.« Er war in Angola Soldat, Auszeichnung dafür: acht Jahre Arbeit – in Dresden. Albertico zeigte auf ein Touristentaxi. Der Fahrer verdiene an den Ausländern am Tag über dreißigmal mehr als er, ein Mechaniker, in einem Monat. »Das ist ein Scheiß!« Immer wiederkehrend, dieser Satz. Aus seiner Umhängetasche nahm er einen Pappwürfel mit Rum, schüttete ein paar Tropfen auf die Erde, das sei der Schluck für die Götter, und reichte mir den Würfel: »Trinken wir auf meinen Gott Changó und darauf, dass der Sozialismus in Kuba eines Tages gegen seinen größten Feind gewinnt, den Alltag. Das ist ein Scheiß! Nimm mich bitte mit nach Dresden.«

Die Ärztin Alpha traf ich in ihrer Praxis. Sie erzählte mir, wie schrecklich es war, als in Kuba von einem Tag zum anderen durch die Blockade der USA nicht einmal mehr medizinische Hilfsgeräte importiert werden konnten. Wie sie Gestorbenen die Herzschrittmacher herausoperierten, in Rum legten und sie anschließend den lebenden Patienten einsetzten. Sie erzählte aber auch, dass Kuba es geschafft hat, in medizinischen Bereichen zu den Besten der Welt zu gehören. Wie sie sogar Medikamente gegen den Krebs entwickelt haben.

Maria, die Mutter meiner Vermieterin in Havanna, war Mitbegründerin des Revolutionsmuseums in der Hauptstadt, wo sie viele Jahre als Putzfrau arbeitete. Sie zeigte mir ein schönes Jugendbild von sich – wenn sie mal genügend Geld habe, würde sie einen Rahmen kaufen. Ihr Vater vergiftete sich an einem verdorbenen Stück Fleisch, war monatelang ein »Mann ohne Gedanken«. Im Besitz des letzten Zipfels Bewusstsein, hängte er sich auf. Spät erst hatte er Lesen und Schreiben gelernt, dank der Alphabetisierungskampagne – sein erster Brief war sein Abschiedsbrief: »Das viele Geld, das die Revolution für meine Medizin ausgeben muss, soll sie für andere, denen die Medizin noch hilft, ausgeben.«

In Havanna traf ich den Leipziger Jörg Werner, der seit Jahren Fahrradtouren für Touristen organisiert. Er war gestürzt und hatte sich den Ellenbogen gebrochen. Die Knochen mussten sofort stabilisiert werden. Doch die Ärzte in Santiago de Cuba hatten keine Schrauben aus Edelstahl. Der Hausmeister des Krankenhauses ging zu einem kaputten alten Chevrolet, der im Hof stand. An dessen Kofferraumklappe befand sich noch eine einzige Schraube – aus Edelstahl. Die Ärzte legten sie eine Nacht in hochprozentigen Rum, dann operierten sie und verbanden die Knochen mit der sterilen Chevrolet-Schraube. In Deutschland ließ er sich dann noch einmal operieren, die Ärzte warfen die kubanisch-amerikanische Edelstahlschraube kopfschüttelnd in den Abfalleimer.

Man kann die schwierigen ökonomischen Verhältnisse auf Kuba gewiss nicht allein auf die Blockade der USA zurückführen. Keine bürokratische Misswirtschaft? Keine Korruption?

Korruption natürlich, aber vielleicht nicht im großen Stil, sondern vor allem, um im Alltag zu überleben. Josina, eine Frau, die nebenan im Villenviertel Nuevo Vedado wohnte, traf ich, als sie der Vermieterin des Hauses, in dem ich logierte, ein Stück Schweinefleisch brachte. Sie hatte ein halbes Jahr lang ein Schwein auf dem Balkon mit Abfällen aus der Betriebsküche gefüttert und es nun schlachten lassen. Die Wohngebietsverantwortliche vom »Komitee zur Verteidigung der Revolution« hatte eingreifen wollen, denn solche Tierhaltung ist verboten. Doch die Küchenfrau wusste, dass die Verteidigerin der Revolution im Hausflur zwei Hühner hielt.

Und die bürokratische Misswirtschaft?

Natürlich kennen wir die aus der DDR. Aber ich habe in den oberen Kreisen Kubas nicht recherchiert. Wäre mir als Tourist auch schwergefallen oder unmöglich gemacht worden.

Ich weiß eine Entschuldigung auf deine Frage, möglicherweise ist sie nicht gut, aber ehrlich: Vielleicht will ich mir einen Rest der revolutionären kubanischen Romantik bewahren. Schließlich hingen Bilder von Fidel in meinem Arbeitszimmer, und ich lief mit einer Che-Guevara-Mütze mit rotem Stern herum.

Ja, ich frage mich manchmal, woher nur diese Lebenslust der Kubaner kommt. Die Art, wie sich die Menschen dort bewegen und sich Raum nehmen: Es sind Körper wie eine Natur, die sich nicht besiegen lässt. Ich bin froh über mich, dass ich diese Lust nicht übersehen kann, nicht übersehen will.

Landolf, du hast im Laufe unserer Gespräche gesagt, die Hoffnung aufs Große und Ganze könne man leicht und begründet verlieren, aber sie kehre immer wieder zurück, in Geschichten von einzelnen Menschen. Das berührt zutiefst das Ethos deiner Arbeit.

Im serbischen Beli Manastir kam ich auf meiner Wanderung durch Osteuropa verschwitzt und verschmutzt an, ächzte schon ein bisschen unter meiner Kraxe. An einem Haus, wo ich um Nachtquartier bat, gaben mir die Bewohner den Schlüssel. Sie fragten nicht mal nach dem Namen dieses abgerissenen Deutschen, wollten meinen Pass nicht sehen. »Mein Mann und ich müssen morgen früh zur Arbeit. Wirf den Schlüssel in den Briefkasten.« Man stelle sich vor: Ein unbekannter verschwitzter, verschmutzter Südeuropäer steht vor deiner deutschen Wohnung – du überlässt sie ihm auf die gleiche Weise? Ich zweifle. Meine Bangigkeit besteht in der Befürchtung einer unguten Europäisierung: Wir neigen dazu, uns abzuschotten.

In Rumänien, in Tomnatic, traf ich einen Mann, der jedes Jahr als Apfelpflücker am Bodensee arbeitet. Er braucht das Geld, aber leben möchte er in Deutschland nicht. Denn das Erste, was er für die Arbeit als Pflücker in die Hand bekäme, sei eine Schablone. Nur die Äpfel, die durch die Schablone passen, dürften geerntet werden. »Bei mir zu Hause essen wir alles, was Gott wachsen lässt.« Schablonen – erst für die Äpfel, dann für die Menschen. Auch die westliche Ethik ist eine Schablone. Die Schablone als Sinnbild für eine völlig verquere Freiheitsauffassung.

Noch mal gefragt: Geben wir dem unbekannten Serben unseren Wohnungsschlüssel?

Die einen ja, die anderen nicht.

Du Zweckoptimist.

Zu jedem schriftstellerischen Werk gehört – alles Ungeschriebene. Du hattest ein Buch über die Wanderung mit einem Schäfer und dessen Herde geplant.

Ich hab dir erzählt, wie es mir nach der Wende ging. Ich sehnte mich nach Entpolitisierung meines Gemüts. *(Lacht.)* Ja, und deshalb wollte ich mit einem Schäfer durch den Winter ziehen, die Schafe sind auch winters draußen, sie kratzen den Schnee weg und finden darunter ihr Fressen. Ich hatte schon einen Schäfer gefunden, der mich mitgenommen hätte. Im Sommer! Denn es war inzwischen eine Zeit, in der man annahm, dass der Beruf des Schäfers ausstirbt. Zuerst das Weiden im Winter. Auf den Winter aber kam es mir an, aufs Unwirtliche, aufs Raue, ich wollte im Frost klar atmen.

Sehr viele Ehen mit Schäfern sind geschieden worden, weil die Frauen das harte Leben dieser Männer nicht lange ertrugen. In der DDR wollten viele junge Leute Schäfer lernen. Einen habe ich gefragt, weshalb. Er sagte: »Ich bin Zug gefahren, habe aus dem Fenster geschaut, und im Sonnenschein steht da einer neben seiner Herde, auf den Stock gestützt, und hat nicht viel zu tun. Das will ich auch werden.« Natürlich haben die Träumer sehr schnell wieder aufgegeben. Auch wegen der Bandscheibenprobleme, vor allem im Winter, wenn man die Schafe anheben musste, draußen in den Schneewiesen.

Vielleicht ziehe ich, auf meine alten Tage, doch noch mit einem Schäfer los, allerdings nur im Sommer. Aber für ein Buch reicht das wahrscheinlich nicht.

Du hattest selber Schafe.

Ja, auch ein schwarzes war darunter. Schafe hatte ich, Stall und Heuschober. Die »Pfennigsucher«, wie man die Schafe früher nannte, halfen mit, dass hier nicht alles verwilderte. Wölfe gab es nicht, ich konnte vierzehn Tage wegfahren und sie auf der Weide lassen, Wasser war reichlich vorhanden. Dann aber bekamen sie Moderhinke, eine tückische Hufkrankheit, Heilung war unmöglich, denn sosehr ich den Schafen auch Hufbäder verabreichte – die Bakterien, so der Tierarzt, seien unausrottbar in der Wiese.

Schweren Herzens habe ich die Tiere einem Schäfer geschenkt. Was nun tun mit der eigenen Weide? Mein sechzigster Geburtstag kam. Ich feiere nie, da kann eine Zahl noch so rund sein, diesmal aber kündigte ich ein Fest an und bat jeden Gast, einen Spaten mitzubringen. Ich hatte hinten aus dem Wald sogenannten Anflug ausgegraben, kleine, aus herumfliegendem Samen entstandene Bäumchen – die pflanzten wir um auf meine nunmehr schaflose Hangwiese. Ganz sorgsam, ganz vorschriftsmäßig. Und guck dich um, wie groß die schon sind.

War das forst- oder landwirtschaftsrechtlich überhaupt erlaubt?

Nächste Frage bitte. Ich hoffe auf Verjährung. *(Lacht.)*

V.

»SORGEN LOSWERDEN? AUF DEM SCHIFF? DA MUSST DU SCHON SPRINGEN«

Ich suche lange, bis ich im Gewimmel der Fische einen finde, von dem ich glaube, dass er garantiert schon tot ist, und lege ihn vorsichtig auf die Seite. Aber als ich ihm die Messerspitze in das Rückenfleisch steche, schlägt er wild um sich und krümmt den Körper. Erschrocken lasse ich los. Das Messer schneidet nur meinen Daumen. Der Kabeljau liegt unten im Küt. Ich nehme den kleinsten, der in der Wanne liegt, haue verzweifelt auf sein Genick, damit er stillhält. Trotzdem: Das Messer rutscht in die Bauchhöhle, zerschneidet die Leber, grüner Saft läuft über meine Hand. Ich mühe mich, zwei filetähnliche Fleischstücke abzusäbeln, und halte endlich zwei undefinierbare, durch den Gallensaft unbrauchbar gewordene Stücke in der Hand. Da öffnet das Kopf-Grätenskelett das Maul und schnappt nach Luft. Mir wird schlecht. Ich sage, dass ich ein Pflaster brauche, öffne das Bullauge und nehme eine Prise feuchter Meerluft. Die See ist glatt. Wir schleppen schon wieder. Wir fangen. Wir jagen den Fisch. Weshalb lassen wir ihm vor dem Schlachten nicht einmal die Zeit zum anständigen Sterben?

Landolf Scherzer, aus »Fänger & Gefangene«, 1983

Landolf, gibt es das für dich noch immer: Fernweh?

Du stellst die richtige Frage, aber zur falschen Zeit. Die Welt hat genug von mir, ich hab genug von der Welt. Das sag ich nicht bitter. Ich empfinde es als Vorteil, dass nicht nur die Energie, sondern auch die Eitelkeit abnimmt. Das heißt nicht, dass die Lust am Leben weniger wird.

In einem Fragebogen hast du geäußert, an welchem historischen Ereignis du gern teilgenommen hättest: »… an der kubanischen Revolution unter Fidel Castro und Che.«

Das ist eine Träumerei ganz ohne Gefahr, von der sicheren Ofenbank aus. Wo dir nicht die Kugeln, die zu dieser konkreten Situation gehören, um die Ohren pfeifen. Nicht ernst zu nehmen also. Und doch nicht zufällig, die Idee. Oft habe ich als Reporter die Ergebnisse von Entwicklungen beschrieben, die profanen Dinge, das Eingerastetsein von Geschichte. Da überkommt dich mit der Zeit auch mal der Wunsch nach der historischen Sternstunde, nach Beteiligung an purer politischer Exotik. Ein Gedankenspiel.

Politische Exotik! Hast du doch erlebt! 1989!

Kamyschin ist nicht die Sierra Maestra.

Was willst du noch schreiben?

Vielleicht Geschichten von Kindern, Geschichten für Kinder.

Mein Gemüt ist wie ein altmodischer Tretroller. Er kommt gegen die Hochgeschwindigkeitsfahrzeuge der Mediengesellschaft nicht an. Mein Tempo gebe ich nicht auf. Ab einem bestimmten Alter sollte man die Welt an sich vorüberziehen lassen. Der Mensch sehnt sich vielleicht am Ende nur noch nach Trivialitäten.

Die Lust auf Lebensgeschichten blieb.

Im Kinderheim Benshausen leitete ich vor Jahren eine Schreibwerkstatt. Die jungen Bewohner schrieben ihre Geschichten auf. Einige Zeit spielte ich mit dem Gedanken, ein Vierteljahr dort in der Küche zu arbeiten. Mich bewegt das Schicksal dieser Kinder. Zu den Pädagogen und Helfern zählen auch Menschen, die bereits zu DDR-Zeiten im Heim arbeiteten. Auch Ehemalige kommen zur jährlichen Weihnachtsfeier.

Natürlich passt das nicht zur hartnäckigen Kampagne, DDR-Kinderheime seien die Hölle gewesen. Ich habe nur einen einzigen Mann kennengelernt, der einst als Halbwüchsiger vom Direktor des Heimes eine Ohrfeige bekommen hatte. Dieser Erzieher hatte ihm nach monatelangen Mühen einen sehnlichen Wunsch erfüllen können: Zeha-Spikes, also Sprintschuhe, die nur tief unterm Ladentisch gehandelt wurden. Der Junge hat sie gegen eine Flasche Wodka eingetauscht! Da rastete der Erzieher aus. Es seien Anteile seines Temperaments gewesen, die da durchbrachen, nicht aber die typischen Anteile eines bösen Systems. Sagt er heute.

Es ist eine gute Gelegenheit, in diesem Gespräch über dein Leben, das ja ständig nach draußen, ins Bewegte wies, noch mal über den Dichter Walter Werner zu reden. Keiner, den es nach dem Draußen drängte. Manche sagen über solche Poeten, sie seien inzwischen vergessen. Nein. Die Dichter haben eine andere Zeitrechnung. Warten ist die Hauptaufgabe der Dichter. So einer ist Walter Werner gewesen.

Er nannte sein letztes Buch »Tautreten unterm Regenbogen«, er sprach von seinem »Traum zu leben«: »Halme, die mir zu Füßen liegen, / Schwaden, die wie Wellen hügeln, / Fuder, die durch meine Augen schwanken [...] einen Anfang gründen, / dem Ende wehren [...]. Im Luftweg bleiben, / bis sich die Zeiten / mit den Zungen lösen.«

Wir haben oft im Garten hinter seinem Haus im Grabfeld gesessen. Walter schrieb, sein Wohnort sei »tief im Regenschatten des Thüringer Waldes und im Schneeschatten der Rhön«. Wenn er redete, wusste man, dass er vorher lange nachgedacht hatte.

Nach dem Krieg war W. W., so nannten wir ihn, mit einer alten Zündapp – dem Dienstmotorrad eines Mitarbeiters der Vereinigung der gegenseitigen Bauernhilfe – über die Dörfer gefahren, er verteilte Saatgut. An einem Oktobertag, in seinem letzten Lebensherbst – seltsam, woran man sich erinnert –, tranken wir viele Gläser Apfelsaft und sprachen lange über die Schwierigkeit, ja Unmöglichkeit, auf alte knorrige Bäume neue Reiser von ertragreicheren Apfelsorten zu pfropfen.

Du hast 1995 zu Walter Werners Beerdigung gesprochen.

Walter war mir wie eine Vaterfigur, manchmal ähnlich einer Sagengestalt aus Bukonien, dem Land der Buchen. Er lebte mit den Bäumen, die ihm Gesprächspartner waren, und den erdnahen Legenden. Er gab mir den Impuls, hier bei mir ebenfalls Apfelbäume anzupflanzen. Das ist genauso schön wie die Weitergabe von Büchern und Geschichten. Walter war Vorsitzender des Suhler Bezirksverbandes der Schriftsteller. Sein Eigensinn hatte Charakter. Er schaute von seiner Hütte in Untermaßfeld hinab in die Weite. Die Weite trug eine Wunde: das Grenzgebiet. Walter hasste Stacheldraht und Sperrzaun. Er posaunte das nicht hinaus, aber natürlich kam er mit seiner Haltung in Konflikte mit der Partei. Was er dachte, hat er poetisch beharrlich durchgestanden. Er schrieb über seine Liebe zur Einheit des Landes so, dass nur die poetischen Geister es verstanden, nicht die Funktionäre. Das war sein ganz eigener Mut.

»Grenzlandschaft Grabfeld« heißt ein Gedicht. »Es wandern die Häuser,/ die Farben. Ein Himmel, / der sein eigenes Gefälle hat. / Das hohe Gras, die tiefe Schulter, / die Dörfer gingen in ihn ein. / Doch keines schläft / des andern Schlaf.« In einem anderen Gedicht, »Im Sperrgebiet«, schreibt er: »Schilder und Zeichen, / mit denen wir leben/ und auf die wir schreiben: / Wenn wir lügen, / wird die Erde teuer!« Das ist Beschwörung einer Wahrheit, die der Grenze eigentlich nicht zu nahe kommen durfte.

Was in einer Reportage nicht möglich gewesen wäre, gelang dem Gedicht. Walter war nie ideologisch, er reagierte aus einem tiefen Natur- und Heimatempfinden heraus. So gehen diese Gedichte in den Wald – und sind doch in der großen Welt. Schon ein Jahr vor dem Mauerbau hatte er geschrieben, und die Verse wurden veröffentlicht: »So friedlich liegst du vor mir / auf der Karte, westliche Heimat. / Einen Finger breit ist der Raum zwischen Werra und Main. / Mit meinen Händen decke ich dich zu, / nicht um zu vergessen, nein, um zu lieben!«

Ich bin gern in seiner Schreibhütte gewesen. Beim Hangmähen wurde er wunderbar philosophisch. Am steilen Hang das Gras zu kürzen, du, das ist anstrengend. Walter sagte, das sei aber wichtig im Leben: sich dem Schwierigen zu stellen. Ich erwiderte trotzig, ich wolle es lieber einfach haben, wahrscheinlich wünschte ich mir in diesem Moment einen Rasenmäher. Walter nahm's gleich größer und sagte: Wenn du's einfacher haben willst, dann hättest du Journalist bleiben sollen. Walter ging immer schon früh um fünf hinaus auf die Wiese. Um gut mähen zu können, muss noch der Tau auf dem Gras liegen. Das wusste ich. Auch ich mähte und mähe nur mit der Sense, das war eine unserer Gemeinsamkeiten – inzwischen hasse ich Rasenmäher.

Walter sagte übrigens einen wunderschönen Satz: »Alte Menschen wie ich schnitzen sich um ihre Grunderlebnisse der Vergangenheit keine Ideale mehr und sündigen nicht mehr mit ihren Illusionen.«

Die obligaten Alterserscheinungen? Zweifel, Abwinken, Defizite an Erkenntnis über die neuesten Entwicklungen?

Stimmt alles. *(Lacht.)* Aber ich möchte mein Befinden nicht auf die Welt hochrechnen. Wissen möchte ich durchaus, was junge Leute denken – die Alten stehen immer in der Gefahr, nur Klischees zu verbreiten: Jugend wolle Geld, wolle das Bequeme ganz schnell, Jugend habe keinen Sinn für Sinn, verschleiße sich an die digitalen Apparate. Wir sehen nur die Verluste, messen mit unseren rostenden Maßstäben, sehen nicht die Gewinne, die jede Generation aus all diesen neuen Bedingungen zieht, an die wir Verwitternden nicht mehr andocken können. Was gewinne ich dort, wo etwas verlorengeht?

Ich denke da wieder an die Fragen, die ich meinem Vater nicht gestellt habe, weil ich keine Brücke fand. Mein Vater wollte bestimmte Dinge nicht wissen, um seinem Bild von der Welt keine Risse zuzufügen. Heute verstehe ich ihn besser. Oder überhaupt erst ein wenig. Ständig ändert sich die Welt, ständig stehen wir vor der Frage der Selbstveränderung. Ist sie Zwang oder Verführung?

Es ist gut, dass ich durch mein Leben in der DDR etwas von mir selber begriffen habe. Das schließt Schmerzen ein. Und heute? Verdammung der Zukunft und Zynismus beim Urteil über das Gestern, Heute und Morgen sind für mich keine Altersweisheit, sonder ein Graus. Zynische Alte sind ein Graus. Weltabsage ist eine Beleidigung der Kinder und Enkel.

Zitat Scherzer: »Verlust und Gewinn sind siamesische Zwillinge. Die kriegst du nicht auseinander.«

Manchmal glaube ich, dass man mir nur noch selten ein X für ein U vormachen kann, das schützt mich, das beruhigt mich, zugleich beunruhigt es mich: Wie viel Fähigkeit zum Staunen stiehlt es mir? Wo täusche ich nur vor, etwas zu wissen – und weiß doch gar nichts?

Kürzlich habe ich mir Bärlauchpflanzen geholt für meinen Garten. Der Name kommt daher, dass die Bären, wenn sie aus dem Winterschlaf kamen, zuerst diese Pflanzen fraßen, die gaben ganz besonders Kraft. Deswegen esse auch ich Bärlauch. *(Lacht.)* Aber wenn er blüht, sollte man ihn nicht mehr essen. Da ist die meiste Kraft raus, und er soll unverträglich sein. Nun sah ich meinen Bärlauch plötzlich auch blühen, die Blüten wie winzige kleine Sterne. He, Scherzer, sagte ich mir, Nutzeffekt eingeschränkt, aber guck hin und genieß das, ist doch auch mal schön, dieses Blühen, diese weißen Sterne, und schäm dich des Kitsches nicht – guck hin, die Welt erzählt sich selber, und es ist wunderbar, oder?

Schreibst du Tagebuch?

Nein. Oder doch. Du weißt inzwischen, ich bin kein Mensch der ausgeprägten schriftlichen Selbstbeschäftigung. Aber da gibt es eine Autorin in Weimar, Eva-Maria Lüdde, sie hat auch den Schriftsteller Siegfried Pitschmann ermuntert, seine Erinnerungen für sie auf Band zu sprechen. Er war einer der Ehemänner von Brigitte Reimann, ich will jetzt nicht zu weit abschweifen, ich habe Siegfried Pitschmann geholfen, von Rostock nach Suhl zu ziehen, ich habe ihn in seinen letzten Stunden begleitet, und so lernte ich Eva-Maria kennen, sie hielt seine Grabrede.

Auch sie erkrankte inzwischen sehr, sehr schwer, und sie

schreibt Tagebuch – und zwar notiert sie nur, was am jeweiligen Tag schön war. Ich fing an, das ebenfalls aufzuschreiben. Nur das Schöne, nur das Angenehme, nur das Helle, nur das Beflügelnde, nur das Gelungene. Das empfinde ich nicht als Lüge, nicht als Beschönigung, nee, ich sag mir, he, Scherzer, warum lebst du, doch wegen der Freude, und sie hat es nicht verdient, von Sorge vertrieben zu werden.

Immer ist alles in Gefahr, die Erde, die Natur, die Gleichgewichte, die Gesellschaft, die Liebe, die Gesundheit, das ist wohl wahr – aber die Kraft, sich zu wehren, die kommt doch nur aus dem Gefühl, Mühe lohnt sich. Also darf ich nicht zulassen, dass ich in mir selber all das unterbuttere, was am Leben schön ist. Wie war ich darauf gekommen? Ach ja, genau das kommt ins Tagebuch!

Es ist anzunehmen, dass viele Leute hierherkommen, sich bei dir umschauen und ausrufen: Wie schön!

Schön? Stimmt doch gar nicht. Riefen sie aus, wie unaufgeräumt es hier ist – dies träfe es genauer. Aber keiner sieht die Arbeit, die nötig ist, alles ein wenig in Ordnung zu halten.

Landolf, alles, was auf der Welt lebt, hat Fortbewegungspraktiken: Natur wächst, züngelt, rankt, krallt, platzt, hängt, klammert, schleicht, bäumt sich auf, duckt sich, wuchert, windet sich. Man braucht sich bloß bei dir umzusehen: Blätter, Stängel, Blüten, Früchte! Pflanzen schweigen – aber schon ihre Namen sind wie Signale einer geheimnisvollen Welt. Langer Rede kurze Frage: Was alles wächst hier?

Wie, soll ich aufzählen?

Mal sehen, wie weit du kommst.

Apfel, Brennnessel, Wicke, Forsythie, Spitzwegerich, Sauerampfer, Quitte, Holunder, Löwenzahn, Himbeere, Mangold, Taubnessel, Möhre, Basilikum, Arnika, Margerite, Zwetschge, Moos, Parasolpilz, Linde, Herbstzeitlose, Giersch, Buntnessel, Steinbrech, Oregano, Gurke, Amerikanischer Brenner, Vogelmiere, Salbei, Hibiskus, Distel, Sonnenblume, Meerrettich, Rhabarber, Eberesche, Lauch, Zinnkraut, Wermut, Stiefmütterchen,

Eiche, Bohne, Breitwegerich, Schafgarbe, Dill, Buche, Essigbaum, Johannisbeere, Lupine, Fingerhut, Pfefferminze, Zwiebel, Birke, Kartoffel, Schlüsselblume, Lärche, Gänseblümchen, Liebstöckel, Vergissmeinnicht, Nachtjasmin, Brombeere, Efeu, Fichte, Radieschen, Zitronenmelisse, Sonnenhut, Heckenrose, Farn, Knoblauch, Alge, Herbstastern, Kohlrabi, Veilchen, Estragon, Glockenblume, Schlingkraut, Stachelbeere, Topinambur, Esche, Kresse, Quecke, Majoran, Johanniskraut, Kürbis, Klee, Sellerie, Ginster, Petersilie, Schierling, Jelängerjelieber, Tomate, Kanadische Goldrute. So, das und noch mehr …

Hör auf!

Das und noch mehr teile ich mit den – Wühlmäusen. Halt, das Wichtigste hab ich vergessen: Gras.

In »Asterix und Obelix« gibt es einen Briten, der mit einer winzigen Sichel noch die letzten Grashälmchen sorgsam frisiert und meint, sein Rasen werde wohl recht ordentlich aussehen, wenn man ihn zweitausend Jahre gut pflege. Magst du englischen Rasen?

Bitte nichts Gestutztes. Und sieh mal, die Risse, die mein Haus inzwischen hat, und sie werden nicht kleiner – diese Risse gehen sozusagen auch durch meinen Körper. Um die Ecke ist kein Kino, kein Supermarkt, aber was hier auf dem Gelände wuchs und wächst, das hat mit mir zu tun. Der kleinste Feldweg hier ist lebendiger als die größte Autobahn. Die rauscht ein paar Hundert Meter hinter meinem Haus über den Buchen- und Fichtenwald-Kronen. Lebendig ist die nicht, nur laut. Die will sich über den Wald stellen, es gelingt ihr nicht, auch wenn sie auf die Baumkronen zu drücken versucht.

Deine Heimat.

Den Begriff halt ich gern klein.

So, dass Gefühle möglichst ungetrübt, ungebrochen bleiben dürfen?

Heimat, das ist zum Beispiel dort, wo ich den würzigen Hallimasch finde. Ein Pilz gegen den falschen, faden Adel des Wachstums: Er schmeckt umso besser, je kleiner er ist.

Was denkst du über Luxus?

Solche Fragen mag ich nicht. Ich denke über so etwas nicht nach. Luxus! Ich muss mich nicht sorgen, einen Schluck Rotwein zu haben oder ein Stück guten Käse aus den Schweizer Bergen. Ich trete aus meiner Hütte und bin im Freien. Ich besitze ein Auto, um mich fortzubewegen. Ich habe keine Angst, dass ich den Cent mehrmals umdrehen muss, ehe ich ihn ausgebe. Aber ich achte ihn, den Cent.

Kurzum: Ich kann die Bedürfnisse befriedigen, die ich habe – und ich habe nur Bedürfnisse, die ich befriedigen kann. Alles, was sich rechnet, ist mir weniger wert als das, was für mich zählt. Es gibt andere, wichtigere Buchhaltungen. Wenn ich also über Luxus nachdenken soll, so ist das etwas, was ich mir nicht von außen einreden und aufdrängen lasse. Da bin ich mir sehr, sehr sicher.

Sicher? Worüber?

Über die Kraft meines Immunsystems. Ich weiß doch, die Leute haben sehr unterschiedliche Bedürfnisse, und man sollte beim Blick auf andere Menschen vorsichtig sein mit moralischen Urteilen. Aber ich weiß von mir, dass ich allergisch bin gegen materielle Einflüsterungen. Die perlen an mir ab; wahrscheinlich auch, weil wir zwar einen Fernsehapparat haben, ich ihn aber nie einschalte. Nicht, dass ich besonders bescheiden wirken möchte, so was wäre mir peinlich …

Wieso peinlich? Vielleicht hat just die Bescheidenheit eine Ehrenrettung verdient – in Zeiten eines aggressiven Konsumismus. Bescheidenheit ist Konzentration und also ehrenwerte, manchmal auch anstrengende Arbeit. Was du über dein Wertesystem sagst, erinnert mich an den Brief eines der größten Theaterregisseure der DDR, Adolf Dresen, aus den siebziger Jahren. Als damals die »Einheit von Wirtschafts- und Sozialpolitik« beschworen wurde, nannte er dies ein Hecheln am Hintern westlicher Konsumentenphilosophie. »Saturiertheit tritt an die Stelle von Emanzipation, Fettlebe anstelle wahrer Lebendigkeit«, schrieb er an die Betriebsparteiorganisation des Deutschen Theaters. »Wenn wir den Westen einholen wollen, werden wir ihm immer hinterherhinken. Ich persönlich bedanke mich für das Paradies der Autos, Kühltruhen und Farbfernseher. Ich wäre stolz auf eine Armut, die sich mit menschlicher Würde deckt. Spätestens an dieser Stelle sehe ich, Genossen, wie Sie in schallendes Gelächter ausbrechen über so viel Donquichotterie. Lachen Sie. Ich gestehe Ihnen, dass ich in den Strategien, Finten, Taktiken, auf die Sie sicher stolz sind, das nicht mehr finden kann, um dessentwillen ich Genosse sein wollte.«

Das gefällt mir, und ich denke wieder an meine lang anhaltende Sowjetunion-Hoffnung. Ich meinte immer, man müsse den Sozialismus gewissermaßen dazu »zwingen«, dass er natürliche Bedürfnisse weckt, sie entfaltet und bewahrt. Kollektivität nicht als Zwangsmaßnahme, sondern als gern genossene Geselligkeit. Etwa auch einer Genossenschaft. Aber der Mensch ist eben auch ein Egoist, und eine große Schwäche besteht darin, diesem Egoismus nicht wirklich ein bändigendes Maß geben zu können.

Wer bei dir etwas länger zu Besuch bleibt, lernt deine Rituale kennen.

Bestimmte Gewohnheiten habe ich aus China mitgebracht. Jeden Morgen laufe ich eine größere Strecke entlang den Talrändern. Zu diesem Rundgang in straffem Tempo gehört, einen Teil des Weges rückwärts zu gehen. Ab und zu umarme ich Bäume. In China ist die Neun die kaiserliche Zahl. Wo ich kann, orientiere ich mich an ihr. Bei Liegestützen, bei gymnastischen Übungen mit wassergefüllten Gießkannen, auch tauche ich beim Waschen neunmal mein Gesicht ins Wasser. Das Zeichen für die Vier bedeutet in China auch: Tod. Deshalb meidet man dort diese Zahl. In Hochhäusern folgt bei der Bezifferung der Etagen auf die dritte gleich die fünfte. Bei Hotelzimmern ebenfalls. Drei, dann gleich fünf. Deshalb lege ich niemals vier Kohlen in den Ofen. Und ich koche drei Kartoffeln – oder fünf.

Aber du bist zum vierten Mal verheiratet.

Mach mir meine Rituale nicht madig.

Möchtest du über sehr Privates reden?

Wie erwähnt: Ich bin das vierte Mal verheiratet, ich habe vier Töchter. Ich habe sechs Enkelkinder. Lassen wir es bei der Statistik?

Bist du ein Familienmensch?

Du fragst, ob ich beständig bin?

Viermal verheiratet.

Nehmen wir's grundsätzlicher: Lange lebte ich mit dem Gefühl, mich bestätigen zu müssen. Ich vertraute mir nicht allzu sehr. Ich habe dir von »Romeo und Julia« erzählt, wie mich diese Geschichte beschäftigt und besetzt hatte. Immer war ich der Knabe, der unterm Balkon steht und hinauf zu ihr schaut. Leider war ich nie einer, der die Wand hinaufklettert. Und wer nicht oben ankommt, den treibt die Sucht nach Selbstbestätigung immer weiter nach vorn. Was Ziel hätte sein können, war mir oft nur Etappenziel. Das war für Recherchen günstig, es erwies sich für andere Lebenslagen als weniger gut.

Warum pflegst du Rituale?

Sie sind Impulse gegen eine schwache Willenskraft. Sie strukturieren. Mir hilft Regelmäßigkeit, eine gewisse Faulheit zu überwinden.

Jeden Morgen stehst du nackt draußen, im lauten Selbstgespräch, den Tag heiter und hoffend anrufend, Fingergymnastik gen Himmel – und zum Schluss wird das kalte Wasser aus der Schüssel über Kopf und Körper geschüttet. Bei jedem Wetter, und das übers gesamte Jahr.

Es ist meine Art Gebet an den Tag. Diese erste Stunde Wachsein gibt mir ein ganz besonderes Rhythmusgefühl. Ist bei mir eben alles ein bisschen anders als üblich. Zeit bemesse ich, wie es in keinen gewöhnlichen Werktag passt. Der menschenübliche Maschinentakt hat bei der Art, wie ich durch den Tag gehe, nur geringe Chancen.

Du berufst dich, Rituale betreffend, auf China. Nicht auch auf Russland?

Doch. Wenn meine Frau und ich für eine Weile von hier wegfahren, packen wir alles, räumen auf, stellen die Koffer ans Auto, sind schon in Hut und Mantel – und setzen uns dann noch einmal an den Tisch, dessen Fenster hinaus ins Tal weist.

Wir trinken noch etwas, wir reden kein Wort, wir schweigen uns an den Abschied heran, denken vielleicht, was kommen wird, und denken auch daran, dass wir diesen Ort haben, an den wir zurückkehren werden. Alles wird gut. Dann stellen wir die Gläser wortlos in die Spüle und gehen.

Es gibt in einem Reporterleben Momente, da spürst du die Brüchigkeit unserer Existenz, du fühlst: Das Dasein geht dahin – in Nichtigkeit oder Grobheit oder Unachtsamkeit oder Furcht, aber gleichzeitig hat alle Vergeblichkeit doch etwas Tapferes, von dem Wärme ausgeht. Erzähl noch einmal davon. An wen denkst du, an welche Szenen?

So viele … Spontan? … Ich denke an Ilonka und Tibór. Als sie sechs waren, verließen ihre ungarischen Eltern in den Grenz- und Kriegswirren das Dorf – und ihre Kinder. Die serbische Polizei kam und befahl: Kinderheim! Da nahmen serbische Nachbarn die Waisen zu sich. Seitdem haben sie vier Kinder, zwei serbische und zwei ungarische.

Oder die abgemagerte junge Frau in einem Grenzdorf in Moçambique, die sich eine Ader am Oberarm geöffnet hatte, um ihr kaum noch atmendes, hungerndes Kind mit ihrem Blut zu stillen.

Oder den kleinen Wachsoldaten in Moatize, dessen Vater und Mutter von den Portugiesen erschossen wurden, der eine Stelle bei einem weißen Papierhändler bekam. Der Weiße zeigte ihm Bilder von Renoir und Gauguin, seitdem malte der Moçambiquaner, nun war er Revolutionär und weinte oft, denn er zitterte beim Schießen, fürchtete sich vorm Knall der Waffe. »Die Kommandeure sagen, nur Gewehre helfen gegen die Bandidos, nicht meine Malstifte. Einmal hat der Kommandant drei meiner Stifte zerbrochen.«

Unvergesslich bleibt mir das Dorf bei Peking, in dem Kinder von Inhaftierten leben, die zum Tode verurteilt oder schon hingerichtet worden waren. Ein Mädchen hatte miterlebt, wie die Mutter den Vater erstach, er hatte sie jeden Tag geschlagen. Das Mädchen schrieb der inzwischen hingerichteten Mutter noch immer Briefe. Man sagte den Kindern erst viel später, dass der Vater oder die Mutter schon tot sind. Auf Fotos sieht man keine weinenden Kinder, das tun sie nur nachts in ihren Betten …

Momente, von denen Wärme ausging … Lass mich nachdenken … Kannst du dich noch an Claudia Nolte erinnern, jüngste Bundesministerin? Erst FDJ, dann Neues Forum, schließlich CDU. Oft begleitet von herablassender Presse: Kohls Ziehkind in Rüschenbluse. Für mein Buch »Der Letzte« hatte ich ein Gespräch mit ihr, inzwischen war sie »nur noch« Thüringer Landtagsabgeordnete. Ich fragte sie, ob sie die katholischen Dogmen noch für zeitgemäß hielte. Die gerade geschiedene Frau Nolte sagte, zögerlich: Vielleicht lebe der Mensch glücklicher, wenn er Liebe nicht zum Experiment mache und nicht alles ausprobiere. Ich sagte, etwas hilflos, dass sie offensichtlich glücklich sei und sie das sehr gut aussehen lasse. Sie schluckte, sah mich groß an und fragte, ob sie wirklich glücklich aussehe, ging zum Fenster und legte den Kopf an die kalte Glasscheibe. Kitsch? Ich nahm diese Begegnung ins Buch. Mit einer Aversion bin ich in ein Gespräch gegangen. Berührt ging ich hinaus. Ich hatte den Moment angenommen, der so ganz anders ausging als erwartet.

Dein Freund Frank Quilitzsch hat in einem Text über dich auch dieses Gespräch erwähnt: Du habest in der CDU-Politikerin einen sensiblen Menschen entdeckt und würdest zugeben, dich in ihr geirrt zu haben. »Das schreibt Landolf ganz offen, um zu zeigen, wie wir mit Vorurteilen und Klischees umgehen sollten, die wir unkritisch von den Medien übernehmen.«

Ich denke an den ukrainischen Juden Emil Alperin, den ich auf meiner ersten Reise nach Tschernobyl kennenlernte, er war damals 85 Jahre alt. Unser Reiseleiter hatte für ihn eine dringliche Herzoperation in Bad Berka organisiert. Seitdem kam Emil jedes Mal, wenn der Thüringer aus dienstlichen Gründen in Kiew war, aus Charkow angereist, um seinen Helfer einen Tag zu begleiten. So auch diesmal.

Beim ersten Anblick erschrak ich, ein müder alter Mann in einem viel zu großen Anzug. An der Brust die Orden des Kriegsveteranen, sie schienen den schwachen Körper noch unerbittlicher hinabzuziehen. Emils Augen schauten traurig und gütig wie

E. T., der nach Hause möchte. Zwanzig Zugstunden hatte er hinter sich.

Am Abend gab ein Geschäftsfreund unseres Reiseleiters ein Essen in seinem beeindruckenden Haus, gebaut zu Sowjetzeiten. Er zeigte es uns und lachte: »Wenn plötzlich alles ausgeräumt werden müsste, was an und in diesem Haus Staatseigentum war, würden nur noch ein paar Trümmer stehen.« Und er lachte noch lauter. Es gab Braten und geräucherten Stör, saure Gurken und Käse, Pilze und Tomaten, Kaviar und dicke saure Sahne, Salate vom besten Fisch, Schaschlik und Gebratenes aller Art, natürlich Schampanskoje und Wodka und Kognak.

Emil Alperin war auch dabei, er nahm sich eine Scheibe Schwarzbrot, atmete den Brotgeruch ein, brach Stücke ab und aß sie sehr, sehr langsam. Auf meinen fragenden Blick hin sagte er, er könne nicht bei Freunden oder Fremden essen, wenn nicht seine Frau mit am Tisch sitze. Und außerdem … sein Blick ging sehr ernst und betrübt in die Runde.

Spätabends bestieg er wieder den Zug nach Charkow. Diesmal lagen sogar dreißig Stunden Fahrt vor ihm. Ein Schlafwagenabteil hatte er abgelehnt: zu teuer. Wo er so gut Deutsch gelernt hatte? Ein bisschen in der Schule in Odessa, aber das beste Deutsch habe er im KZ Buchenwald gelernt.

Einem Mitgefangenen pfiff Erwin damals Lieder des UFA-Films »Der große Walzer« vor. Plötzlich hörte er, dass der Wachmann vor dem Lagerzaun mitpfiff. Schreck und Angst. Bei seiner Ablösung sagte der SS-Mann zu dem Juden, wenn er in zwei Stunden wieder auf Wache sei, könnten sie ja gemeinsam weiterpfeifen. Wie meinte der Deutsche das? Er meinte es ernst. Der Posten hat am nächsten Tag ein Päckchen über den Zaun geworfen. Emil kroch angstzitternd hin: Brot. Würde der SS-Mann schießen? Nein, er schoss nicht. Es sei der glücklichste Tag seines Lebens gewesen, sagte Emil. Wegen des Brotes, ja, vor allem aber, weil er in die Seele eines Deutschen geschaut hätte und dort nicht nur auf die übliche Finsternis gestoßen wäre.

Wenn du's jetzt in Musik ausdrücken wolltest, müsste diese Musik die Frage aufwerfen, wer die wirklich schöneren Töne hat: die Freude oder die Trauer.

Und die Frage sollte keine Antwort haben. In einer Bucht in Griechenland traf ich ein alte Frau, sie stocherte mit einem Stock im flachen Wasser. Aus einem Stoffbeutel, den sie am Gürtel trug, holte sie eine Handvoll perlengroße, glitzernde Muscheln und Steine. Dann legte sie die Fundstücke in den Sand, ordnete sie zu kunstvollen Ornamenten und zog mit dem Stock einen Rahmen. Aha, Sandbilder. Jedes, später gerahmt, verkaufte sie für einen Euro. Sie ging zurück ans Wasser, suchte und fand schließlich eine besonders bunte kleine Muschel. Ein Geschenk für mich. Und dann zeigte sie auf meine nackten Füße, bei diesem Wetter!, lief in ihren Gummistiefeln zu einem Müllhaufen in der Nähe und suchte dort wohl nach alten Latschen für mich. Ich winkte ihr, ging aber schnell weiter, ohne ihre Rückkehr abzuwarten.

Die Frau rührte mich. Ehrlich gesagt, ich wollte barfuß laufen und hatte keine Lust auf Latschen aus dem Müllhaufen. Aber die Herzenswärme dieser Frau ging mir nah und nach …

Oder dieser eine Fischmehler, es steht in »Fänger & Gefangene«, der »große Schweiger«. Keiner mochte ihn. Er war ein dürrer Mensch, tagelang schwieg er, und es wurde den Kollegen unheimlich, wenn sie ihm beim Essen gegenübersaßen. Schließlich bekam er einen Extraplatz in der hintersten Ecke der Mannschaftsmesse. Dort konnte er alleine kauen und schweigen. Man hielt ihn für psychisch gestört und ließ ihn in Ruhe.

Eines Tages übersah er einen Schwelbrand im feuchten Fischmehl. Die Fischmehlanlage war kaputt. Der Schweiger heulte hemmungslos. Er bekam eine Beruhigungsspritze und lag im Hospital. Als der Schiffsarzt seine Kammer inspizierte, fand er einen Brief der Tochter. Er solle sie beim Urlaub nicht mehr besuchen, nach der Scheidung von »Mama« betrachte sie ihn nicht mehr als ihren »Papa«. Und Pakete solle er ihr auch nicht mehr schicken, keine Schokolade, keine Matchboxautos, keine Blasenkaugummis.

Die Schlosser reparierten die Fischmehlanlage, der Kapitän hatte den Schaden noch nicht ans Kombinat gemeldet. Den schuldigen Fischmehler hätte die Sache viel kosten können: teilweisen Schadenersatz, Fahrverbot. Ein einziges Ventil fehlte noch. Der Funker erreichte ein französisches Schiff, das würde helfen. Der Preis des Ersatzteiles: 200 D-Mark! Als der Kapitän sagte, nun müsse er doch Meldung machen, kamen zwei Meister auf die Brücke und gaben ihm 78 D-Mark. Das wäre alles, was die Produktionsarbeiter zusammenkratzen könnten, es war vorsorglich mitgenommenes Westgeld für einen eventuellen Landgang. Dann sammelten die Maschinisten, die Matrosen, auch die Offiziere. 183 D-Mark kamen zusammen, am Ende gab es das Ventil bei den Franzosen für 150 D-Mark und sechs Kästen Bier. Orientalischer Basar im Nordmeer. Zwei Tage später, die Anlage lief wieder, verließ der große Schweiger seine einsame Ecke und setzte sich zum Abendessen neben den Bootsmann …

Ich sehe auch den ehemaligen Technischen Direktor von Leipzigs ehemaliger Wollgarnfabrik, 1990, der Verfall ging dort wie vielerorts vom Stein in die Seelen. Ich sehe ihn inmitten von Umzugskisten an seinem Schlafzimmerfenster, er wohnte nah am Betrieb, er zeigte hinaus auf Efeu und Moos und bröckelnde Wände: »Ich habe früher nachts im Schlaf gehört, wenn eine Spinnmaschine kaputt war. Da bin ich aufgestanden und hinüber in den Betrieb gegangen. Jahrzehntelang. Und nun soll ich bis zum Lebensende mit ansehen müssen, wie alles verrottet? Lieber zieh ich weg. Ich will endlich frühmorgens wieder das Fenster aufmachen können.«

Mir fällt Shakespeare ein, und der lebte schon eine ganze Weile vor uns: »Ob's mal Versöhnung gibt in dieser Welt? / Ich will eine närrische Prophezeiung sprechen, eh ich gehe: / Wenn Richter ohne Falsch und Tadel, / Wenn ohne Schulden Hof und Adel, / Wenn Zunge sich von Lüge trennt / und Huren man Heilige nennt, / Dann kommt die Zeit, sie ist nicht abzusehn, / Wo's Brauch wird, ungebückt gradaus zu gehn. / Eine Welt im Maß. So fern, so weit. / Und welches Volk erlebt je diese Zeit?«

»Ungebückt gradaus zu gehn …«

Weil du diese Zeile wiederholst: Du hast vor Jahren zwei Begriffe angeführt, um die Vereinigung von Ost und West zu charakterisieren. Der erste: Konsumgemeinschaft.

Sie war die erste und konfliktloseste Stufe der Annäherung. Als wir Ostler dann mit dem Weißen Riesen wuschen, bei McDonald's

Hamburger aßen, schrottreife Mantas fuhren, als wären sie neu, und endlich allianzversichert waren, probierten wir die zweite Stufe: die Kennenlerngemeinschaft.

Schwierig, schwierig. Ich weiß noch, es gab nach der Wende ein erstes Schriftstellertreffen von Ost- und Westdeutschen auf der Insel Hiddensee. Da hieß es programmatisch, sogar ein bisschen pathetisch, jedenfalls sehr aufmunternd: »Erzählen wir uns zum Kennenlernen doch einfach unsere unterschiedlichen Lebensgeschichten.« Klang gut. Aber genau das erwies sich als kompliziertestе Übung, sie ist es bis heute. Weil es einen vorurteilsbefreiten Willen voraussetzt, voneinander zu lernen und im jeweils anderen, im bislang vielleicht Verfeindeten, sich selber zu sehen. Differenz zu ertragen. Differenzen als Ertrag für sich selber zu sehen. Sich zu öffnen, trotz dieses Klimas einer krankhaften Reizbarkeit, die überall zu spüren war.

Die Medien waren ja von Anfang an nicht am Guten-Tag-Sagen zwischen Ost und West interessiert, sondern an Frühgeborenen in den Mülltonnen der DDR-Kliniken, an Pornovideos in Honeckers Wandlitz-»Palast«, an gedopten DDR-Olympiasiegern, an Waisen in Ost-Kinderheimen, die zur Arbeit gezwungen und missbraucht wurden.

Bei diesem Treffen an der Ostsee wurde die Idee geboren, jeweils ein ostdeutscher und ein westdeutscher Autor sollten sich zusammentun, um im »anderen« Land ein gemeinsames Thema zu erkunden. Wallraff und ich schrieben Reportagen über die Jagd – er im Osten, über das Gebiet um Wasungen herum, wo früher Staatsjagden stattgefunden hatten, ich im Westen. So lernte ich erstmalig einen wirklich blaublütigen Waldbesitzer kennen, den mir Wallraff empfohlen hatte. Die kapitalistischen Eigentumsverhältnisse kannte ich ja aus dem Polituntericht. Der Waldbesitzer war Pächter, er verpachtete auch die Jagd, ein mittelloser Jagdliebhaber hätte keine Chance, also: BRD-Jagd ist gleich Geld-Jagd. Das war meine Schlussfolgerung. Und Wallraffs Konsequenz lautete: Im Osten ist Jagd nur eine Jagd für Bonzen. Ich glaube, unsere Neugier war beiderseits etwas infiziert von Klischees. Die ehrliche Neugier wurde unbewusst von der angelernten Lehre vom Klassenkampf kontrolliert und gehemmt.

Du hast den Satz geschrieben: »Je höher ehemalige DDR-Bürger wie Wetterfrösche bei Sonnenschein die politische Karriereleiter hinaufstiegen, umso weniger erzählten sie freimütig von ihrem früheren Leben.«

Aus Vorsicht, natürlich. Andere hatten Angst, mit einem Bekenntnis zu ihrem DDR-Leben als Mitläufer und Nutznießer des Systems abgestempelt zu werden. Und wieder andere winken nur ab: Zeit wandelt sich, aber die Zeiten nie. Die Zeiten, also: die Verhältnisse. Auch wo erfolgreich für Freiheit gekämpft wird, entsteht, wenn sie erreicht ist, immer wieder nur mehr Herrschaft als Freiheit.

Der Osten – von Deutschland, von Europa – als Aufbruchsgebiet und von Anfang an auch schon wieder Abbruchsgelände. Rosig und rostig zugleich. Die Starken gegen die Schwachen – und als Schiedsrichter? Die kalte Ökonomie. Eine deiner Nachwende-Reportagen beginnt: »Die Weilarer Brückenmühle in der Thüringer Rhön erwacht, wie im Märchen beschrieben. Hähne krähen, die Tauben hocken gurrend auf dem Scheunendach, und die Schwarzkopfschafe stehen noch fressmüde im Gatter. Der dunkle … Feldafluss, der sich mit goldenen Blättern geschmückt hat, strömt ruhig in den Mühlgraben. Sein Bett aus runden, zum Teil moosgrünen Steinen … ist … fast ohne Wasser. Hohe Erlen säumen das Ufer und verbergen die aus roten Ziegelsteinen und schwarzem Fachwerk gebaute dreistöckige Mühle.«

Dieser Privatbetrieb hatte sich tapfer durch die DDR gekämpft, die Besitzerin war die wahrscheinlich letzte Müllermeisterin, die in Deutschland eine eigene Mühle besaß. Familienstolz, Familientrotz. Es wurde gemahlen, auch wenn nach der Wende der Markt fehlte. In den Verkaufsregalen des Dorfkonsums sah ich die Mehltüten, »Aurora« aus Weinheim, »Weizenkrone« aus München, »Kauffmann-Mehl« aus Mannheim. Dreißig Meter neben der Brückenmühle: kein Mehl aus der Brückenmühle. Der Leiter der nahen Großbäckerei in Stadtlengsfeld erklärte mir klipp und klar die Lage: Entweder man nimmt das kostengünstige Großmühlenmehl und verbessert so die Überlebenschance der Großbäckerei, oder man nimmt teures Mehl von den regionalen Kleinmühlen, erhält damit die Wassermühlen und einige

Müller, gefährdet aber viele Arbeitsplätze im Umkreis. Ein Scheißspiel, sagte er.

Das ist wieder eine dieser Geschichten, die man getrost banal nennen kann.

Ich hänge an solchen Geschichten. Nichts Extravagantes. Ich sehe, wie der Kapitalismus das Streben des Einzelnen nach dem eigenen Vorteil befördert – und ich frage mich: Könnte das am Ende vielleicht wirklich zu einem besseren Leben für alle führen?

Für alle?

Bei meinem Besuch in der Mühle übernachtete ich dort auch, kam beim Abendessen mit einem Handlungsreisenden aus dem rumänischen Braşov ins Gespräch, er war unterwegs, um Gusseisen zu verkaufen. Er stöhnte, denn die Leute hier wüssten, dass die Rumänen wegen der dringend benötigten Devisen um jeden Preis verkaufen müssten. Schwierige Verhandlungen also. Vielleicht sei es so, dass die Westdeutschen erst mal mit den Ostdeutschen Gewinne gemacht hätten, und nun machten die Ostdeutschen Gewinne mit den Südosteuropäern. Seine Schlussfolgerung: »Wir müssen uns noch Schwächere, Ärmere in Asien oder Afrika suchen.« Auch ein Scheißspiel.

Deine Reportage endet: »Nach acht Uhr geht der Mann der Müllerin in die Mühle. Dreht das Eisenrad zurück. Schließt die Schaufeln der Wasserturbine. Das Klappern der Mühle wird langsam leiser. Dann mahlen die Mahlstühle nicht mehr, und die Rüttelsiebe rütteln nicht mehr. Stille über dem Feldafluss. Morgen wird die Mühle wieder wie im Märchen erwachen.«

Sich am Märchen festhalten zu müssen, ist vielleicht auch ein Scheißspiel.

Landolf, was nimmst du von Reisen an Übergeordnetem, an allgemeinem Gut mit?

Allgemein? Reisen heißt, dass du Trägheit und Bangigkeit überwindest. Weißt du, man kann der DDR alles Mögliche vorwerfen. Dass wir ökonomisch versagt haben. Dass wir eine blöde, verspießerte Führung hatten. Dass wir, offenbar genauso verblödet und verspießert, dieser Führung hinterhergelaufen sind. Dass wir keine Leistungsgesellschaft waren. Dass wir undemokratisch gewesen sind. Das und noch mehr kann man uns unbedingt vorwerfen. Und deshalb ist dieser Sozialismus zu Recht untergegangen. Nur über eines darf die Welt, die übrig geblieben ist, mit mir, bitteschön, nicht von oben herab diskutieren wollen: über Moral.

Das mit der Moral muss man sicher am konkreten Beispiel diskutieren.

Sicher. Sieh mal, ich weiß nicht, ob das im Westen mit einem wie Henry Wischinsky so abgelaufen wäre wie bei uns, also auf dem Fangschiff, auf dem ich arbeitete. Der Produktionsarbeiter Henry Wischinsky fuhr fünfzehn Jahre zur See. Zu Hause hatte er sieben Kinder, das älteste siebzehn, das jüngste drei Jahre alt. Eines Abends kam das Telegramm von der Ältesten: »Mutti schwer erkrankt.« Henry schloss sich in die Kammer ein und soff mit einem anderen zwei Flaschen Wodka. Sie stießen auf die Gesundheit von Frau Wischinsky an, da war sie schon tot. Morgens kam über Rügenradio die Nachricht. Die sieben Kinder daheim allein.

Auf dem Schiff zog Totenstille ein. Wenn Henry den Gang entlangging, senkten die Matrosen die Köpfe, manche wichen ihm aus. Beruhigungsspritzen hielten ihn ruhig, am Leben. Obwohl wir für jeden Tag vor Labrador Lizenzgebühr zahlen mussten, hat der Kapitän sofort die Fischerei abbrechen lassen. Dreißig Stunden entfernt lag Saint-John's. Ein Rostocker Trawler würde uns von dort entgegenkommen und Henry in die kanadische Hafenstadt bringen. Der Funkoffizier gab ihm ein Papier mit, in Englisch: »Ich – der DDR-Hochseefischer H. Wischinsky – möchte mit dem Flugzeug nach Berlin.« Der Trawler kam nachts, es stürmte ganz elend. Der Bootsmann machte das Schlauchbott zum Übersetzen klar. Nur eine Umhängetasche konnte Henry mitnehmen, er bestand darauf, sein neues Stereo-Tonbandgerät einzupacken.

48 Stunden später sah ihn die Betreuerin vom Fischkombinat als Letzten in Leipzig aus dem Zug aussteigen. Er wollte nicht

nach Hause in die »Todeswohnung«. Sechs Kinder waren zunächst in einem Heim und die Große bei der Oma untergebracht worden. Ein Blumengeburtstagsgruß, den Henry über Rügenradio für seine Frau bestellt hatte, war in einen Grabschmuck umgewandelt worden. Was würde werden? Wo sollte Henry als Ungelernter an Land eine Arbeit bekommen, die sieben Kinder ernährt? Jumbo, einer von uns, sagt: »Scheiße, wieder Kinder ohne Eltern. Der Henry kümmert sich doch garantiert einen Dreck um sie.« Er selber war im Kinderheim aufgewachsen, der Vater war in den Westen abgehauen, die Mutter, untröstbar, hatte sich aufgehängt …

Die Fischereiunterbrechung durch Henry Wischinsky hat das Kombinat rund 100 000 Mark gekostet. Ich weiß nicht, ob eine Westfirma, für so einen Preis, die Fischerei unterbrochen und so eine Aktion gestartet hätte. Ich sag nur: Ich weiß es nicht …

Im Buch »Immer geradeaus« gibt es eine kleine Geschichte, die aber noch einmal das Wesen deiner Arbeit streift. Als du von Temeswar nach Nordwesten laufen willst, erfährst du vom Gesprächsangebot eines ehemaligen Securitate-Mannes von Nicolae Ceaușescu. Einer von den engsten Getreuen des rumänischen Diktators. Eine Erzählung aus dem innersten Kreis? Bis hin zu den Ereignissen um die Erschießung des Partei- und Staatschefs? Der in vorletzter Sekunde Leute militärisch befördert hatte, die dann in der allerletzten Sekunde ihn selber exekutierten. Das Schillern des Verrats. Das interessierte dich.

Ich ließ mich locken. Aber das bedeutete: nicht mehr immer geradeaus, sondern zwanzig Kilometer Umweg nach Cărpiniș. Ich willigte trotzdem ein. Ging über die Dörfer, ein Gewaltmarsch von sieben Stunden, ich setzte mich auf eine Bank vor der Kirche, bei der wir verabredet waren, und schlief ein.

Der Satz: »Guten Tag, Herr Scherzer!« weckte mich. Der kleine muskulöse Mann, der mich ansprach, war mein Interviewpartner. Sohn einer Deutschstämmigen und eines Rumänen. Der Vater floh nach Jugoslawien, die Mutter kam wegen Beihilfe ins Gefängnis, der Junge ins Waisenhaus, dann in die Kadettenschule. Der neue große Vater, den er danach hatte, sei Ceaușescu gewesen, er habe ihm Hemden und Hosen und Essen gegeben, also alles, was man zum Leben brauche.

Der Mann holte eine mit Wildschweinfell ummantelte Trinkflasche heraus, wie prosteten uns zu, er versprach, innerste Geheimnisse des Apparates zu lüften, er habe nach der Revolution schon mancher deutschen Zeitung ein Interview gegeben, und jetzt kam's: »Für gutes Geld.« Ich zuckte zurück. Nun wurde er ernst, dann böse: Wie viel denn der Vermittler des Gespräches eingesteckt habe? Nichts? Er lachte. Ich war etwas verunsichert und bot ihm dreißig Euro an. »Mit Foto.«

Er riss die Augen auf, starrte mich an, schüttelte den Kopf – keine drei Sätze würde er mir für diese Summe sagen. Erzählte dann aber noch, wohl um mich weiter anzufüttern, er habe mit Stasileuten zusammengearbeitet, um die Flucht von DDR-Bürgern aus Rumänien nach Jugoslawien zu verhindern. Man hätte sich immer an einem See getroffen, zum Angeln. Die deutschen Stasileute seien aber schlechte Angler und somit als Spione schnell zu enttarnen gewesen.

Noch einmal sah er mich lockend an. Ich blieb bei dreißig Euro, er stand auf und ging.

Die Episode endet mit einem Selbstvorwurf: »Scherzer, du Idiot!«

Ich habe mich sehr geärgert über mich: Warum reichte mir das Alltägliche plötzlich nicht mehr? Weshalb wollte ich ausgerechnet noch die geheime, angeblich sensationelle Story eines Securitate-Mannes aufschnappen? Vielleicht sogar eine erlogene. Ist die interessanter als die Geschichte eines rumänischen Bauern? Dass der Securitate-Mann sich mit Stasileuten traf, hätte ich bestimmt an irgendeine zahlungskräftige deutsche Zeitung verkaufen können, die alltägliche Erfahrung des Bauern nicht.

Aber das hatte mich nie bewegt, nie getrieben. Und nun drohte ich – gegen meine Gewohnheit – dem Billigmarkt unserer Sparte zu verfallen. Peinlich. Klar, es war eine Abwechslung von dieser ständigen, zermürbenden Suche nach Nachtquartieren, die oft genug sehr unwirtlich waren. Kirchenvorraum und Maisfeld. Abstellkammer und Kellergewölbe. Ich wurde weich – und verfluchte mich.

Landolf, du hast die Welt gesehen …

Nein, nur einen Teil Welt. Genau genommen: nur einen sehr kleinen Teil Welt. Aber im Weltraum der Provinzen gibt es doch eine unendliche Weite. In einem Dorf kannst du dich verlieren wie im Universum, und du kannst alles finden, was dieser Erdball bietet.

Ich bleibe ein Dorfschriftsteller. Vom Häuslichen gehe ich aus, das ist meine Gangart. Das mit dem Securitate-Mann hat mich so angefasst, weil ich ja im Grunde nicht verführbar bin durch das sogenannte Exklusive, das vermeintliche Top-Thema. Ich weiß, das ist ein bisschen geschäftsschädigend. *(Lacht.)* He, Scherzer, das Profane ist das eigentlich unerschöpfliche Wunder.

Wirklichkeit strahlt nicht. Sie bleibt dir gegenüber unbeteiligt. Sie will nichts von dir. Und der Mensch ist meistens darauf geeicht, seine Wahrheit für sich zu behalten, also wird deine Recherche, deine Frage und Nachfrage immer auch mit Scheitern verbunden sein.

Du setzt auf Rot und Schwarz, die Kugel rollt ins Bunte. Als im »Spiegel« die Fälschungen des Starreporters Claas Relotius rauskamen, schrieb sein Mitautor Juan Moreno: »Würde man mich fragen, welche Farbe der Reporterberuf hat, meine Antwort wäre: Grau. Ein mattes, kaum polierbares Grau.«

Ein arbeitsloser ehemaliger Diplom-Ingenieur für Informationsverarbeitung erzählte mir, er habe sich lange geschämt, bevor er mit seiner Frau zur Lebensmitteltafel ging. Normalerweise habe man Appetit auf ein bestimmtes Essen, gehe dementsprechend einkaufen und koche dann – nunmehr bekomme man Lebensmittel nach Angebot und überlege dann erst, was man daraus kocht. Wenn ihn der Teufel reite, ziehe er seine Seidenweste an, seine Frau den guten Mantel, und dann? Gehen sie in ein Autohaus, wo die großen Schlitten stehen. Mitsubishi oder Seat. Für eine Probefahrt brauche man schließlich keinen Berechtigungsschein wie für die Tafel. Man müsse nur solide aussehen. Dann wird für zehn Euro getankt und ein schöner Ausflug gemacht, etwa hundert Kilometer. »Man belügt sich und denkt: Wir gehören ja noch dazu.«

Ein kleines Quantum geliehener Stolz, aber doch auch eine letzte traurige Metapher für den Abstieg: Ein Mensch besorgt sich eine Dazugehörigkeit, die eh nur Kulisse ist. Und die außerdem aus dem Fundus des Oberflächlichen, des Konsums stammt.

Ich verurteile niemanden für die Art, wie er sich Trost holt. In Batina, der letzten kroatischen Stadt vor der Grenze zu Serbien, traf ich auf meinem Fußmarsch durch Osteuropa einen Mann, arbeitslos seit Jahren, er nahm mich mit ins Haus seiner Familie, er schloss die Fensterläden, alle mussten sich um ihn versammeln.

In der Mitte des Zimmers stand ein schreibtischhohes Schränkchen, zusammengenagelt aus Pressholz. Darauf montiert ein Autolenkrad, dazu Kabel, mit dem Fernseher verbunden, der hinten in der Ecke stand. Der Mann zündete sich eine Zigarette an, zog hastig, warf die halb aufgerauchte Zigarette in eine zum Aschenbecher umfunktionierte Konservendose, setzte sich in den dicken Ledersessel, lächelte selig und fragte mich, welchen Formel-1-Rennwagen er fahren solle und wo: Monza, São Paulo, Nizza?

Verstört sagte ich: Ferrari, São Paulo. Auf dem Bildschirm die Simulation. »Mein Auto«, sagte der Mann glücklich, »mein Auto und ich in São Paulo.« Die Kinder, die Frau, sein Bruder, alle waren mucksmäuschenstill. Der Mann lachte, als er einen Mercedes-Fahrer überholte. Die Frau lachte auch, weil ihr Mann, nunmehr ein Weltmeister der Formel 1, auch lachte. Und sich die halb aufgerauchte Zigarette aus der Konservendose noch einmal anzündete.

Die Frau fragte mich, ob ich Brot und Tomaten essen wolle, Käse habe sie heute leider nicht im Haus. Und ob ich das Gretchen von Goethe kenne. Sie durfte vor zwanzig Jahren auf dem Gymnasium das Gretchen spielen. »Damals hatte ich noch viele Träume.« Nach einer Pause noch mal: »Damals.« Vor der Tür stand ein klappriger Nissan. Sie hat eine Fahrerlaubnis. Ihr Mann ist nur der Rennfahrer fürs Wohnzimmer. »An manchen Tagen gewinnt er sogar mehrere Rennen«, sagte die Frau zum Abschied, lächelnd …

(Wir schweigen.)

Weißt du, so etwas erlebst du und denkst: Jeder Mensch hat ein einziges Leben, und er hat sein Schicksal, und irgendwann braucht er irgendetwas, und zwar egal, was – es muss nur dazu taugen, die Realität gegen eine andere auszutauschen.

Bei einem serbischen Wandermaurer, in dessen baufälligem Gehöft ich übernachtete, fiel mir die wagenradgroße Uhr auf dem Fensterbrett auf. Sie tickte nicht. Zum Abschied schenkte ich ihm Batterien. Er winkte ab. Die genaue Zeit sei für ihn schon lange nicht mehr wichtig. Wie zur Bekräftigung rückte er die Zeiger mit der Hand vor und zurück. Wozu wissen, wie spät es ist? Ist das aufheiternd oder bitter?

All deine Erlebnisse zusammengenommen – sie haben dir Zuversicht gestohlen, stimmt's?

Willst du mich runterziehen?

Entschuldige, dass ich das so sage: Du bist Reporter – ein Arbeiter im Erfahrungsschmutz.

Früher empfand ich meine Zuversicht als Teil der ganz großen Zuversicht: Der Stern dreht auf Rot. Ich dachte nie die gesamte Welt, ich dachte unsere neue Welt. Deshalb hat mich ein Land wie die USA nie interessiert. Hoffnungswege lagen an der Wolga, nicht in der Wall Street. Ich dachte und fühlte einseitig offen. Jetzt gibt es kaum mehr etwas, worauf ich ein Gelingen, im ganz großen Sinne, projizieren kann.

Du kannst viel tun, aber das Ehrenamt rettet nicht die Welt.

Muss ich sie retten wollen?

Es ist, als habe man die Siebenmeilenstiefel des Geschichtemachens ausgezogen?

Luft kommt an die Füße. Geh erfrischt durch nasse Wiesen!

Oder steig auf ein Schiff! Den Fischern gehörte, gehört deine große – ja, sagen wir's: Liebe. Schon wie du über Jean Villain geredet hast, über das genüssliche Pfeifchen am Strand. Sozusagen produktive Behaglichkeit – sich hinausträumen. Du hast geschrieben: »Wenn ich irgendwo in der Welt das Meer sehe, manchmal sogar, wenn ich Fisch kaufe, denke ich: Scherzer, die Zeit auf dem Dampfer war die beste Zeit deines Lebens!« Mehr als drei Monate – 100 Tage,

2386 Stunden – warst du 1978 an Bord eines Fangschiffs Baujahr 1962, das seit sechzehn Jahren die Weltmeere kreuzte.

Das Wesentliche für mich war das Erlebnis einer Extremsituation. Ein Schiff, auf dem bei eisiger Kälte in zweimal Sechs-Stunden-Schichten gearbeitet wurde. Achtzig Männer und zwei Frauen an Bord. Es gab auf einem Abstand von nur zehn bis zwanzig Metern die Kajüte, die Messe für die Mahlzeiten und den Arbeitsbereich. Aber es herrschte auf dem Schiff das gleiche Prinzip wie in allen volkseigenen Betrieben: sozialistischer Wettbewerb, Veranstaltungen der Deutsch-Sowjetischen Freundschaft und eine Wandzeitung der Best-Arbeiter. Irrsinn!

Die Frage, die mich umtrieb, lautete also: Wie funktioniert dieser sehr spezielle sozialistische Betrieb, und wie verhalten sich die Menschen unter den skizzierten Bedingungen? Es zeigte sich, dass der Anachronismus zwischen verordneter Propaganda und gelebter Wirklichkeit hier so deutlich zutage trat wie wahrscheinlich nirgends sonst auf dem Hoheitsgebiet der DDR. Hier ließ sich zeigen, wie idiotisch vieles war, wie Schein und Sein krachend auseinandergingen. Und außerdem konnte ich beschreiben, wie wenig glanzvoll die viel gepriesene sozialistische Arbeit war.

Im Februar ging's los.

Ja, ein Vormittag. Die DDR hatte eine der größten Fangflotten der Welt: VEB Fischkombinat Rostock. Fisch war ein subventioniertes Grundnahrungsmittel und zugleich ein kostbares Exportgut. Man schickte die Seeleute mit ihren Schiffen immer weiter weg, um das Soll zu erfüllen. Die Leute kamen aus Thüringen, Sachsen, Mecklenburg. Männer zwischen achtzehn und dreiundsechzig … Dombrowski, Widder, Jumbo, Opa, Odysseus. Ich werde sie nie vergessen.

Es hat übrigens sehr lange gedauert, bis ich mein Seefahrtsbuch bekam. Immer noch eine Ausrede, immer noch eine bürokratische Hürde. Wahrscheinlich hat meine Stasiakte, diese Geschichte um die verfehlte »Kundschafterkarriere«, nicht gerade dazu beigetragen, das Verfahren zu beschleunigen. Die hielten mich hin. Obwohl ich den Schriftstellerverband eingeschaltet hatte: kein erlösender Stempel. Bis mir die Wut so hochkam, dass ich ans Politbüro schrieb, an Kurt Hager, in zynischer Tonart: Ich könne mit meinen Büchern Tausende DDR-Bürger beeinflussen, aber das Politbüro habe offenbar so wenig Vertrauen zu mir, dass es fürchte, ich würde mit Hilfe von Eisbären und auf Eisschollen nach Grönland abhauen. Eine Antwort bekam ich natürlich nicht – aber das Seefahrtsbuch.

Wenn man deine Bücher nimmt, so ist ihr Entstehen auch begleitet von Korrespondenz und Konflikt mit der Obrigkeit. Auch an den Buchminister Höpcke hattest du dich wieder gewandt.

Endlich hatte ich mein Seefahrtsbuch bekommen, hatte eine Seetauglichkeitsprüfung überstanden, nun sollte ich, so war es verabredet, auf einem Fang- und Verarbeitungsschiff arbeiten, zwei Monate vor Labrador und Neufundland. Plötzlich aber erfuhr ich, es wäre nur Arbeit auf einem Verarbeitungsschiff vor Norwegen und Spitzbergen möglich. Ich war jedoch schon in Rostock, wohnte im Haus der Hochseefischer, wähnte mich kurz vor der Ausfahrt.

Da schrieb ich schnell und in Not an Höpcke.

Scherzer liest vor:

»Ausschließlich Verarbeitungsschiff? Das hieße für meine Arbeit: ein äußerst unvollständiger Report, denn das Fischen ist das Ursprüngliche, ich kann nicht schreiben, ohne das zu erleben. Außerdem habe ich auf einem ›kleinen‹ 80-Mann-Fang-und-Verarbeitungsschiff viele bessere Möglichkeiten des Kontakts als auf einer 160-Mann-Fabrik. Nach einigen Ausreden erfuhr ich den wirklichen Grund. Es existiere eine Weisung, dass ich nicht nach Kanada dürfe. Die Weisung hinge mit den Sicherheitsorganen zusammen. Ich weiß nicht, was ich verbrochen haben soll. Ich weiß nicht, weshalb ich wie ein ansteckender Bazillus behandelt werde. Ich weiß nicht, wie lange ich noch mit einem solchen Stempel ›unzuverlässig‹ leben soll. Ich weiß nicht, wer da unsichtbare Netz spinnt. Ich weiß nicht, wie lange ich noch die meiste Kraft verbrauchen muss, um diese Netze zu zerreißen. Ich werde die Probleme, die mich fast kaputt machen, nie diesen Leuten im Westen kundtun, die darauf warten. Aber da kommen immer wieder boshafte Gedanken: Muss man erst die Mitgliedschaft in Partei und Verband hinschmeißen, sich vor den Karren der Leute drüben spannen lassen, einen zweijährigen Wildwechsel-Freibrief erhalten, um sich für Sozialismus oder Kapitalismus entscheiden zu können, muss man also erst ›Erpressung‹ betreiben, um nach seinen eigenen Vorstellungen und für unsere Idee arbeiten zu dürfen?«

Kurz nach diesem Brief erhielt ich ein Telegramm, und ein Telefongespräch Höpckes mit dem Kombinatsdirektor gab mir endgültig grünes Licht. Man stelle sich das vor! Partei in Berlin und Suhl, Schriftstellerverband, Volkspolizeikreisamt, Rat des Bezirkes, Verlag, Personalbüro des Kombinates und natürlich Stasi – wer da alles in Bewegung gesetzt und gehalten wurde wegen der Reise eines Reporters! Übrigens traf mein unbedingter Wille zu diesem Abenteuer auf seine erste Prüfung, die Bangigkeit auslöste. Im Rostocker Haus der Hochseefischer schliefen wir zu dritt in einem Zimmer. Ich seh noch, wie der eine sich spätnachts auszieht. Tätowierungen. Die Seejungfrau. Hammer und Sichel. Leuchtturm. Pralle Brüste. Ein Schriftzug: »I like Eva.« Natürlich Palmen. Die US-Flagge. Auf der linken Brustseite eine Narbe. Er sieht meine Blicke. »Ein Filetiermesser vor zehn Jahren. Guck's dir an und merk's dir. So ab dem achtzigsten Tag an Bord verschluck dich lieber an einem Wort, als dass du eins zu viel sagst. Und lass die Hände immer schön in den Hosentaschen. Nach achtzig Tagen sind die Massen abgefischt. Da ist es an Bord, als hätte das Schiff nicht Fisch, sondern Dynamit geladen.« Das Filetiermesser hatte er zwischen die Rippen bekommen (zum Glück nur zwischen die Rippen), weil er einen Kumpel gefragt hatte: Na, was macht denn deine Alte jetzt zu Hause?

Ein Leben unter Deck – in der Fischverarbeitung.

Ja, auf dem »Portugiesendeck«, wie es im Jargon hieß. Als »Stinker«, wie die Fischeschlächter auch genannt wurden.

Portugiesendeck?

So hieß das auf westdeutschen Schiffen. Gastarbeiter für die Drecksarbeit. Ganz unten im Bauch des Schiffes. Diesel- und Schweißgeruch. Hackwanne und Filetiermaschine. Offene Wunden an den Händen, von den Stacheln des Rotbarschs. Oft zwölf

Stunden Arbeit, im Schlachtraum, null Grad, roher Fisch. Und wenn du in der Koje lagst: zwei Mann auf vier Quadratmetern, nur fünfzehn Zentimeter groß das Bullauge. Draußen die weite öde Welt: Wasser. Die Unendlichkeit zum Ersaufen. Mitten im Winter im unberechenbaren Atlantik.

Und dann – Saint-John's, Neufundland. Landgang, aber nur wegen einer Havarie. Schweigend genossen wir an Deck den Anblick der schneebedeckten, gespreizten Felsenschenkel, die weit ins Meer ragten und in deren Geborgenheit wir nun hineinglitten. Trotz der zehn Grad Kälte begann ich vor Aufregung zu schwitzen. Ein Fort am Eingang zur Bucht, dann riesige Öltanks, Blechbaracken, Blockhäuser, Fischerkähne und zwei Frachter, Hochhäuser, Straßenlärm, eine große, aus Felssteinen gebaute Kirche auf dem Berg über der Stadt. Der Hafen, links und rechts alles bewaldet. Es war das wunderbare Gefühl, empfangen zu werden. Ich konnte mir zunächst keine Einzelheiten einprägen, zu gierig waren die Augen.

Landgang, wie war das?

Frisch geduscht waren wir. Mit sauberen und zu heiß gewaschenen Hosen und Hemden ging's raus. Manche zündeten sich die erste Zigarette, eine F6 oder eine Club, in der Neuen Welt an. Für uns »Neueinstellungen« an Bord, zu denen ich gehörte, war das ein unvergesslicher Augenblick: Westen! Da ist auf einmal diese Welt, die du als DDR-Mensch normalerweise nicht sehen kannst.

Dabei war Saint-John's im Grunde genommen ohne jede Attraktivität. Touristisches Grauland. Aber für uns: Paris und New York zusammen. Ein Tag Wilder Westen, in Bars oder im Bett irgendeiner Kanadierin. Ein Tag Artistik und Zauberei – mit nur zwei Westmark in der Tasche. *(Lacht.)* Bevor wir an Land gingen, mussten wir unterschreiben, dass wir die Gebote der sozialistischen Ethik und Moral einhalten würden. Immer durften nur drei oder vier gemeinsam an Land. Wichtig war die Zahl der Genossen in der Schiffsbesatzung. Keine Landganggruppe ohne ein Parteimitglied! Einer der Seeleute, Odysseus, erzählte von seinem Pech auf einem anderen Dampfer. Dort waren nicht genug Genossen an Bord, also musste er immer wieder ran beim Ausgang, mitunter viermal am Tag. Aber ausgerüstet nur mit einmal Landgangsgeld. Am Ende hat er sich gelangweilt irgendwo hingesetzt und gewartet, bis die Leute zurückkamen von ihrer Tour.

Man hätte problemlos in Kanada bleiben können.

Ja. Aber nach diesen wenigen Stunden waren alle 82 Crewmitglieder wieder an Bord. Vor einiger Zeit bin ich von einem Filmteam zu dieser Episode meines Lebens befragt worden. Und der Interviewer wollte immer wieder wissen, wer warum in Saint-John's abgehauen ist. Ich konnte nur sagen: Tut mir leid, aber ich kann damit nicht dienen – von dem Schiff, auf dem ich gefahren bin, ist keiner geflüchtet. Das wollten sie partout nicht hören: Auch das war ein Fall von westdeutscher Einseitigkeit bei der Beschreibung von Wirklichkeit – eine ideologisch verbrämte Einseitigkeit.

Wobei es bestimmt Fluchten gab …

Ja, und mancher Kapitän verlor danach seinen Platz auf der Brücke. Aber es ist das Irrationale, das das Leben ausmacht. Der Technische Offizier auf dem Fangschiff war mal ein halbes Jahr im Gefängnis. Da war er noch Maschinist. Kurz vorm Auslaufen hatten sich sämtliche Besatzungsmitglieder derart besoffen, dass er »nach oben« meldete, die Ausfahrt verzögere sich um 24 Stunden, es müsse ein Maschinenschaden behoben werden. Ein Inspektor prüfte und stellte die Lüge fest.

Ein halbes Jahr später, in einem dänischen Hafen, kam über Funk der Befehl an den Kapitän, sofort Rostock anzulaufen und den Maschinisten der Polizei zu übergeben. Der Maschinist selber hatte die Order empfangen, er war auch der Funker auf dem Schiff. Er beantragte sofort Landgang, sah sich in aller Ruhe die dänische Stadt an, kam zurück und übermittelte dann erst dem Kapitän die Meldung aus Rostock. Dort wurde er verhaftet und wegen Wirtschaftssabotage verurteilt. Er hätte abhauen können, er tat es nicht.

Hast du auf dem Schiff von Anfang an gesagt, dass du darüber schreiben willst, oder hast du dich erst einmal bedeckt gehalten?

Nur der Parteisekretär, der Kapitän und der Produktionschef wussten, warum ich an Bord gegangen war. Letzterer gab mir zunächst den Auftrag, die sozialistischen Wettbewerbspläne zu schreiben. Besser: abzuschreiben – es galten nämlich die Zielvorgaben und die Verlautbarungen vom vergangenen Jahr, geändert daran wurde lediglich die Datumszeile. Für diese eine Zeile musste alles noch einmal aufgeschrieben werden, als sei es ein Neustart für die Planüberbietung. Die anderen Arbeiter machten das Schiff sauber, ich kopierte inzwischen sauber die alten Verpflichtungen. Drecksarbeit das eine wie das andere. Aber mit Schrubber für ein sauberes Schiff zu sorgen, das hatte wenigstens Sinn. Im Gegensatz zu den »sauberen« Plänen. Als ich dann einer unter allen war, weil ja auch ich die zwölf Stunden am Tag mit aufgequollenen Händen am Band stand, da habe ich den Kollegen gesagt, dass ich schreibe. Das Vertrauensverhältnis war bereits so groß, dass zwischen uns keine Differenz mehr entstand. Der Schiffsdoktor kam manchmal zu einem Gespräch runter, ansonsten herrschten strikte soziale Grenzen. Die Offiziere saßen in ihrer eigenen Messe, ich gehörte zur Mannschaft. Selbst eine Vermischung von Matrosen, wir nannten sie »Lords«, und Produktionsarbeitern wurde vermieden.

Ich lebte ganz unten. Aber ich habe mich später nie wieder so gut aufgehoben gefühlt, weil ich nie wieder eine solche Solidarität gespürt, nie wieder das Gefühl hatte, dass wir buchstäblich in einem Boot sitzen: Wenn wir untergehen, dann gehen wir alle zusammen unter. Das war für mich die beste Zeit meines Lebens, obwohl es schwerste Arbeit war und ich letztlich ein Gefangener.

Du, der Schriftsteller, warst kein Exot?

Nee. Es gab bei den Neueingestellten exotischere Gestalten als mich. Uhrmacher, Weber, ein Archivar – Menschen auf irgendeiner inneren Flucht vor irgendwas. Oder um gutes Geld zu verdienen. Als Schriftsteller war ich wahrlich nichts Besonderes. Die haben ja nahezu jeden genommen. In der DDR besaßen nur zwei Betriebe die Genehmigung, öffentlich in Zeitungen und Zeitschriften um Arbeitskräfte zu werben: die Wismut und die Hochseefischerei. Von diesen Kombinaten hing ökonomisch viel ab, sie brauchten also Leute – die Werbung betraf aber nur Produktionsarbeiter. Es herrschte ein Mangel, gegen den musste was getan werden. Und so waren Schächte und Schiffe auch Ersatzwelten für Abenteurer aller Art. Was manche unterschätzten: die viehische Arbeit.

Den Namen des Schiffes hast du fürs Buch geändert und überhaupt alle Namen.

Und das fertige Manuskript zeigte ich niemandem, auch nicht den Chefs im Kombinat.

Du denkst, niemand im Kombinat hat das Manuskript vor der Veröffentlichung gelesen?

Meines Wissens nicht. Der politische Lobbyismus dieses Kombinats war derart groß, dass garantiert Einsprüche gekommen wären, denen ich hätte folgen müssen. Sie blieben aus, also kannte die Leitung das Manuskript wohl nicht.

Wie waren die Reaktionen nach der Veröffentlichung des Buches?

Sehr unterschiedlich. Während nicht nur die Hochseefischer, sondern viele andere Leser sagten: »Ja, so ist es!«, ließen die Chefs vom Fischkombinat Rostock Tausende Exemplare von »Fänger & Gefangene« aufkaufen und einlagern. In keiner Bordbibliothek gab es das Buch. Es ist zwar nie verboten worden, aber nach der Wende fand man die Paletten, die Bücher waren stapelweise im Kombinat eingelagert worden.

Dass da etwas nicht in Ordnung sein musste, merkte ich erst, als das Buch sofort ausverkauft war und ich mich fragte, wieso überall Lesungen stattfanden, nur nicht im Fischkombinat, am Ursprungsort dieser Reportage. Ich habe mich beschwert. Keine Antwort. Nur eine Order: Ich bekam Verbot, das Gelände des Fischkombinates zu betreten.

Keine Aussprache, keine Auswertung.

Das Kombinat war schweigsam wie ein Fisch. Aber stell dir vor! Die Funker der Hochseeflotte haben das Buch abgetippt und dann untereinander ausgetauscht. Das Manuskript ging auf hoher See von Schiff zu Schiff. Das fand ich unglaublich. Mich hat das tief berührt. Das erste Mal gespürt: meine Schreibe – ein Lebensmittel für andere.

Die Hochseefischer sahen in einen Spiegel, der sie zeigte, wie sie waren. Die Schmutzflecken, die getrübten Stellen gehörten zum Bild, und die Fischer waren einverstanden, da hineinzuschauen.

Das Buch hat mich im Westen übrigens »gerettet«. Bei Begegnungen nach der Wende spürte ich die Distanz, etwa bei Journalisten von drüben – ich galt wegen des »Ersten« als staatsnah. Das Porträt eines SED-Funktionärs in vermeintlich finstersten DDR-Zeiten? Das konnte nur Propaganda sein.

Ich hab dann oft aus »Fänger & Gefangene« vorgelesen, besonders gern diese Stelle, da Dombrowski von einem Staatsbesuch im Fischkombinat erzählt. Einer von der Kombinatsleitung hatte eine schreckliche Ahnung. »Was machen wir, wenn der Staatsbesuch auch unsere Schiffe sehen will?« Die trugen Zeichen schweren Kampfes mit den Naturgewalten: Rost statt Farbe. Da ordnet der Kombinatsdirektor an. Erstens: Die schon entladenen Schiffe werden zu Erkundungsfahrten in die Ostsee geschickt! Zweitens, das Schiff, das für die Ordensverleihung beim Staatsbesuch vorgesehen ist, wird sofort gestrichen! In dieser kurzen Zeit? Es kam der Vorschlag: ›Wir streichen den Dampfer nur von der Landseite, von der See aus sieht der Staatsbesuch den Rost doch nicht!‹« Wenn ich diese Stelle gelesen hatte, kam lächelnd, als habe man mich überführt, die »Beweisführung«, ja, klar, aber das hätte ich doch erst nach der Wende geschrieben. Erst der Blick ins Impressum machte die Wessis einen Moment sprachlos.

Du schreibst im Buch: oft nur ein oder zwei Stunden pennen, dann hieß es unsanft, hart, wachpeitschend: »Der Fisch geht! – Hey geat!«

Der Fang draußen bestimmte allen Rhythmus drinnen. Nach jeder monatlichen rationierten Alkoholausgabe war der kurze Schlaf besonders tief und das Wecken also gesteigert grausam. Dann wurde die Arbeit noch härter. Aber sie begann pünktlich. Und anstandslos wurde sie getan.

Und die Romantik an Deck, die Stille der Nacht etwa?

Nee, der Sinn für solche Augenblicke schleift sich bei der Arbeit ab. Zwangsläufigkeiten tilgen die Neugier. Der Holzfäller schaut sich auch nicht jeden Tag beseelt den Wald an, er schaut auf die Bäume, die er gleich fällen wird. Höchstens sah ich gern zu, wenn Schiffe vorbeifuhren, die so wie wir auf Fang waren.

Irgendwann Reue, das alles auf dich genommen zu haben?

Angegriffen war ich bisweilen, Kraftproben tun weh … aber bereut habe ich den Schritt nie. Im Gegenteil.

Wie hat deine Psyche reagiert?

Man hat private Probleme, sticht in See und erfährt sehr bald: Die Probleme schwimmen dir nach. Du kannst keine Nachrichten bekommen – das schmerzt. Du kannst keine Nachrichten bekommen – das beruhigt aber auch. Du willst heim – und bist doch froh, weit weg zu sein.

Eine ganze Weile habe ich gegrübelt, was denn auf einem Schiff so grundsätzlich anders ist als daheim. Arbeit am Fließband kannte ich. Im Röhrenwerk Neuhaus hatte ich im Drei-Schicht-Rhythmus Transistoren gestanzt. Ödnis pur. Streifen einlegen, beobachten, wie sie von der Maschine zerhackt werden, dann genau hingucken, ob unten ordentlich gehackte Transistoren rauskommen, neue Streifen einlegen. Einige Tausend Stück pro Schicht. Stunde um Stunde, Tag für Tag, Woche für Woche. Du bist nicht du, du bist Teil einer Motorik.

Und trotzdem war das damals anders, ich kam nicht in so einen drückenden, leeren Trancezustand, ich dachte an Tod und Teufel, an Gott und Genuss, an Welt und Weib, an Wildes und Weiches. Hellwach stand ich neben mir und hatte endlich Zeit, ungestört zu denken. Aber hier auf dem Schiff? Eingeengt zwischen Wanne und Frostregal. Fünf Schritte hin, fünf Schritte zurück. Und dann die frostklammen Hände. Die Finger platzten auf. Fingerschmerzen aber gehen zu Herzen.

Und bald wusste ich den Unterschied: Mit den Widersprüchen in den Betrieben, mit deinen Gefühlen kannst du anders umgehen, wenn du daheim nach der Schicht nach Hause gehst, zur Familie oder in die Kneipe, ins Kino, in den Sportklub. Aber auf so einem Schiff, da knallen die Konflikte ganz anders aufeinander. Rundum Unendlichkeit, du aber als Gefangener im Bauch des Schiffes, da drängt sich alles: das Land, der Betrieb, die Gedanken an zu Hause, alles Ungelöste und Unbewältigte. Ständig Wechselbäder fürs Gemüt.

Doch alles in allem: Irgendwann siegt ein Grundgefühl von Einverständnis – denn du kannst nichts ändern. Die einzige Abwechslung: Zur Coffeetime saßen wir im Dutzend in einer Vierer-Kammer, Odysseus hatte als Einziger einen Wasserkocher für Kaffee, da wurde geklönt, am meisten wurde über das gesprochen, was fehlte: Frauen.

Erst nach einer Weile fiel mir auf, dass mir niemand die Hand gab. Es herrschte eine spürbare Angst vor Berührung. Immer die Bangigkeit, Gefühle könnten ausbrechen wie eine ansteckende Krankheit. Fehlende Frauen und die Folgen. Noch im Suff achtete man darauf, körperlichen Kontakt zu vermeiden. Keiner wusste genau, wie er sich im Zaum halten würde, wenn die Emotionen, die Einsamkeit, die Sehnsucht nach Wärme hochkochten. Manch einer ist sogar zum Mörder geworden, wenn er heimkam und erfuhr, dass die Frau von einem Fremden schwanger war.

Der letzte Tag an Bord?

Ich hatte in Saint-John's einen »Playboy« gekauft, die Schmuggelware also im Gepäck. Stundenlang wurde geduscht. Das gesamte Schiff, das nach Fisch gestunken hatte, stank nun nach Parfüm, nach »Irisch Moos«. Es gab diese Freude: Endlich runter von den Planken! Aber du hast gleichzeitig das Unausgesprochene, die Schwingung gespürt, die in der Luft lag und derer man sich nicht mit Worten versichern musste: Jungs, wir sehen uns wieder, wir sind hier zu Hause!

Deshalb haben Hochseefischer den Absprung vom Dampfer schon zu DDR-Zeiten nicht geschafft und nach der Wende ihre Abwicklung nicht verkraftet: Trotz der beschissenen Bedingungen im Bauch des Schiffes – das Schiff war die Insel, die dich vom Stress an Land befreite. Mit dem Ende der DDR wurden die Seeleute plötzlich und ohne Perspektive aufs Trockene, an

Land geworfen. Es gab Fischer, die begleiteten ihre Schiffe, als die zum Verschrotten in die Türkei gebracht wurden.

Dein Buch ist wie ein Vermächtnis, vielleicht so etwas wie eine Grabrede mit erhobenem Kopf.

Als die Hochseefischerei der DDR abgewickelt wurde, ging vielen der dort arbeitenden Menschen eine Welt unter. Wenn man Bergmann war oder Fischer, dann bedeutete Abwicklung mehr als nur einen Jobwechsel. Diese Männer wurden aus einer tief verwurzelten Lebensart gerissen, für die es plötzlich keine Entsprechung mehr gab. Aber Grab. Nein! Seit 2010 gibt es in Thüringen einen Hochseefischer-Stammtisch, der sich regelmäßig trifft. Eine Art Erinnerungsklub. Erst trafen sich sieben, heute sind es über einhundert ehemalige Fischer. Gespräche, Vorträge, Fotoausstellungen – die Frauen kommen mit, sie backen Kuchen für alle. Und ich wurde in den Sprecherrat gewählt. Auf den T-Shirts der Ehemaligen steht stolz und wehmütig: »Wir fischten auf allen Meeren.«

Hattest du auf dem Schiff das Empfinden, ins stumpfe Gesicht der Menschheit zu blicken? Du konntest es doch fühlen, das Unwürdige, das Unzumutbare einer solchen Arbeit an Bord. Und trotzdem wurde sie getan – das war vorhin so ein Satz von dir. Aber der Mensch – geht er nicht irgendwie drauf in solcher Fron?

Auch wenn dir das wie ein Widerspruch zu allem Beschriebenen vorkommen muss: Nee, den Gedanken hatte ich nicht. Das war verdammt harte, beschissene Arbeit, ja, aber es war – Arbeit. Es war kalt da unten, ständig nur dieser Gestank und unter den Füßen der Küt.

Was den Eindruck des Unzumutbaren doch nur bestätigt.

Ich sage doch nicht leichtfertig, solche Arbeit sei zu preisen. Aber ich suche das Positive in dem, was notwendig ist. Ich heroisiere nicht die Härtegrade. Aber es ist schon toll, wie Menschen den Umständen trotzen können. Wie sie nach dem suchen, was dann ablenkt. Sei es das Bildermalen oder das Knüpfen von Teppichen während der Arbeitspausen – Eigenes, das man dann zu Hause stolz präsentieren konnte. An der Außenwand des Schiffes klebt das Eis, drinnen sucht man gemeinsam nach Wärme.

Schon nach drei Stunden Arbeit habe ich diese Fischfilets gehasst, und die bunten Werbebroschüren des Kombinats hatte ich längst wütend zerknüllt, aber es zog sich eine Gleichheitsstimmung durch unsere Besatzung, die ich nicht vergessen werde: kein ökonomischer Druck, kein Verdienstwettbewerb, kein Karrieretrieb.

Es gibt im Buch eine kurze, aber berührende Stelle: »Sozialismus machen!« Die dienstliche Hierarchie wird aufgehoben, weil die Lage es erfordert. Sozialismus? Das ist Gemeinsinn – und praktiziert wird er just dort, wo es wehtut, wo es am schmutzigsten ist. Sozialismus machen, das war dort ein ehrlich aufrüttelnder Aufruf, zugleich blanke (Selbst-)Ironie: Wirkliches Zusammenrücken geschieht nur in der Not – merkt euch das, ihr euphoriebesoffenen Ideologen auf dem – vermeintlichen! – Festland!

Das muss ich erklären. Die Bunker waren plötzlich so voll von Fisch, dass der Kapitän anordnete: »Wachfreie Besatzungsmitglieder machen in der Verarbeitung Sozialismus!« An der Hackwanne zum Schlachten standen fortan auch Matrosen und Offiziere. Anders wäre die Arbeit nicht zu schaffen gewesen. Die Grenze zwischen Fängern und Verarbeitern war aufgehoben. Auch der Schiffsarzt schlachtete, der Chefkoch ebenfalls.

Die oben stiegen hinab. Alle Mann ran! Nicht bezahlte Überstunden, aber keiner fragte im Glitsch und Gestank, wann Schluss sein würde. Sozialismus eben. Den Dreck gemeinsam machen. *(Lacht.)* Alle waren nun Anlagetechniker, ja, so wurde das genannt, um die Wahrheit zu verbergen: Man war nichts weiter als ein Fischschlächter.

Scherzer gibt mir einen Brief an die Familie zu Hause, geschrieben damals an Bord.

»Obwohl es erst hieß, dass vorerst keine Möglichkeit besteht, Post nach Hause zu schicken, wird nun in ein paar Tagen ein Transporter vorbeikommen, dem man Post mitgeben kann. Voraussichtlich wird es das einzige Mal sein. Alles ist ziemlich schlimm, und in meinen kühnsten Träumen hatte ich mir die Seefahrerei nicht so schwer vorgestellt, d. h. nicht die Seefahrt allgemein, sondern die Fischerei. Zuerst war da nur das Fremde, das Eingewöhnen. Das Schiff hat drei ›Stockwerke‹, wir Produktionsarbeiter und die Matrosen wohnen ganz unten. Als Fenster ein dickes Bullauge, das bei schwerem Seegang von den Wellen schon zerschlagen wurde (bei uns Gott sei Dank nicht!). Die Kammer – ich wohne mit einem Lehrling zusammen – ist so breit wie unser Bad daheim, aber nur zwei Meter lang. Man kann Platzangst bekommen, und überhaupt: immer nur die paar Schritte, die man läuft, dann ist das Schiff zu Ende, ringsum nur Wasser. Ich habe solche Sehnsucht, mal einen Baum zu sehen oder ein Haus. Nur dicke Eisschollen und Eisberge. Eisbären habe ich noch nicht gesehen.

Die ersten Tage vor der Ausfahrt haben wir das Schiff nur beladen, ein Lkw nach dem anderen kam und lud ab, und wir schleppten alles in den Schiffsbauch. Kartoffeln, Mehl, ungarische Salami, Bananen, Waschpulver, Schokolade, Champignons, Bohnerwachs, Ananas. Das Auslaufen dann, als es finster war. Nur 16 Lehrlinge und ich, die noch nie gefahren waren, standen oben auf dem Deck und schauten, wie die Lichter des Landes, dann auch die des Leuchtturms nicht mehr zu sehen waren.

Zuerst sind wir über die Ostsee gefahren, fast alle lagen oder hockten in den Kammern und waren stinkbesoffen, obwohl es streng verboten ist, Schnaps mit auf den Kahn zu nehmen. Hier bekommt man pro Woche 6 Flaschen Bier und pro Monat 1 Flasche Schnaps und 2 Flaschen Wein, also viel weniger, als Ihr zu Hause trinkt!

Im Moment ist es draußen Windstärke 10, die Wellen sind so hoch wie ein Haus. In den ersten zehn Tagen war die Arbeit nicht allzu schlimm. Ich musste Laderäume ausfegen, wo noch verweste Fische rumlagen, Kartonagen schleppen. Nach zwölf Tagen waren wir hier vor Labrador, der Polarküste Kanadas. Die Fischerei begann so furchtbar, wie es keiner erwartet hatte. Alle vier Stunden wird das Netz eingeholt, und durchschnittlich brachte jedes Mal rund 200 Korb (also 200 Zentner Fisch). Meist Kabeljau. Außerdem haben wir noch einen ›Spezi‹, ein Schiff, das nur fängt und die Fische in einem schwimmenden Netz zu uns rüberschickt, damit wir sie verarbeiten. Und nun beginnt das, ja: Martyrium. Ein Maschinensaal, entsetzlich kalt, ständig Meerwasser unter den Graitings, den Gitterrosten, der Fisch selbst 1 Grad, Gestank von den Därmen, Mägen, der Fischmehlanlage und einem provisorischen Ofen, in dem Leber gekocht wird. Lärm von ratternden Filetier- und Enthäutemaschinen. Der brüllende Lautsprecher, der uns mit Schlagermusik bei der Arbeit stimulieren soll, ist bald nicht mehr zu hören. Ich stehe vor einer großen Wanne, in die in rasender Geschwindigkeit die fertigen Filets hineinfallen, ich muss sie in große Schalen packen, schön gleichmäßig, und die Schalen muss ich dann in Tunnelfrostöfen packen, wo sie in zwei Stunden auf minus 22 Grad gefrieren.

Aber das ist nicht das Schlimmste. Die Filets sind noch keine Filets, wie sie da aus dem Enthäuter kommen, sondern da sind noch schwarze Bauchhaut oder Flossen dran oder sogar halbe Köpfe mit der Hauptgräte. Also muss ich mit dem Messer nacharbeiten. Packen und schneiden – alles in großem Tempo. Du kannst in den 6 Stunden keine Minute Pause machen. Höchstens, dass die Maschine mal einen kleinen Schaden hat. Man ist Sklave der Maschine. Fährt die Maschine nicht, geht die ganze Truppe an die Hackwanne, schlitzt dort die Kabeljaus auf und nimmt sie mit der Hand aus. Von 10 vor 6 Uhr früh bis 10 vor 12 Uhr. Dann das Aufsammeln – Därme, Leber, Fische, die haufenweise herumliegen. Die Altgedienten drücken sich natürlich. Kurz nach 12 waschen, dann hoch, essen gehen. Das Essen ist sagenhaft gut, jeden Tag wie im Interhotel, Steaks mit Champignons usw., nur mittwochs ist Fischtag und am Sonnabend gibt es Eintopf. Immer frisches Obst! Du kannst so viele Fleischportionen haben, wie du möchtest. Schon morgens Würstchen oder Klopse, um 24 Uhr noch mal Suppe. Trotzdem habe ich abgenommen, denn ich bin nach jeder Schicht körperlich und seelisch so ziemlich am Ende.

Dieser Wettkampf mit der Maschine macht mich mürbe. Man kann vor Übermüdung kaum schlafen. Aber hier wird keiner krankgeschrieben, selbst bei Fieber nicht. 15 Mann müssten sein, damit die Filetiermaschinen voll fahren können, wir sind 10 (!!!) und müssen es schaffen. Meine Hände sind dick und entzündet, aber keiner kann mir was nachsagen. Also, es ist schon furchtbar – aber notwendig. Für jeden Tag, den wir hier fischen, müssen wir teure Lizenzen in harten Dollars bezahlen, egal, ob Fisch da ist oder nicht, also muss jeder Fisch verarbeitet werden, egal wie. Die Maschinen sind sehr alt, die Bedingungen der Arbeit schlimm. Da macht sich aber kaum einer Gedanken, es zählen nur die Tonnen Fisch, und draußen die romantisierende Lüge, na ja, Hochseefischer waren und sind harte Leute. Unsagbar hart ist das für die Leute unten im Schiff. Gut, wenn viel Fisch da ist, aber ich verfluche ihn schon. Oft zappelt der Kabeljau noch, wenn man ihm schon die Filets abgeschnitten hat.

Was die Menschen an Bord betrifft: Die meisten von ihnen sind innerlich sehr weich, aber keiner zeigt es. Manche haben es verpasst, nach ein paar Jahren auszusteigen, haben den Absprung nicht geschafft, nun haben sie Angst vor einer Arbeit auf dem Lande. Die meisten wollen die Schiffstortur nur so lange machen, bis sie das Geld für ein Häuschen, einen Shiguli oder sonst was zusammenhaben. Aus Idealismus tut das hier keiner. Der wiegt das nicht auf, was hier entbehrt und ertragen werden muss. Ich weiß noch nicht, was und wie ich darüber schreibe, nur eines weiß ich: Es muss ein verdammt ehrliches Buch werden.«

Ehrliche Bücher … Weißt du das noch? Als Hochseefischer aus Rostock Anfang der neunziger Jahre ins thüringische Bischofferode fuhren, um ihre Solidarität mit den Kumpeln der bedrohten Kalibergwerke zu zeigen, da trafen sie auch dich. Ihr kanntet euch. Einer der Seeleute sagte: »Haste Glück, Scherzer, dass du nicht bei uns in der Fischerei geblieben bist, dann wärste heute auch arbeitslos. Aber wer schreibt, der bleibt. Is' es so? Oder hängt das davon ab, was du schreibst?«

Ja!, kann ich da nur antworten, davon hängt's ab, genau davon.

Wir leben in Zeiten, da die Welt zusammenrückt – und die sozialen Welten doch mehr und mehr zusammenstoßen und auseinanderdriften. Auch jede Fahrt hinaus, jede Begegnung offenbart, dass wir Menschen ein grundsätzliches Problem haben: Wir sind Neulinge in unserem Zeitalter. Daraus erwachsen uns zwei Gaben, der Welt zu begegnen: Erstaunen und Erschrecken. Neugier treibt vor, Angst hält zurück. Hoffnung aber, diese schöne Fremde, hält nichts zurück: Hinter der Ohnmacht dünnster Stelle reibt sie am Stoff, der die Fenster verdunkelt. Dein Beruf ist es, Fenster aufzustoßen. Tu's und sprich ein Schlusswort – hinaus ins Offene.

He, du bist in Dietzhausen und nicht in einer Kirche.

Ich weiß: ein Bedarfshalt.

Weißt du, ich denke wieder an die Toten und den Saattopf in Afrika. Draußen lagen die Verhungerten. Aber niemand hatte die Körner angerührt. Unbewusst spürten die Menschen, durch den Schmerz ihres Hungers hindurch: Ohne diese Saatkörner gibt es keine Zukunft. Die Samen waren die Hoffnung. Sind es immer. Die Zeit, da sie wieder gesät werden können, kommt.

Die Hoffnung, nicht mehr hungern zu müssen, gründet sich oft genug auf Menschen, die es nicht mehr erleben werden.

Hoffnung meint hier mehr als: den Hunger überwinden. Den zuallererst, ja. Aber Saatgut aufzubewahren, es bedeutet vor allem: auf Menschlichkeit setzen – durch finstere Zeiten hindurch. Weiter einverstanden zu sein mit Leben, auch wenn man selber stirbt. Dieses Einverständnis gehört noch zum Leben, das man hat. Es ist vielleicht das Schwerste, das man sich erarbeiten muss. Aber die Kraft dazu verlässt den Menschen nicht – das ist, um deine »Predigt« vom Offenen fortzusetzen, meine Hoffnung. Immer wird es Menschen geben, die den Samen aufbewahren.

Es sind wenige – auf die sich später der große Rest beruft.

Ach, es sind stets mehr, als man denkt ... Ums einfacher und persönlicher zu sagen: Nach allen Reisen und Erfahrungen denke ich auch an das poetische Manifest der deutsch-türkischen Dichterin Zehra Çırak, ans Herz gelegt hat es mir Günter Wallraff: »Also würde ich am liebsten japanisch aufwachen auf einem Bodenbrett mit transparenten Scheintüren. Dann würde ich gern englisch frühstücken, danach mit fremder Gleichgültigkeit chinesisch arbeiten, fleißig und eifrig. Am liebsten möchte ich französisch essen und tierisch satt römisch baden, gern will ich bayerisch wandern und afrikanisch tanzen. Am liebsten würde ich russische Geduld besitzen und mein Geld nicht amerikanisch verdienen müssen. Am liebsten möchte ich indisch einschlafen als Vogel auf dem Rücken eines Elefanten und türkisch träumen vom Bosporus.«

Internationalistischer geht's wahrlich nicht.

Für mich fehlt da noch was: Wenn ich sonst wo bin auf meinen Reisen – irgendwann überfällt mich die Sehnsucht nach nichts weiter als einer hausgemachten Thüringer Rotwurst.

LANDOLF SCHERZER

MIT VISUM AUF DIE KRIM – TROTZDEM EIN »ILLEGALER«?

Die Zunge ist die Fallgrube ihres Herrn.

Nicht der Dorn verletzt uns, wir verletzen uns am Dorn.

Der Feind des Häuptlings ist derjenige, der mit ihm aufgewachsen ist.

Im Haus des Mutigen gibt es Tränen, im Haus des Feiglings wird nicht geweint.

Gefragt, wohin es gehe, sagt das Pferd: Frag den Zügel!

Zu Hause ist es nie so dunkel wie in der Fremde.

Die Küche ist älter als die Moschee.

Ein Stück Holz kann zehn Jahre im Wasser liegen und wird doch kein Krokodil.

Aus »Schwarze Weisheiten«, herausgegeben von Landolf Scherzer mit Manqueu Valente Mahumana, 2004

Ich stehe am Fenster.

Der Sturm, ein gewalttätiger Bruder des gewöhnlich friedlichen Asowschen Meeres, reißt die Folien von den alten Gewächshäusern und wirbelt sie wie Segelfetzen in der kalten Winterluft himmelwärts. Sie landen vor Gartenzäunen, Hundehütten, Schutthaufen, Weinstöcken und Mauerresten und liegen dort zwischen löchrigen Eimern, gerodeten Sträuchern, Pappkartons, Zeitungsseiten, Plastikkanistern und verschlissenen Tatarenmützen. Strandgut der Krimstürme der letzten Jahre …

Seit gestern wohne ich bei Babuschka Gulnada und ihrer vierköpfigen Familie in Nowa Derewnja. Das aus Muschelkalksteinen gebaute kleine Haus steht an der – wegen tiefer Schlaglöcher nur noch sehr langsam und in engen Schlangenlinien zu befahrenden – Dorfstraße Sowjetskaja. Nowa Derewnja gehört zur Stadt Saki, in der ich mich mit meinem russischen Visum als ausländischer Tourist auf der – sowohl von der Ukraine als auch von Russland beanspruchten – Halbinsel Krim innerhalb von drei Tagen behördlich anmelden muss. (2014 war die ukrainische Krim nach Darstellung des Kreml durch einen Volksentscheid der Russischen Föderation *angegliedert*, aber nach Ansicht der Ukraine, der EU, der USA und anderer Länder von Russland völkerrechtswidrig *annektiert* worden.)

Als es dunkel wird, legt sich der Sturm. Die schwarzen Krähen und die grau gefiederten wilden Tauben setzen sich scharenweise auf die Gasleitungen, die wie Triumphbögen in drei Meter Höhe die Straßen queren und die Häuser miteinander verbinden. Zwar meiden die vorsichtigen Vögel die dünnen Stromkabel, mit denen die Holzmasten an den Häusern oder die Häuser an den Holzmasten festgebunden sind, doch plötzlich erlischt die an einem Kabel baumelnde Glühbirne in meinem Zimmer. Auch in den gegenüberliegenden Häusern wird es dunkel. Vor einem Gebäude wirft ein Mann den Motor seines Notstromaggregats an. Ich will das Fenster öffnen und fragen, ob eine Leitung gerissen oder der Strom abgeschaltet worden ist. Doch ich kann das Fenster ebenso wenig öffnen wie das im Nachbarzimmer. Oder das auf der Toilette. An allen Fenstern sind die Griffe abgeschraubt. Von wem? Und weshalb? Ich habe keine Ahnung und finde auch keinen Vierkantschlüssel zum Öffnen.

Die Fenster bleiben mir auf der Krim – was ich erst später merken werde – nicht nur in dem kleinen Haus vorerst verschlossen.

Nach einigen Minuten flackert die Glühbirne auf. Kurz darauf erlischt sie wieder. Ich könnte zur Babuschka hinuntergehen und sie nach dem Grund für den Stromausfall fragen. Doch ich bleibe grübelnd vor dem Fenster stehen, schaue in die Dunkelheit und erinnere mich, was mir Bekannte, selbsternannte »Russlandexperten« und das deutsche Auswärtige Amt vor meiner Reise privat oder offiziell geraten oder verboten hatten. Unter anderem sollte ich niemanden fragen, ob er lieber auf einer ukrainischen oder der russischen Krim leben möchte. Eine große Mehrheit aller Krimbewohner hätte beim Volksentscheid für den Beitritt zur Russischen Föderation gestimmt … Tataren, die öffentlich gegen die wieder zu Russland gehörende Krim protestieren, würden bestraft … Als Tourist dürfte ich keine Interviews führen … Und einem Krimtataren um Allahs willen keinen Schnaps schenken, denn sie würden, anders als wodkaliebende Russen, niemals Alkohol trinken … Am kompliziertesten sei jedoch die Einreise auf die Krim.

Ausländische Touristen dürften mit einem ukrainischen Visum nicht auf die »russische Krim«. Und wer mit einem russischen Visum über Moskau auf die Krim fliegen würde, mache sich nach ukrainischem Gesetz des illegalen Grenzübertritts schuldig. Mindestens zwei Jahre dürften diese »Grenzverletzer« keinen ukrainischen Boden betreten, und sie könnten dort verurteilt werden.

Der ukrainische Botschafter in Deutschland, Andrij Melnyk, hatte 2018 gefordert, dass deutsche Personen des öffentlichen Lebens, die mit einem russischen Visum von Moskau aus auf die »ukrainische Krim« fliegen, bei ihrer Rückkehr auch in Deutschland vor Gericht gestellt werden. Was nicht geschieht. Doch das Auswärtige Amt in Berlin warnt alle Bundesbürger offiziell vor diesem Einreiseweg. Man sei, weil illegal in die Ukraine eingereist, ohne deutschen diplomatischen, medizinischen und rechtlichen Schutz.

Ich bin ein Illegaler!

Davon hatte mein in Deutschland lebender russischer Freund Wassja in seinem Abschiedsbrief – dem Grund meiner Reise – nichts geschrieben. Seit meinem Abflug in Berlin steckt dieser Brief wie ein teures Eintrittsbillett ordentlich gefaltet in meiner Hosentasche.

Leipzig, den 1. Dezember 2018

Lieber Landolf, ich schreibe eilig und kurz. Wir werden uns in diesem und vielleicht auch im nächsten Jahr nicht sehen können. Nach 25 Jahren in Deutschland wandere ich aus. Ich fühle mich nicht mehr gut hier. Für deutsche Politik und Medien ist mein Russland nur noch alter neuer Feind. Schon übermorgen werde ich mit lieber Frau Sieglinde nach Australien fliegen. Wir leben dann dort in kleiner Stadt Albany. Du fragst bestimmt: Weshalb nicht auswandern zurück nach Russland? Weil meine Frau dort nicht leben will. Sie ist ängstlich, dass unsere Kinder sie dort nicht besuchen und wir wegen Spannungen nicht nach Deutschland fahren können …

Mein Freund, ich muss Dir jetzt noch sagen, dass ich Dir bisher nie alle Prawda/Wahrheit über mich gesagt habe. Ich bin nicht, wie Du denkst, ein Russe. Ich bin ein Krimtatar! Und wurde auch nicht in Moskau geboren. Sondern in Usbekistan, in der Verbannung. Genau wie meine fünf Brüder. Die Geschichte war so: Im Mai 1944 ließ Stalin mehr als 200 000 Krimtataren nach Sibirien und Mittelasien deportieren. Kurz zuvor hatte die Rote Armee die Krim von den deutschen Faschisten befreit. Unser späterer Vater Achtem war damals vier Jahre alt. In den Güterzügen und Viehwaggons starben während des wochenlangen Abtransportes Zehntausende. Erst nach über 40 Jahren durften die Krimtataren zurück in alte geliebte Heimat. Auch meine Eltern mit mir und meinen Brüdern.

In Deutschland ist Menschenschicksal der Krimtataren wenig bekannt. Du sollst auf Krim fahren und es bitte aufschreiben! Meine Mutter starb vor drei Jahren, und meinen weisen, auf der Krim geachteten Vater haben wir vor drei Monaten nach muslimischem Brauch beerdigt. Aber vielleicht meine Brüder alles erzählen. Grüße von mir. Sie heißen wie ich Baraschew und wohnen im Nowa Derewnja bei Saki. Schlafbett hast Du dort bei meinem Freund Reschit und Babuschka Gulnada. Bitte fahre und schreibe! Damit niemand vergisst Geschichte. Und atme Krim. Ein Paradies. Schwarzes Meer ist warm und weich und blau. Berge schützten Ufer vor Kälte der Stürme aus Norden. Dort Steppengras und Duft der Kräuter. Gastfreundliche Menschen seit Tausenden Jahren. Griechen, Türken, Russen, Tataren. Obst und Wein. Paradies Krim. Küsse Erde von mir. Dein Wassja.

PS: Möglich, dass Dir meine Brüder nichts oder nur sehr wenig von der Geschichte der Krimtataren und vom eigenen Leben früher und heute erzählen werden. Dann musst Du Kontakt machen zu meinem tatarischen Freund Nasur in Kasan, Hauptstadt der autonomen tatarischen Republik in der Russischen Föderation. Er hat wie ich lange in der DDR und Deutschland gewohnt. Seine deutsche Exfrau und sein Kind leben noch in Rostock. Nasur drehte viele Jahrzehnte Dokumentar- und Spielfilme. In Kasan schreibt er jetzt ein Theaterstück und einen Roman über sein Leben. Er wird es aus einer ungewöhnlichen Perspektive erzählen: Aus einem beim Abzug der russischen Truppen in Stendal gekauften T-34-Panzer, in dem er einen Monat lang campierte. Er hatte nach der Scheidung keine Wohnung, war krank mit Nerven …

Vielleicht kann er Dir über das Tatarenleben berichten.

Und du, lebe weiter nützlich. Dein Wassja.«

Vor seinem Abflug nach Sydney hatte ich ihm nur noch eine SMS schicken können: »Lieber Wassja, ja, ich werde irgendwann auf der Krim sein, Deine Brüder grüßen und versuchen, über ihr Leben früher und den Alltag heute zu schreiben. Gute Reise Dir und Deiner Frau. Do swidanija, moi drug.«

Vor meiner ersten Fahrt in die Stadt Saki warnte man mich, dort mit Leuten zu sprechen, die merken könnten, dass ich aus

Deutschland komme. Deutschen Reiseunternehmen sei es durch das EU-Embargo verboten, touristische Gruppenreisen auf die von den Russen besetzte Krim zu organisieren. »Wer als deutscher Tourist hier herumläuft, fällt auf, ist inzwischen ein Exot. Also sei lieber still!«

Doch schon nach meiner Ankunft spricht mich ein junger Mann an, der seine Fellmütze tief ins gerötete Gesicht gezogen hat. Als er mir, wie anderen Vorübergehenden, eine weiß-blau-rote russische Papierfahne in die Hand drückt, sage ich nur: »Spassibo – Danke!« Aber was machen mit der russischen Fahne? Ich bin noch nie, auch nicht in der DDR, als Fahnenträger umhergelaufen. Einfach wegwerfen? Wahrscheinlich wäre das eine antirussische Provokation. Ich gehe also hinter die russisch-orthodoxe Kirche des heiligen Ilja, stecke die Fahne dort dekorativ in die Umzäunung und hoffe, dass mich niemand beobachtet hat. Doch, man hat. Neben dem Zaun sitzt eine in Decken gehüllte alte Frau auf einem Kissen. Vor ihr steht ein Brett, auf dem Amulette liegen und bunte Matroschkas mit ihren dicken Bäuchen protzen. Sie gleichen sich wie ein Ei dem anderen. Alle sehen aus wie Wladimir Iljitsch ... Nein, nicht wie Wladimir Iljitsch Lenin, sondern wie Wladimir Wladimirowitsch Putin.

Putin auseinandernehmbar. Im großen Putin steckt ein kleiner. Im kleinen Putin steckt ein noch kleinerer. In dem kleineren Putin ein sehr, sehr kleiner. Und in dem sehr, sehr kleinen Putin ein winziger. Die Frau hat allerdings nur den großen Putin aufgestellt. Sein Innenleben hat sie nicht auseinandergenommen. Und für den äußeren Putin häkelt die frierende Frau einen schmückenden, warmen gelben Wollumhang. Ich habe schon viele Matroschka-Figuren in der Hand gehalten: Lenin, Stalin, Mao Zedong, Karl Marx, Che Guevara, Gorbatschow, Jelzin. Aber zum ersten Mal sehe ich, dass eine Frau mit klammen Händen wärmende Umhänge für die Holzpuppen häkelt.

Ich kaufe keinen Putin, bitte die Frau aber um ein Amulett. Sie nickt. Nachdem sie mich neugierig gemustert hat, sagt sie vertrauensvoll, dass sie Valentina Larina heißt. Auf dem Amulett sei der große, im 14. Jahrhundert heiliggesprochene, Tatare Timur-Leng abgebildet. Er würde – was ich bestimmt in der Schule gelernt hätte – von Dschingis Khan abstammen.

»Als dessen Reich zerfiel, raubte Timur mit anderen Kriegern zuerst Schafherden und später Städte und Länder.« Mit Allahs Hilfe sei der tatarische Heerführer bald Herrscher der halben Welt geworden, erzählt Valentina Larina und putzt für mich ein Porträt von Timur-Leng blitzblank.

Ich hatte gelesen, dass er mit 28 Jahren in einer Schlacht am Bein verletzt wurde und seitdem lahmte. Timur-Leng – Timur der Lahme. Nach dem Sieg bei Delhi hätte er 100 000 Gefangene erschlagen und bei Bagdad eine Pyramide aus 90 000 Schädeln der Besiegten errichten lassen. Für den Bau seiner Festungen wären an Pfosten gebundene Soldaten mit Lehm und Mörtel übergossen worden. Auf seiner Gruft im Mausoleum von Samarkand stünde geschrieben: »Glücklich ist, wer die Welt verlässt, ehe sie auf ihn verzichtet!« Und: »Wenn ich noch lebe, sollen die Menschen erzittern!« Mit 68 Jahren sei Timur auf dem Feldzug gegen China getötet worden. Allerdings nicht vom Schwert, sondern vom Suff.

»Timur war ein Muselmane?«

Valentina Larina nickt.

Näher als Timur-Leng erschien mir in der Schulzeit der Held des sowjetischen Jugendbuches »Timur und sein Trupp« von Arkadi Gaidar. Der Namensbruder des Welteroberers, ein sowjetischer Pionier, vollbrachte mit seinem Trupp gute Taten. Nach seinem Vorbild wurde in der DDR die »Timur-Hilfe« organisiert. Auch ich war als Pionier ein Timur-Helfer. Ich schippte für gebrechliche Menschen den Schnee vor dem Haus, ging für Kranke einkaufen, half Rentnerinnen, den Müll wegzubringen, und jätete für Schwerbeschädigte Unkraut in ihren Gärten …

Ehrenamt heißt das heute. Und wird staatlich gefördert.

Ich kaufe auch kein Amulett von Timur-Leng, hole aber für Valentina Larina am Kiosk einen heißen Kaffee und mit Quark gefüllte Piroggen. Sie trinkt so hastig, dass sie sich den Mund verbrennt, über ihre Gier lachen muss und mich mit vollem Mund fragt, weshalb ich kein Timur-Amulett möchte. Es würde mir wieder jugendliche Kraft schenken und mich vor Gefahren schützen.

Ich sage, dass ich gelesen hätte, Timur war ein Massenmörder.

Leise, als spräche sie mit sich selbst, antwortet sie: »Ich habe über 40 Jahre in der Nähe seines Grabes in einem Dorf bei Samarkand gelebt.«

Schon in den sowjetischen Zeiten hätte sie in Samarkand die Koranschulen, die Medresen, und das Mausoleum von Timur besichtigt.

»Und weshalb sind Sie von Usbekistan auf die Krim gegangen?«

»Meine Mutter ist eine Krimtatarin. Sie lebte bis zur Verbannung hier in Saki.«

Mehr sagt Valentina Larina nicht.

Sie wühlt lange in der Kiste, bis sie unter den Timur-Amuletten ein auf einen Muschelstein geklebtes Marienbild findet, drückt es mir in die Hand und sagt: »An irgendetwas muss jeder Mensch glauben. Sonst ist er wie ein Schiff ohne Hafen. Oder wie eine Pflanze ohne Licht. Niemand kann ohne Glauben leben. Nicht die Russen und nicht die Tataren.«

Ich erinnere mich an meine Reise in die untergehende Sowjetunion im Jahr 1991. Zwei Priester hatten mich damals in der Stadt Kaluga nach meinem Glauben gefragt. Ich sagte ihnen, dass ich meinen alten Glauben seit dem Ende der DDR verloren und noch keinen neuen gefunden hätte.

Da begannen ihre Augen missionarisch zu flackern. Ich müsste beweisen, sagten sie, dass ich ein Freund der Russen im Allgemeinen und des russisch-orthodoxen Glaubens im Besonderen sei. Einer hielt mir das Bild der Mutter Gottes vor das Gesicht und forderte mich auf, zu ihr zu beten. Jetzt und auf der Stelle. Dafür würden sie mir einen neuen Glauben schenken. »Wir haben heute schon ein Dutzend Kommunisten bekehrt.«

Ich vertröstete die Priester mit dem Versprechen, dass wir das Gespräch darüber in zwei Tagen hier vor der Kirche fortsetzen könnten. Und sündigte dabei bereits mit einer Lüge. Denn am nächsten Tag, das wusste ich, würde ich von Kaluga nach Moskau zurückfahren.

Mit dem Marienbild in der Hand verabschiede ich mich von Valentina Larina. Als ich mich umdrehe, sehe ich, dass sie keinen der Vorüberlaufenden anspricht. Sie häkelt mit blauem Garn den Saum des gelben Umhangs für die Putin-Matroschka.

Den Weg zum Meer suchend, ärgere ich mich, dass ich mit Valentina Larina zwar über Timur, Putin und den Glauben gesprochen habe, nicht aber den Mut hatte, sie nach ihrer Verbannungszeit in Usbekistan zu fragen.

Weshalb?

Weil vielleicht ein ängstliches Schweigen ihre Antwort gewesen wäre?

Aus einer unveröffentlichten Reportage, 2020

ANHANG

LANDOLF SCHERZER

1941 – in Dresden geboren

1962 bis 1965 – Studium der Journalistik an der Karl-Marx-Universität Leipzig

1965 – Exmatrikulation

1965 bis 1975 – Redakteur bei der Tageszeitung »Freies Wort«, Suhl

ab 1975 – freier Schriftsteller

1987 bis 1990 – Vorsitzender des Schriftstellerverbandes im Bezirk Suhl
Vorsitzender des Aktivs Literarische Publizistik im Schriftstellerverband der DDR

1994 bis 2001 und 2003 bis 2006 – Landesvorsitzender des Verbandes deutscher Schriftsteller (VS) im Landesbezirk Thüringen
Mitglied im PEN-Zentrum Deutschland

1980 – Max-Reger-Preis des Bezirks Suhl
1984 – Kunstpreis des FDGB für Literatur
1986 – Heinrich-Heine-Preis des Ministeriums für Kultur der DDR
2010 – Walter-Bauer-Preis

BÜCHER

Südthüringer Panorama. Merk-Würdiges zwischen Rennsteig und Rhön, 1971
Spreewaldfahrten, 1975

Nahaufnahmen. Aus Sibirien und dem sowjetischen Orient, 1977
Fänger & Gefangene. 2386 Stunden vor Labrador und anderswo, 1983
Bom dia, weißer Bruder. Erlebnisse am Sambesi, 1984
Das Camp von Matundo. 132 Tage in Afrika, 1986
Der Erste, 1988
Auf Hoffnungssuche an der Wolga, 1991
Am Sarg der Sojus. Die Hoffnung stirbt als Letztes, 1993
Mitleid ist umsonst, Neid mußt du dir erarbeiten. Reportagen, 1997
Schwarze Weisheiten, herausgegeben von Landolf Scherzer mit Manqueu Valente Mahumana, 2004
Die alkoholfreie Hochzeit und weitere Texte aus den Jahren 1972–1994, 2009
Das Sarggeld von Uljanowna. Zwei Reportagen, 2009

IM AUFBAU VERLAG ERSCHIENEN

Der Zweite, 1997
Der Letzte, 2000
Die Fremden. Unerwünschte Begegnungen und verbotene Protokolle, 2002
Der Grenz-Gänger, 2005
Immer geradeaus. Zu Fuß durch Europas Osten, 2010
Letzte Helden. Reportagen, 2010
Urlaub für rote Engel. Reportagen, 2011
Madame Zhou und der Fahrradfriseur. Auf den Spuren des chinesischen Wunders, 2012
Stürzt die Götter vom Olymp. Das andere Griechenland, 2014
Der Rote. Macht und Ohnmacht des Regierens, 2015
Buenos días, Kuba. Reise durch ein Land im Umbruch, 2018

BILDNACHWEIS

Michael Reichel 1, 16, 21
Privatarchiv Landolf Scherzer 2, 3, 4, 6, 7, 11, 12, 17, 18, 19, 20
Michael Schimmack 5
Helmut Schaar 8
Hans-Jürgen Paul Franke 9
Angret Hahn 10
Andreas Schoelzel 13
Harald Wenzel-Orf 14, 15

Trotz intensiver Recherchen ist es uns nicht in allen Fällen gelungen, die Rechteinhaber ausfindig zu machen. Berechtigte Ansprüche bitten wir an den Verlag zu richten.